Conceito Penal de Funcionário Público

Conceito Penal de Funcionário Público

2020

Daniela Marinho Scabbia Cury

ALMEDINA

CONCEITO PENAL DE FUNCIONÁRIO PÚBLICO

AUTOR: Daniela Marinho Scabbia Cury
DIAGRAMAÇÃO: Almedina
DESIGN DE CAPA: FBA
ISBN: 9786556270074

Dados Internacionais de Catalogação na Publicação (CIP)
(Câmara Brasileira do Livro, SP, Brasil)

Cury, Daniela Marinho Scabbia
Conceito penal de funcionário público /
Daniela Marinho Scabbia Cury. – São Paulo : Almedina, 2020.
Bibliografia.
ISBN 978-65-5627-007-4
1. Administração pública 2. Direito comparado
3. Direito penal 4. Servidores públicos I. Título.

20-34963
CDU-343:35.08

Índices para catálogo sistemático:

1. Conceito penal : Servidores públicos : Direito
penal 343:35.08

Cibele Maria Dias – Bibliotecária – CRB-8/9427

Este livro segue as regras do novo Acordo Ortográfico da Língua Portuguesa (1990).

Maio, 2020

EDITORA: Almedina Brasil
Rua José Maria Lisboa, 860, Conj.131 e 132, Jardim Paulista | 01423-001 São Paulo | Brasil
editora@almedina.com.br
www.almedina.com.br

SOBRE A AUTORA

Daniela Marinho Scabbia Cury é Mestre em Direito Penal pela USP. Bacharel em Direito pela Universidade Presbiteriana Mackenzie. Especialista em Direito Penal e Processo Penal pela PUC-SP. Cursou Direito Penal e Direito Processual Penal Alemão, Europeu e Transnacional na George--August-Universitat em Gottingen, na Alemanha. Advogada.

"A ordem jurídica torna válido o poder que a ampara. No momento em que não há esta legitimação, ocorre a usurpação do poder e, mesmo que os indivíduos pairem submissos a este, as ações praticadas pelos usurpadores não encontram eco jurídico"[1].

[1] CAMARGO, Antonio Luís Chaves. Tipo penal e linguagem. Rio de Janeiro: Forense, 1982. p. 72.

AGRADECIMENTOS

Em primeiro lugar, agradeço ao meu marido Rogério Cury, companheiro incondicional e sócio no escritório de advocacia, referência como pai carinhoso, colega e vocacionado professor.

Ao meu filho querido, João Pedro, tesouro que alegra minha vida e meu coração, incentivo para a busca de um futuro cada dia melhor.

Em especial, agradeço à minha mãe, que sempre esteve ao meu lado e não me deixou desistir quando tudo parecia impossível.

Agradeço também ao meu pai que, do seu jeitinho, torceu e se orgulhou por cada conquista.

Ao meu pai de coração, Wivaldo Roberto Malheiros, responsável por despertar em mim o amor pela advocacia.

Ao meu irmão Eduardo, que demonstra a cada dia que outras perspectivas também são necessárias.

Aos meus avós, Lia, Theunis e Antônio (*in memorium*), por apontarem o caminho do trabalho árduo e honesto como forma de alcançar nossos objetivos.

Ao Professor Vicente Greco Filho que, com gentileza e elegância, franqueou-me o caminho para o curso de Pós-Graduação, e com seu vasto conhecimento interdisciplinar sempre apresentou uma resposta mesmo diante dos problemas mais insolúveis.

Ao Professor e amigo João Daniel Rassi, que além de ser o responsável pelo início de tudo, me acolheu, compartilhou conhecimento, e com firmeza levou ao aprimoramento deste trabalho.

Ao amigo e colega, Professor Ivan Luís Marques da Silva, que com seu inestimável conteúdo jurídico indicou caminhos e obras que abriram portas para novos conhecimentos.

Agradeço a todos os amigos e integrantes do escritório Cury e Cury Sociedade de Advogados, especialmente às queridas Paula Froner e Michele Ikegami pelo apoio, sobretudo quando se tornou imprescindível a minha ausência. À encantadora Mariana Beda que, sempre com entusiasmo, prestou auxílio inestimável nas pesquisas, com idas e vindas em busca de mais e mais material.

À admirável professora Esther Galvão, nossa querida "teacher", pela dedicação e carinho com seus alunos, e pelo exemplo de pessoa que é.

Às minhas queridas colaboradoras que, além de prestarem auxílio inestimável ao meu dia-a-dia, redobraram os esforços durante o período de elaboração desse trabalho, cuidando do meu bem mais precioso, quando não pude desempenhar esse papel.

À minha querida amiga Cláudia Barrilari, que tive a felicidade de conhecer no curso de Pós-graduação, com quem dividi as angústias e incertezas que acompanham o desenvolvimento de uma dissertação.

SUMÁRIO

1
Introdução

A presente dissertação tem como título "O conceito penal de funcionário público", e possui vinculação com a linha de pesquisa "A proteção penal da sociedade atual, através das normas jurídicas", no particular aspecto da estrita observância dos princípios gerais do Direito Penal, com ênfase no princípio da legalidade, em especial os postulados da reserva da lei e da taxatividade penal. O tema tangencia os crimes contra a Administração Pública, e sua delimitação cinge-se à interpretação do termo "funcionário público", previsto no artigo 327 do Código Penal, norma incriminadora explicativa e elemento constitutivo dos crimes funcionais.

O tema foi escolhido em razão da sua importância, e como resultado dos estudos preliminares que indicaram que, a despeito da relevância do conceito para a ciência criminal – notadamente para efeito de responsabilização do agente delitivo –, poucos são os trabalhos exclusivamente destinados a essa finalidade, ressalvando-se os seguintes artigos: "*A empresa de economia mista e o conceito jurídico-penal de funcionário público por equiparação*", de autoria de Nilo Batista[2], "*A doutrina, a jurisprudência e o art. 327, do Código Penal*", de Roberto Wagner Battochio Casolato[3].

Encontramos ainda referência nos seguintes artigos: "*Administração Pública na acepção orgânica e o conceito penal de funcionário público – Contributo para o estudo do art. 327 do Código Penal Brasileiro*"[4], de autoria do Professor João Daniel Rassi, que propõe uma delimitação conceitual do

[2] Fascículos de ciências penais, ano 1, v. 1, n. 0, p. 136-140, dez. 1987.

[3] Revista Brasileira de Ciências Criminais – 22.

[4] Crespo, Marcelo Xavier de Freitas (coord.). Crimes contra a Administração Pública: Aspectos Polêmicos. São Paulo: Quartier Latin, 2010. p. 14.

termo "função pública", partindo da acepção orgânica da Administração Pública; e o "*Conceito de funcionário público no direito penal*"[5], da lavra de Ana Maria Babette Bajer Fernandes, que apresenta como solução, à extensão do dispositivo, a interpretação restritiva associada ao elemento teleológico, pesquisando-se ainda a vontade da lei e sua finalidade original, além da interpretação judicial.

Na doutrina estrangeira, por sua vez, a matéria foi objeto de trabalho intitulado "*O conceito de funcionário para efeito de lei penal e a 'privatização' da administração pública*", de José Manuel Damião da Cunha[6], que teve como base um parecer versando sobre a qualificação, para efeito da lei penal, de funcionário titular de um órgão social de uma pessoa coletiva de utilidade pública desportiva.

No Código Penal Brasileiro, a definição, bastante ampla e imprecisa, encontra guarida em seu artigo 327, para considerar funcionário público quem, embora transitoriamente ou sem remuneração, exerce cargo, emprego ou função pública.

Dentro desse cenário foi desenvolvido o presente trabalho, que tem como finalidade firmar critérios objetivos para a aplicação do dispositivo em estudo, bem como alcançar um resultado interpretativo que se coaduna com os princípios gerais do Direito Penal.

Para tanto, partiu-se da análise da norma penal em questão, com o intuito de compreender a problemática que envolve o conceito de funcionário público. Nessa oportunidade, verificou-se que a insegura interpretação conferida ao texto normativo decorria, não raras vezes, dos termos técnicos que o integram, sobretudo em virtude da natureza interdisciplinar da matéria que envolve institutos notadamente afetos ao Direito Administrativo. Afinal, qual a diferença entre cargo, emprego e função pública?

Nesse mesmo sentido, no que se refere à análise do conceito de funcionário público equiparado – inserto no §1º do art. 327 do Código Cri-

[5] FERNANDES, Ana Maria Babette Bajer. Conceito de funcionário público no direito penal. *Justitia*. SP/SP, n. 98. p. 33.

[6] CUNHA, José Manuel Damião. O conceito de funcionário para efeito de lei penal e a "privatização" da administração pública. Coimbra: Coimbra Editora, 2008. p. 05.

minal –, qual o verdadeiro sentido e abrangência das expressões "entidade paraestatal" e "atividade típica da administração pública"?

Em busca de soluções para essas perguntas, passou-se ao estudo do Direito Administrativo, desde os seus conceitos gerais até a análise da complexa estrutura administrativa, integrada por órgãos e entidades com distinta natureza jurídica, finalidade e regime de pessoal. Nesse intento, se fez necessário o exame da esparsa legislação, como forma de superar as dificuldades terminológicas que em muito decorre da "ligação entre 'direito penal' e 'direito administrativo'"[7] e a falta de integração do ordenamento jurídico.

Além disso, conferiu maior relevância ao estudo a análise do referido dispositivo sob novo enfoque, direcionado pelas leis penais e administrativas, mormente com o advento da Constituição de 1988 que levou a uma ampliação das atividades atribuídas à Administração Pública, com a criação de novos órgãos e funções, e correspondente alargamento dos bens jurídicos tutelados pela norma penal[8].

Superada a fase que envolvia os conceitos técnicos empregados no dispositivo penal, constatou-se que a análise sintática da letra da lei era insuficiente, pois encerrava inúmeras possibilidades interpretativas, sobretudo ao cotejar a definição penal com os demais ramos do Direito.

Nesse contexto, não satisfeita com a justificativa de que a lei penal pode criar definições próprias – a despeito de desencadear insegurança e desarmonia ao sistema jurídico –, aliada à concepção de que, ao outorgar ao Estado o poder de punir, eventual cerceamento deve ter por pressuposto regras claras e precisas, que permitam ao indivíduo fazer suas escolhas ciente das consequências jurídicas, buscou-se o estabelecimento de critérios objetivos que resultassem em uma interpretação coerente e precisa do artigo 327 do Código Penal.

[7] Cunha, José Manuel Damião. O conceito de funcionário para efeito de lei penal e a "privatização" da administração pública. Coimbra: Coimbra, 2008. p. 110.

[8] Rassi, João Daniel. Administração Pública na acepção orgânica e o conceito penal de funcionário público – Contributo para o estudo do art. 327 do Código Penal Brasileiro. In: Crespo, Marcelo Xavier de Freitas (coord.). Crimes contra a Administração Pública: Aspectos Polêmicos. São Paulo: Quartier Latin, 2010. p. 14.

Com esse enfoque, os estudos foram direcionados para o processo hermenêutico e a sistematização dos métodos interpretativos, com o objetivo de estabelecer contornos mínimos para a aplicação da lei penal.

Em que pese a relevante contribuição da Hermenêutica Jurídica para o desenvolvimento dessa dissertação, o subjetivismo inerente ao processo interpretativo despontou como um novo obstáculo, pois atribuía imprecisão ao método científico, e permitia que o enunciado da lei fosse substituído por entendimento pautado por premissas pessoais diversas[9].

Ademais, não obstante sejam válidas as considerações acima, para o trabalho que se propõe, ganha importância a diretriz que limita a incidência das regras gerais de interpretação para a lei penal. Isso porque, vigorando em nosso sistema criminal rigorosa legalidade, em respeito ao princípio da reserva legal e proibição da analogia *in malam partem*, não há que se permitir quaisquer processos de interpretação e integração, tal como ocorre para as demais normas em geral.

Sendo assim, propôs-se revisitar os princípios norteadores do Direito Penal, em especial o princípio da legalidade e demais corolários, além do princípio da intervenção mínima com enfoque no Direito Administrativo sancionador, garantias que, em complemento à estrutura interpretativa, foram definidos como limites para a aplicação do artigo 327 do Código Penal.

As considerações acima reúnem o objetivo do estudo, sua justificativa e metodologia, e evidenciam que o trabalho partiu do problema proposto, sendo conduzido passo a passo em busca de soluções, que foram expostas ao longo de quatro capítulos, cada um retratando aspectos relevantes para a aplicação do conceito penal de funcionário público.

O capítulo primeiro da dissertação foi dedicado à introdução do tema, sua abordagem e estruturação.

[9] Em melhores palavras, Nelson Hungria destacou que "o juiz deve humanizar a regra genérica da lei em face dos casos concretos de feição especial ou procurar revelar o que a letra concisa da lei não pôde (sic) ou não soube dizer claramente: mas isso dentro da própria latitude do sentido ou escopo dos textos, e nunca ao arrepio dêles (sic), ou substituindo-os pelo que arbitrariamente entende que devia ter sido escrito, segundo sua ideologia pessoal (HUNGRIA, Nelson. Comentários ao código penal brasileiro. V. I. tomo I. 5. ed., Rio de Janeiro: Forense, 1977. p. 75).

No segundo capítulo propõe-se a apresentação de limites para a aplicação da lei penal. Nele foram retomados os princípios norteadores do Direito Penal, com destaque no postulado da taxatividade penal e intervenção mínima, e enfoque no Direito Administrativo sancionador, além de uma proposta de descriminalização de condutas. Nesse mesmo contexto, foram apresentados os métodos interpretativos, buscando, por meio da exegese, estabelecer limites objetivos para a aplicação do artigo 327 do Código Penal.

No terceiro capítulo foram analisados os conceitos gerais do Direito Administrativo, sobretudo a estrutura e entes da Administração Pública, avançando-se sobre a definição de termos próprios da seara administrativa, transportados para os crimes contra a Administração Pública.

O quarto capítulo reproduz o núcleo do presente trabalho. Primeiro, busca-se auxílio no Direito Comparado, com realce no Direito Penal português, italiano e alemão. A finalidade reside no estudo da técnica legislativa empregada na formulação do conceito de funcionário público. Superada a necessária incursão de temas preliminares, passa-se a discorrer sobre o *caput* do art. 327 do CP. Essa definição penal de funcionário público foi estudada em dois contextos: primeiramente, analisando a concepção funcional da Administração Pública, e, posteriormente, a concepção orgânica. Em sequência, passa-se ao estudo do conceito de funcionário público equiparado, por meio da interpretação dos termos "entidade paraestatal" e "atividade típica da Administração Pública". Nesse capítulo foi abordada ainda a celeuma que envolve a aplicação sistemática dessa conceituação aos sujeitos ativos e passivos dos crimes funcionais, além do conceito penal de funcionário público estrangeiro, inserto no artigo 337-D do Código Penal. Por fim, foi apresentado o conceito de servidor público previsto no Projeto de Lei do Senado n.º 236/2012, além de se propor um novo conceito penal de funcionário público.

2
Limites para a Aplicação da Lei Penal: do Princípio da Legalidade à Hermenêutica Jurídica

É indiscutível que qualquer norma deve ser clara e precisa. Com muito mais razão, em um Estado Democrático de Direito, é fundamental que a lei penal seja impessoal, inteligível e possua contornos seguros, não apenas porque tutela os valores e bens jurídicos mais caros para o corpo social, mas, sobretudo, porque o seu descumprimento faz nascer a mais severa sanção jurídica.

Por meio do Direito Penal, o Estado cria as suas normas jurídicas, proíbe condutas, e ameaça com aplicação de sanção penal aqueles que as descumprem. Designa, portanto, a ciência que elucida o conteúdo da norma para aplicação aos casos concretos.

É, todavia, "o jurista que faz a lei falar"[10].

De uma forma geral, a afirmação que remete a intelecção da lei ao subjetivismo do seu intérprete gera verdadeira insegurança jurídica, mas, no campo penal, este fenômeno é agravado e faz nascer dois enfoques antagônicos e incompatíveis entre si: aquele que busca na imprecisão da lei a prevalência da liberdade e concretiza a pauta do direito penal, garantindo a legalidade da intervenção e aplicação das sanções; e o outro que preza pelo expansionismo penal, não apenas relacionado com a elaboração de novas figuras típicas, mas com a contínua pressão pela interpretação mais rigorosa da norma penal, com o objetivo de incrementar penas e alcançar um maior número de punições.

[10] FERRAZ JR, Tercio Sampaio. Introdução ao estudo do direito: técnica, decisão, dominação. 7. ed. São Paulo: Atlas, 2013. p. 251.

Mas não é apenas para minimizar esse conflito que se outorga à lei penal o dever de precisão. Se, por um lado, considera-se que a missão do direito penal está na "proteção da vigência da norma[11]", é certo ainda que leis imprecisas não permitam ao indivíduo compreender quais condutas são concretamente punidas. Em outras palavras, um cenário indene de surpresas, subjetivismos e arbítrios estatais assegura tanto as expectativas sociais, como reconduz o direito penal aos limites mínimos, que somente se consolida por intermédio de normas penais claras, que disponham de ampla publicidade[12].

Em busca de uma solução que confira segurança e coerência sistêmica para a interpretação e aplicação da norma penal e, mais precisamente, para o artigo 327 do Código Penal – hipótese central do trabalho –, propõe-se neste capítulo a apresentação de alguns parâmetros, não exauríveis, que limitem a intervenção estatal, e que consolidem a função de garantia do direito penal.

2.1 Princípio da Legalidade

Porque a ciência penal não é só a lei, mas antes e acima de tudo, a sua compreensão para posterior adequação ao caso concreto, torna-se indispensável o estudo de seus princípios norteadores para sua revelação e justa aplicação.

A tarefa que deve ser desempenhada por um Estado de Direito surge das aspirações do próprio corpo social, e faz nascer diversos princípios que resguardam garantias mínimas para o cidadão.

Sob este enfoque, inicia-se a apresentação do primeiro limite – e garantia central –, que impõe a busca de uma válida aplicação e interpretação da lei penal, além de retratar o pilar que tornou realizável a ideia que contemplava a obrigatoriedade de uma lei certa, prévia e precisa, por meio da qual são descritas as condutas cuja reprovação social reclama a aplicação de uma pena[13].

[11] Günther, Jakobs. Fundamentos do direito penal. 2. ed. rev. Trad. André Luis Callegari. São Paulo: Revista dos Tribunais. p. 10.

[12] Busato, Paulo César. Fundamentos para um direito penal democrático. 4. ed. São Paulo: Atlas, 2013. p. 68-69.

[13] Gomes, Mariângela Gama de Magalhães. Direito penal e interpretação jurisprudencial. São Paulo: Atlas, 2008. p. 06.

No Brasil, o princípio da legalidade penal consagrou-se constitucionalmente no artigo 5º, inciso XXXIX e, por meio do princípio da anterioridade da lei penal, encontra-se inscrito no artigo 1º do Código Penal.

Antes disso, surgiu de um cenário entre a Idade Média e a Idade Moderna, onde vigorava uma diversidade de fontes do direito criminal tais como o direito feudal, o direito canônico, os costumes locais etc., o que aliado à ausência de regras preexistentes que restringissem o arbítrio do poder estabelecido, gestou um quadro de abusos e insegurança na aplicação das sanções penais. Com Beccaria, extravasa o movimento que pleiteava uma nova visão para o Direito Criminal, por meio da criação de leis universais, inteligíveis e delimitadas, que contemplassem a descrição de condutas puníveis. Buscava-se, enfim, a sua humanização[14].

Por meio do provérbio *nullum crimen, nulla poena sine praevia lege*, Feuerbach expressa o primado da lei e expande a legalidade para teoria da pena[15]. Nesta fase, conforme se verá, vedava-se o emprego de qualquer outro método interpretativo que não o literal, temerosos com o retorno dos excessos e incertezas jurídicas.

A partir da declaração de independência dos Estados Unidos da América, em 1776, até a Declaração dos Direitos do Homem e do Cidadão da Revolução Francesa, em 1789, todas as constituições trataram do princípio da legalidade no Direito Penal. É, por fim, firmado como garantia fundamental em 1948, na Declaração Universal dos Direitos Humanos.

O princípio da legalidade é tido como uma garantia de liberdade que decorre justamente do poder coercitivo do Direito Penal. De uma forma ilustrativa, são duas faces da mesma moeda: se, de um lado, permite-se a aplicação de sanções tão graves das quais dispõe a norma incriminadora, do outro, torna-se indispensável o mecanismo de controle de excessos ao *jus puniendi*[16].

Em seu aspecto político, é referido por Madrid Conesa como um princípio externo ao sistema penal, cuja finalidade se relaciona com a garantia da liberdade por meio da tutela contra as arbitrariedades estatais, sendo,

[14] Ibidem. p. 06.

[15] Ibidem. p. 08.

[16] Busato, Paulo César. Fundamentos para um direito penal democrático. 4. ed. São Paulo: Atlas, 2013. p. 68-69.

portanto, uma garantia fundamental que realiza o sistema penal para se impedir a prática de excessos na intervenção do Estado. Limita, em verdade, as fontes do sistema penal[17].

Logo, além de constituir uma premissa da teoria dogmático-jurídica[18], e antes de ser um critério jurídico penal, a legalidade penal é um princípio político-liberal, sendo verdadeiro anteparo da liberdade individual em face do poderio do Estado. Não é por outro motivo que Roxin afirma que o Estado de Direito não pode apenas proteger a pessoa pela prevenção do delito, mas deve impor limites ao Estado, não deixando o cidadão à mercê de arbitrariedades e excessos[19]. Em um contexto político, este princípio garante ao cidadão não ser processado ou punido por fatos que não estejam previamente previstos em lei.

Na atualidade, o princípio da legalidade não se restringe à fórmula sobredita, e contempla a necessidade de uma lei precisa e atual, tida como a nova definição do postulado da legalidade penal. Luiz Luisi vai além, ao imprimir a ideia de que o princípio da legalidade deve ainda estar atrelado ao princípio da necessidade, a fim de evitar o "patológico exagero de leis penais"[20]. Tal como um remédio administrado abusivamente que não faz mais efeito ao organismo humano, o uso abusivo do Direito Penal perde sua força intimidatória, frente à sociedade, e leva à falência do sistema penal[21].

A fim de solucionar essa inflação legislativa penal que, além de engessar a administração da justiça punitiva, leva ao agravamento das finanças públicas, a quem se atribui o dever de arcar com a massa carcerária, Luiz

[17] Madrid Conesa, Fulgencio. *La legalidad del delito*. Valencia: Universidad de Valencia, 1983. p. 29 e 37.

[18] Antes de ser antijurídica e imputável a título de culpa *sensu lato*, uma ação reconhecível como punível, deve ser típica, isto é, corresponder a um dos "esquemas" ou "delitos-tipos" objetivamente descritos pela lei penal. *In* Hungria, Nélson; Dotti, René Ariel. Comentários ao Código Penal: Dec.-Lei n.º 2.848, de 7 de dezembro de 1940, Lei n.º 7.209, de 11 de julho de 1984 – 6. ed. – Rio de Janeiro: LMJ, 2014, p. 05, nota de rodapé 2.

[19] Roxin, Claus. *Derecho Penal* – Parte General – Tomo I – *Fundamentos. La Estructura de la Teoría del Delito. Traducción de 1ª edición alemana y notas por Diego-Manuel Luzon Peña*. p. 137.

[20] Luisi, Luiz. Os Princípios Constitucionais Penais. 2. ed. Porto Alegre: Sergio Antonio Fabris. 2003. p. 111.

[21] Ibidem. p. 111.

Luisi propõe a inserção do princípio da intervenção mínima, já previsto no artigo 8º da declaração francesa dos Direitos do Homem e do Cidadão no texto constitucional, e passa a defender um novo e amplo conceito de legalidade penal: "não há crime, não há pena, sem lei prévia, determinada, atual, e necessária"[22].

Há que se considerar, contudo, que a atual configuração do princípio da legalidade não impõe diversas exigências apenas ao legislador penal, mas também ao julgador. Se, de um lado, exige-se que o redator da norma elabore a lei penal de modo mais preciso possível – *nullum crimen sine lege certa*- e que a lei não tenha um efeito retroativo – *nullum crimen sine lege praevia* –, ao magistrado impõe-se a obrigação de julgar com base na lei escrita e não no direito consuetudinário – *nullum crimen sine lege scripta* –, assim como não se permite que amplie a lei escrita em prejuízo do acusado – proibição da analogia *in malam partem*[23].

Em um alcance prático, o princípio da legalidade proíbe o julgador de ampliar as normas incriminadoras, e aquelas que impõem a aplicação de pena, por meio de analogia, ou seja, fora dos casos expressamente previstos pelo legislador.

Trata-se, nas palavras de Hassemer, de um "mandado de certeza" com a força da obrigação de que o sistema jurídico se estrutura sobre leis escritas. A lei certa com seguro efeito é tida como a esperança que qualquer legislador possui de que os efeitos dentro de uma sociedade são determinados. Constitui, portanto, o interesse primário do redator da norma[24], mas também uma garantia da "vinculação judicial", representando importante evolução ao Direito Natural, no qual o legislador não necessitava fundamentar o direito, mas apenas deduzi-lo[25].

É tido, ainda, como o princípio básico do direito penal material[26] e compreende três garantias, ou subprincípios, que o concretizam e ser-

[22] Ibidem. p. 111, 115 e 116.

[23] Hassemer, Winfried. *Fundamentos del Derecho Penal.* Barcelona: Bosch Casa Editorial, 1984. Trad. Francisco Muñoz Conde e Luiz Arroyo Zapatero. p. 313-314.

[24] Ibidem. p. 314.

[25] Ibidem. p. 310.

[26] Hassemer, Winfried. *Fundamentos del Derecho Penal.* Barcelona: Bosch Casa Editorial, 1984. Trad. Francisco Muñoz Conde e Luiz Arroyo Zapatero. p. 310.

vem de parâmetro para a aplicação da lei penal: o primeiro diz respeito às fontes das normas penais incriminadoras, ou seja, relaciona-se com a subordinação, a reserva legal; o segundo preocupa-se com a iniciação dessas normas, subordinando-as a uma determinação taxativa; o terceiro e último diz respeito à validade das normas penais no tempo e à sua irretroatividade. Mais do que garantias implícitas, estes três postulados não subsistem autonomamente. Juntos, constroem a essência do princípio da legalidade e induzem à correta afirmação de que o estudo separado destes postulados tem apenas uma finalidade didática, pois não corresponde à verdadeira natureza desta garantia fundamental.

2.2 Reserva Legal

O aspecto da reserva constitucional absoluta consiste no limite posto à autoridade do Estado na esfera da licitude jurídico-penal, atribuindo apenas à lei escrita a função de criminalizar e punir condutas[27]. Relaciona-se, assim, com a forma pela qual a lei penal é elaborada ou com o meio pelo qual se exterioriza[28].

A primeira forma se diz fonte material ou de produção, e direciona o órgão do Estado a quem se legitima a elaboração da norma. Para o Direito Penal, considera-se como a única fonte material o Estado, de acordo com o artigo 22, inciso I, da Constituição Federal, cabendo apenas à União a elaboração da lei penal. Excepcionalmente, por meio de lei complementar, permite-se aos Estados legislarem em matérias específicas relacionadas à matéria penal.

A segunda fonte é designada de formal ou de conhecimento, e é representada pela lei, nominada de fonte direta. Admite-se ainda como fonte indireta os costumes e princípios gerais do Direito que, a despeito de fornecerem importante contribuição na integração da lei penal, junta-

[27] Ao tratar da reserva de lei, Fulgencio Madrid Conesa estabelece uma diferença entre a reserva de lei absoluta e a reserva de lei relativa. Na primeira hipótese, impede-se a delegação das competências exclusivas por parte do Poder Legislativo. Por sua vez, na reserva de lei relativa apresenta-se lícita esta delegação, desde que cumpridos os requisitos no tocante a norma autorizadora (Madrid Conesa, Fulgencio *La legalidad del delito. Valencia: Universidad de Valencia*, 1983. p. 39).

[28] Fragoso, Heleno Cláudio. Lições de direito penal: a nova parte geral. 12. ed. Rio de Janeiro: Forense, 1990. p. 78.

mente com a jurisprudência e a doutrina, não são admitidos como fontes para a incriminação de condutas ou atribuição de pena, ao passo que não são produzidas pela União[29].

Essas considerações demonstram que citadas exigências – material e formal –, reafirmam a soberania popular, pois atribuem ao órgão representativo do povo, a missão de escolher as matérias relacionadas à restrição da liberdade, além de, implicitamente, vedar esta função aos poderes Executivo e Judiciário, consagrando ainda o princípio da separação de poderes[30].

Diante do exposto até aqui, da garantia da reserva legal extrai-se, enfim, a segurança de que infrações penais e penas serão apenas criadas por meio de leis em sentido formal, que dependem de aprovação do Congresso Nacional e da sanção do Presidente da República (arts. 65 e 66 da Constituição Federal).

Ademais, em sendo a competência para legislar sobre direito penal exclusiva da União, da reserva legal decorre ainda a reserva de Parlamento, de modo que somente a lei interna pode qualificar-se, constitucionalmente, como fonte formal direta legitimadora à conceituação típica.

Por esta razão, este postulado é intitulado ainda de "função de garantia objetiva de justiça", eis que além de limitar o poder punitivo do Estado aos contornos legais, assegura ao cidadão a certeza de que somente serão processados e condenados por fatos e penas previamente fixadas por uma lei[31]. Trata-se, assim, de uma exigência formal que não se confunde com o conteúdo material da norma.

Ressalte-se, por último, que as leis delegadas não podem dispor de matéria legal, conforme dispõe o artigo 68, parágrafo 1º, da Constituição Federal, que proíbe a delegação nas hipóteses que contemplam atos de

[29] Antolisei, Francesco. *Manuale di diritto penale. Parte generale. Dodicesima* 12. ed. Milano: Dott. A. Giuffrè Editore, 1991. p. 46.

[30] Gomes, Mariângela Gama de Magalhães. Direito penal e interpretação jurisprudencial. São Paulo: Atlas, 2008. p. 08.

[31] Luisi, Luiz. Os Princípios Constitucionais Penais. 2. ed. Porto Alegre: Sergio Antonio Fabris, 2003. p. 23.

competência exclusiva do Congresso Nacional ou de competência privativa da Câmara dos Deputados ou do Senado Federal.

2.3 Taxatividade

A taxatividade ou determinação taxativa[32] torna obrigatória a elaboração de leis penais claras e precisas, permitindo assim que os indivíduos identifiquem as condutas proibidas pela lei e, cientes de que a violação destas normas enseja a aplicação de penas, optem por praticar ou não a conduta incriminadora. Nesse enfoque, o princípio reveste-se de um limite lógico objetivo e subjetivo[33].

Em sentido contrário, será atípico o fato que não se enquadrar em todos os elementos que constem da lei, em virtude do princípio da legalidade e da máxima de que sem tipicidade, não há crime[34].

Em razão desse fenômeno que impede a punição de fatos desprovidos de adequação típica, Hungria equipara o direito penal a um *hortus conclusus*, ao passo que, para a norma criminal, somente serão considerados delitos os fatos que encontrarem no tipo penal sua perfeita subsunção. Logo, ainda que reprováveis, se escaparem da previsão do legislador, serão considerados inexistentes para a órbita da lei penal[35].

Desse postulado extraem-se três distintos enfoques. O primeiro relaciona-se com a incontroversa conclusão de que normas vagas e obscuras necessitam de uma maior intervenção do intérprete. Na esfera penal, abre-se uma maior possibilidade do julgador extravasar a sua função e investir-se na atividade de criação da lei. Nessa hipótese, a taxatividade figura como verdadeiro obstáculo para impedir o transbordamento da função jurisdicional e a violação da separação dos poderes[36].

[32] Ibidem. p. 25.

[33] GOMES, Mariângela Gama de Magalhães. Direito penal e interpretação jurisprudencial. São Paulo: Atlas, 2008. p. 13.

[34] CAMARGO, Antonio Luís Chaves. Tipo penal e linguagem. Rio de Janeiro: Forense, 1982. p. 19.

[35] HUNGRIA, Nélson; DOTTI, René Ariel. Comentários ao Código Penal: Dec.-Lei n.º 2.848, de 7 de dezembro de 1940, Lei n.º 7.209, de 11 de julho de 1984 – 6. ed. – Rio de Janeiro: LMJ, 2014, p. 05.

[36] GOMES, Mariângela Gama de Magalhães. Op. Cit. p. 14.

Em outras palavras, nesse sentido, o estudo da analogia se relaciona diretamente com a atividade interpretativa da lei e, no plano metodológico, da relação existente entre o juiz e a lei penal[37].

O segundo, por seu turno, relaciona-se com a consolidação do princípio da igualdade de todos os cidadãos perante a lei, aliada à constatação de que normas que não deixam amplas margens interpretativas reduzem os riscos de julgamentos conflitantes[38].

O último enfoque, por fim, dirige-se ao legislador e a sua atividade de criação da lei. Implica, pois, na sua obrigação de bem desempenhar o papel representativo, por meio da elaboração de normas que sejam conduzidas por uma uniforme e rigorosa linguagem, a fim de minimizar os equívocos na aplicação da lei penal e evitar excessos desnecessários[39].

Neste mesmo sentido, Luigi Ferrajoli, após atribuir à legalidade estrita a função de "modelo regulador", apresenta as seguintes características que a distinguem do princípio de mera legalidade: diferentemente da legalidade lata, que reivindica apenas a lei, como pressuposto para a incriminação e aplicação da pena, a legalidade estrita contempla todas as demais garantias como pressupostos necessários para o alcance da legalidade penal; a mera legalidade, portanto, destina-se aos juízes, enquanto o princípio da legalidade estrita é direcionado ao legislador, impondo-lhe a adoção de método idôneo para a formulação de conteúdo penal unívoco e seguro; no sentido lato é, portanto, "reserva relativa de lei", entendido como determinação legislativa, já em seu sentido estrito, é lei substancial[40].

2.3.1 Taxatividade e Tipicidade

O conceito de tipo ocupa posição essencial na teoria do crime, podendo-se afirmar que constitui, na verdade, seu núcleo estrutural. Atinge o

[37] Madrid Conesa, Fulgencio *La legalidad del delito. Valencia: Universidad de Valencia,* 1983. p. 59.

[38] Gomes, Mariângela Gama de Magalhães. Op. Cit. p. 14.

[39] Luisi, Luiz. Os Princípios Constitucionais Penais. 2. ed. Porto Alegre: Sergio Antonio Fabris. 2003. p. 25.

[40] Ferrajoli, Luigi. Direito e razão: teoria do garantismo penal. 4. ed. rev. prefácio da 1. ed. italiana, Norberto Bobbio, 4. ed. rev. São Paulo: Revista dos Tribunais, 2014. p. 93.

conceito de máxima concreção com o *nullum crimen nulla poena sine lege*. Origina-se na necessidade de certeza e segurança do ordenamento penal.

Tipo penal deve ser entendido como a descrição do comportamento humano ou da pessoa jurídica proibido, compreendendo características objetivas e subjetivas do fato punível. As características objetivas compreendem o tipo objetivo e as subjetivas o tipo subjetivo.

Segundo Francisco de Assis Toledo[41], o termo "tipo" exprime a ideia de um modelo ou de um esquema. É utilizado em todas as áreas do conhecimento para separar e agrupar em classes objetos particulares que apresentam algo em comum.

O tipo legal é, portanto, um modelo genérico e abstrato, desenvolvido através de uma lei penal, descritivo de uma conduta criminosa ou de uma permitida. Assim, não se apresenta somente como o conjunto dos elementos da infração penal, mas também determina os parâmetros legais das hipóteses em que se autoriza a prática de um fato típico.

Para Eugênio Raúl Zaffaroni[42], tipo penal é um instrumento legal, logicamente necessário e de natureza predominantemente descritiva, que tem por função a individualização de condutas humanas penalmente relevantes.

Não se pode confundir tipicidade com tipo penal, este é uma construção do legislador, enquanto aquela é a relação de subsunção entre o fato concreto e um tipo penal previsto abstratamente na lei (aspecto formal) e a lesão ou perigo de lesão ao bem jurídico penalmente tutelado (aspecto material).

O Direito Penal moderno trabalha com tipos penais e pensa por meio deles. Na Parte Especial do Código Penal e na legislação penal esparsa encontra-se o rol dos fatos típicos penais, ao passo que na Parte Geral do Código Penal encontramos os tipos permissivos (causas típicas de exclusão de crime).

O ápice do desenvolvimento do conceito de tipo ocorre com a obra de Ernst Von Beling, em 1906. Coube ao penalista alemão o mérito de con-

[41] TOLEDO, Francisco de Assis. Princípios Básicos de Direito Penal. 5. ed. São Paulo: Saraiva, 2001. p. 156.

[42] ZAFFARONI, Eugênio Raúl. *Manual de Derecho Penal. Parte General.* Buenos Aires: Ediar, 1988. p. 254.

ceber o princípio da legalidade do delito ou princípio da reserva como núcleo do conceito de crime.

A palavra tipo tem sua origem no termo alemão *Tatbestand*, a qual se traduz, em termos técnicos jurídicos, como a exigência de certeza na configuração das figuras delituosas, limitando o arbítrio dos governantes e, principalmente, daqueles que julgam.

O surgimento da expressão *Tatbestand* surge no jargão jurídico alemão, no fim do século XVIII e princípio do século XIX, no campo do processo criminal, local em que é mais sentida a necessidade de dar contornos certos e precisos ao fato delituoso.

Com o *Tatbestand* se traduz para o alemão a locução latina *corpus delicti*, compreendida como a ação punível, ou seja, o fato objetivo.

O vocábulo *Tatbestand*, como conceito de direito penal substantivo, aparece pela primeira vez na obra de L. Von Feuerbach e segue sendo utilizado por outros doutrinadores da época, tais como Berner, Luden, Kasper, Sharper, entre outros.

Neste primeiro momento, o *Tatbestand* é identificado como a totalidade do delito, pois é concebido como integrado por todos os elementos objetivos e subjetivos necessários para a existência do crime.

No entanto, em 1906, Ernest Beling, com a publicação de *Die Lehre Vom Verbrechen* que, numa tradução literal significa "a doutrina do crime", revisa profundamente o conceito *Tatbestand*, empregando-lhe um novo sentido, não o entendendo mais como todos os elementos do crime, mas sim, como um dos elementos do crime.

Para Beling, o *Tatbestand* deixa de ser o delito e passa a ser um dos elementos do crime, isto é, uma parte em relação ao todo.

Nesta obra, Beling diz que o tipo é constituído dos elementos objetivos contidos na enunciação normativa do delito, caracterizando-se por nele não estarem incluídos quaisquer elementos que tenham implicações axiológicas, ou que configurem estados anímicos ou situações subjetivas de qualquer ordem. Afirma-se que os elementos subjetivos não devem compor o *Tatbestand*.

Segundo Beling, o tipo é a mera descrição dos dados materiais que configuram objetivamente o crime. O tipo não é valorativo, mas descritivo, pertence à lei e não à vida real. A sua função é meramente descritiva, a qual está separada da antijuridicidade e da culpabilidade. Em outras palavras, o tipo é essencialmente objetivo e, portanto, não permite alusões subjetivas ou psíquicas do indivíduo.

A tipicidade, por sua vez, pode ser considerada como uma operação que ajusta o fato praticado ao ilícito presente na norma sancionadora, ou, em outras palavras, é a subsunção da ação do homem à norma incriminadora. A tipicidade penal, necessária à caracterização do fato típico se divide em três espécies:

a) Tipicidade formal: que é a adequação perfeita da conduta do agente ao modelo abstrato previsto no ordenamento penal. É aquela em que o legislador previu expressamente para o delito que se amolda ao fato típico;
b) Tipicidade substancial: pela ótica da tipicidade substancial, somente as condutas socialmente perigosas poderão ser tipificadas como ilícitos, justamente por representar um risco grave aos interesses tutelados pelo Estado;
c) Tipicidade conglobante: para que se possa alegar a tipicidade conglobante, é preciso verificar dois aspectos fundamentais, o primeiro se a conduta do agente é antinormativa, e o segundo que haja tipicidade substancial, ou seja, que ocorra um critério material de seleção do bem a ser tutelado.

A título de complementação, o conceito de tipicidade substancial pode ser interpretado como a análise da significância do bem jurídico, no caso concreto, a ser protegido. Por exemplo, um indivíduo ao manobrar com seu veículo em via pública, esbarra na perna de uma pessoa, causando lhe lesão corporal consistente apenas em um arranhão. Ao analisar-se o fato, percebe-se que a conduta foi culposa, houve um resultado naturalístico; há nexo de causalidade entre a conduta do agente e o resultado ocorrido; tem-se tipicidade formal, pois existe um tipo penal abstrato, incriminando esta ação; contudo, ao verificar a tipicidade substancial, analisa-se que, embora a nossa integridade física seja importante a ponto de ser protegida pelo sistema jurídico penal, nem toda e qualquer lesão estará abarcada pelo tipo penal. Somente as lesões corporais que tenham alguma significância, ou seja, que gozem de certa importância, é que nele estarão previstas.

Em detrimento da conceituação de tipicidade substancial, excluem-se dos tipos penais aqueles fatos reconhecidos como de pouquíssimo valor, nos quais tem aplicação o princípio da insignificância.

É a tipicidade substancial que se refere à valoração do bem no caso concreto, a fim de que se possa concluir se aquele bem específico merece ou não proteção do direito penal.

Outrossim, a tipicidade conglobante mostra-se quando comprovado, no contexto fático concreto, que a ação praticada pelo sujeito ativo é considerada antinormativa, contrária à norma penal, e não imposta ou fomentada por esta. Nesses termos, não se vislumbra a possibilidade de que no ordenamento jurídico exista uma norma que proíba aquilo que outra fomente ou estimule. Um ordenamento jurídico constitui um todo sistêmico, razão pela qual não podem coexistir normas incompatíveis, e ainda, ofensivas a bens de relevo para o Direito Penal (tipicidade material).

2.4 Irretroatividade Absoluta da Lei Penal mais Severa

O princípio da anterioridade penal também contempla a regra de precedência da lei para definir um fato como delituoso e cominar-lhe uma sanção. Ao lado do princípio da legalidade, possui assento constitucional no inciso XXXIX, art. 5º que dispõe expressamente que "não há crime sem lei anterior que o defina, nem pena sem prévia cominação legal", também sendo consagrado nos artigos 1º e 2º do Código Penal.

Em um primeiro contexto, este postulado direciona-se ao poder legislativo, limitando o seu campo de atuação, ao vedar a produção de leis que recaiam sobre fatos pretéritos, do qual emerge um claro reflexo político-liberal[43].

Por um outro enfoque, esta garantia atribui racionalidade e segurança ao sistema, e retrata a essência do direito penal no sentido de normatizar situações que exigem a intervenção do Estado – para a repressão do autor do delito –, vez que impede que um mesmo fato, anterior a outro, seja tratado de forma mais rigorosa, ao permitir a retroatividade da lei mais

[43] GOMES, Mariângela Gama de Magalhães. Direito penal e interpretação jurisprudencial. São Paulo: Atlas, 2008. p. 21.

benigna[44]. Ainda, nestes termos, promove um tratamento isonômico de todos os indivíduos perante a lei[45].

Ainda sob o viés social, a proibição da retroatividade é tida como uma "proteção da confiança" de que as situações que levam a restrição da liberdade estão previamente definidas, e podem ser conhecidas a qualquer tempo por meio das leis, que se apagaria com a criminalização *post factum*[46].

Além da natureza de garantia contra os excessos estatais, a anterioridade da lei justifica-se pela própria pretensão da norma, que é firmada para o futuro, e até mesmo por uma questão lógica, pois não se pode exigir a obediência a uma determinada regra sem que antes seja dado o seu prévio conhecimento ao corpo social[47].

Para tornar efetivos os propósitos da legalidade penal, o postulado da anterioridade alberga tanto a proibição de serem criados tipos penais para alcançar fatos anteriores a sua vigência, bem como impede o agravamento da pena ou medida de segurança após a prática da conduta delitiva, vedando assim a retroatividade das leis penais mais severas de direito material[48].

Nesse sentido, o princípio da anterioridade reveste-se da função de "critério geral orientador das soluções dos problemas de sucessão de leis penais", pois reforça a incidência da norma vigente ao tempo dos fatos – consolidando a regra geral da irretroatividade –, exceto se for mais favo-

[44] ZAFFARONI, Eugenio Raúl; PIERANGELI, José Henrique. Manual de direito penal brasileiro. v. 1, parte geral. 10. ed. São Paulo: Revista dos Tribunais, 2013. p. 211.

[45] GOMES, Mariângela Gama de Magalhães. Direito penal e interpretação jurisprudencial. São Paulo: Atlas, 2008. p. 23.

[46] HASSEMER, Winfried. *Fundamentos del Derecho Penal.* Barcelona: Bosch Casa Editorial, 1984. Trad. Francisco Muñoz Conde e Luiz Arroyo Zapatero. p. 230.

[47] BUSATO, Paulo César. Direito penal. Parte geral. vol. 1, 3. ed. São Paulo: Atlas, 2017. p. 119.

[48] TOLEDO, Francisco de Assis. Princípios básicos de direito penal. 5. ed. 14ª tir. Saraiva: São Paulo, 2008. p. 31. Em complemento, o autor informa que a irretroatividade da lei penal mais severa recai sobre todas as normas de direito penal – e, neste ponto, salienta a dificuldade de se distinguir a natureza de uma norma penal e de uma norma processual penal, citando como exemplo a polêmica ao redor da natureza das normas sobre a prescrição, que ao final foi considerada como norma penal (STF, RHC 55.294, *RTJ*, 83:746). TOLEDO, Francisco de Assis. Princípios básicos de direito penal. 5. ed. 14ª tiragem. Saraiva: São Paulo, 2008. p. 31-32.

rável ao agente delitivo, hipótese em que permite-se a retroatividade da lei[49]. Nestes termos, a lei penal mais benigna figura como a única exceção à proibição de irretroatividade da lei penal[50] (art. 5º, XL da CF) e, juntamente com a lei anterior mais benigna (ultra-atividade), sempre prevalecerá[51].

Para tanto, considera-se como "tempo do fato"[52] o momento da execução, sendo irrelevante o momento da consumação. Assim sendo, se a entrada em vigor de uma lei se dá após a prática das condutas – de execução ou participação –, fica proibida a responsabilização ou agravamento da sanção penal atribuída aos seus agentes[53]. Por outro lado, para os crimes omissos, deve ser considerado o momento em que era necessária a realização de uma ação determinada pela lei[54], cujo resultado lesivo o agente pudesse evitar, e na medida em que a omissão equivale à ação sob o aspecto da reprovação social[55].

Na prática forense, cumpre ressaltar que a maior severidade penal deve ser extraída do conjunto de regras aplicáveis ao caso concreto, com correspondentes consequências, e não apenas da comparação isolada dos

[49] Busato, Paulo César. Op. Cit. p. 119.

[50] Santos, Juarez Cirino dos. Direito penal: parte geral. 4. ed. Florianópolis: Conceito Editorial, 2010. p. 21.

[51] Toledo, Francisco de Assis. Op. Cit. p. 35.

[52] Jakobs, Günther Jakobs. Tratado de direito penal: teoria do injusto penal e culpabilidade. Coord. Luiz Moreira. Trad. Gercélia Batista de Oliveira Mendes e Geraldo de Carvalho. Belo Horizonte: Del Rey, 2008. p. 141.

[53] Paulo César Busato sustenta, inclusive, que deve ser aplicada a lei penal mais benéfica ainda que esta esteja no período de "vacatio legis", ao argumento de que reproduz a posicionamento prévio e concreto da coletividade, que não pode assim ser represada. Consigna, ademais, que por se tratar de garantia inadiável, possui imediata aplicação, o que dispensa a sua entrada em vigor, bastando a sua publicação. (Busato, Paulo César. Direito penal. Parte geral. vol. 1, 3. ed. São Paulo: Atlas, 2017. p. 273). Neste mesmo sentido, invoca o entendimento de Cezar Roberto Bitencourt, Alberto Silva Franco e Nélson Hungria (Ibidem. p. 121).

[54] Jakobs, Günther Jakobs. Op. Cit. p. 141.

[55] Busato, Paulo César. Op. Cit. p. 273.

dispositivos legais em questão, devendo ao fim prevalecer o resultado que for mais favorável ao acusado[56].

2.5 Vedação da Analogia *in malam partem*

Sendo método de integração por meio do qual se suprem as lacunas legais, a analogia somente é admissível diante da inexistência de lei específica. Por esse motivo, com base na semelhança, a uma situação específica, não regulamentada, permite-se a aplicação de regramentos jurídicos extraídos de situação equiparada[57].

A analogia diferencia-se da interpretação, pois não tem por finalidade desvendar o significado da norma, e, particularmente, da interpretação extensiva, tendo em vista que, naquela, existe uma lacuna legal, enquanto que nesta, a letra da lei não corresponde ao seu verdadeiro significado. Diz-se assim que a analogia "não encontra apoio na disposição da lei"[58].

Distingue-se igualmente da interpretação analógica, cuja técnica recorre a rol de fórmulas casuísticas destinadas a identificar hipóteses implicitamente previstas na lei, sob a justificativa de que não se pode atribuir ao legislador o dever de prever todos os possíveis acontecimentos que reclamam a tutela penal. Nestes moldes, para a incriminação do fato e responsabilização do acusado, basta que essa situação similar àquela normatizada se vincule a mesma vontade da lei, o que é admitido pelo ordenamento jurídico (art. 3º do CPP)[59].

Não obstante configure importante recurso de integração da norma, a analogia possui reduzido espaço no direito penal, reflexo da garantia da reserva legal, que não deixa margem para a criação de tipos penais, ou a aplicação de sanções que não estejam expressamente definidas em lei[60]. Neste sentido, é proibida a analogia que prejudica o réu, sob pena

[56] Toledo, Francisco de Assis. Princípios básicos de direito penal. 5. ed. 14ª tiragem. Saraiva: São Paulo, 2008. p. 32.

[57] Ibidem. p. 26.

[58] Fragoso, Heleno Cláudio. Lições de direito penal: a nova parte geral. 12.ed. rev. e atual. Rio de Janeiro: Forense, 1990. p. 85.

[59] Asúa, Luis Jiménez de. *La ley y el delito. Principios de derecho penal.* 2. ed. Editorial Hermes, 1954. p. 152.

[60] Fragoso, Heleno Cláudio. Lições de direito penal: a nova parte geral. Op. Cit. p. 86.

de violar a garantia da taxatividade dos delitos e das penas, bem como a reserva da lei.

A proibição da analogia *in malam partem* é ainda justificada sob os seguintes argumentos[61]:

a) se uma das facetas da pena consiste na intimidação, e esta só se torna eficaz por meio de leis certas, sua ausência resulta na ineficácia preventiva da sanção penal;
b) na medida em que apenas pode-se punir àquele que conscientemente praticou uma conduta delitiva, a incerteza normativa torna injusta a responsabilização criminal;
c) partindo da premissa que a lei promove a igualdade na aplicação do direito penal, ao permitir a analogia, abre-se margem para a desigualdade que pode decorrer da variação dos diferentes critérios empregados pelo julgador;
d) o uso da analogia pode conduzir a indevidas ampliações decorrentes de pressões políticas de interesses estatais.

Em contrapartida, porque tido como instrumento de defesa contra os excessos do Estado, extrai-se da essência do princípio da legalidade a justificativa que permite a analogia *in bonam partem* no campo penal[62].

Por esse motivo, aliado à impossibilidade de serem previstas todas as infinitas possibilidades da conduta humana, legitima-se o uso da analogia em favor da liberdade, nas suas duas espécies (*in legis* ou *in juris*), para o reconhecimento da exclusão de ilicitude, isenção de pena ou extinção de punibilidade[63].

2.6 Princípio da Intervenção Mínima

Assim como os demais princípios tratados neste capítulo, indispensáveis à aplicação da norma penal, na qual inclui-se o conceito penal proposto

[61] CAETANO, Marcello. Lições de direito penal: súmula das prelecções feitas ao curso do 4º. ano jurídico no ano letivo de 1938-39. Lisboa, 1939. p. 122-123.

[62] BUSATO, Paulo César. Direito penal. Parte geral. vol. 1, 3. ed. São Paulo: Atlas, 2017. p. 52.

[63] HUNGRIA, Nelson; DOTTI, René Ariel. Comentários ao código penal: dec.-Lei n. 2.848, de 7 de dezembro de 1940, Lei n. 7.209, de 11 de julho de 1984 – 6.ed. – Rio de Janeiro: LMJ, 2014. p. 11.

neste trabalho, a intervenção mínima surge como instrumento que limita o *ius puniendi*, partindo da concepção de que o Direito Penal deve buscar uma efetiva punição dos delitos para se alcançar a tranquilidade social, o que não implica necessariamente na imposição de sanções tão severas que acarretem maior instabilidade, propondo, neste cenário, uma nova roupagem que prega pela moderação na aplicação das penas.

Ao tratar deste postulado, García-Pablos de Molina acentua que a intervenção mínima do direito penal "expressa graficamente um ulterior limite político-criminal do *ius puniendi*. Um limite coerente com a lógica do Estado social que busca o maior bem-estar com o menor custo social, de acordo com um postulado utilitarista"[64].

Destas considerações preliminares emergem duas vertentes principais que reproduzem e conferem efetividade ao postulado: a primeira relaciona-se com a reserva do direito penal apenas para hipóteses restritas, o que consolidaria a sua força, e retrata a sua fragmentariedade; a segunda associa a atuação do direito penal apenas quando os demais instrumentos sociais apresentarem-se insuficientes, configurando o que se denomina de subsidiariedade penal[65].

Este contexto no qual se exige do direito penal a máxima segurança e a mínima aflição, representa verdadeira "ambivalência do utilitarismo jurídico" e é retratada por Ferrajoli em duas versões. Inicialmente, com a finalidade de se obter a "máxima utilidade possível garantida à maioria formada pelos não desviantes", reflexo apenas dos interesses coletivos, desconsiderando-se aqueles que cumprem as penas. Por outro lado, na segunda versão, busca-se o menor sofrimento necessário a incidir sobre a "minoria formada por desviantes", levando em conta *também* os destinatários da pena. Na primeira versão, não são exigidos limites na intervenção punitiva, enquanto que na última a intervenção somente se justifica

[64] García- Pablos de Molina, Antonio. *Sobre el principio de intervención mínima do Derecho penal como limite do ius puniendi. Estudios penales e jurídicos, homenaje al Prof. Dr. Enrique Casas Barquero. Coord. por Juan José Gonazaléz Rus. Córdoba: Ed. Secretariado de Publicaciones Universitarias de Córdoba*, 1996.

[65] Busato, Paulo César. Direito penal. Parte geral. vol. 1, 3. ed. São Paulo: Atlas, 2017. p. 54-55.

se restrita ao "mínimo necessário", por meio do mínimo das proibições, das penas e seguras normas processuais[66].

Esta mesma linha que preza pela fragmentariedade da norma incriminadora justifica a mínima intervenção sob o enfoque social, particularmente em razão das incoerências e violência que emergem da sua incidência e respectiva penalização, tida como pouco racional, pois resulta em mais violência, o que legitima consequentemente a contenção dos seus efeitos[67].

De fato, a esse respeito, a moderna Criminologia informa que o investimento é deficitário quando se refere à "equação crime/pena", bem como que os custos sociais para todos os envolvidos, incluindo a coletividade, são perniciosos, sobretudo porque incrementam os conflitos e recaem com maior intensidade sobre as categorias sociais menos privilegiadas[68].

Ao lado destes fundamentos, a subsidiariedade penal também é pautada pelo abandono da premissa de que a pena acarreta uma maior eficiência na prevenção do delito – o que foi afastado pelas ciências sociais, ao infirmar a ideia de que a sanção criminal não é o meio mais eficaz para o combate da criminalidade –, e pelos altos custos sociais, que reforçam a necessária limitação da atividade punitiva[69].

A partir do exposto e com fundamento na intervenção mínima, são traçadas assim diferenças "quantitativas" estabelecidas para os crimes e as demais infrações que se apresentam suficientes e resultam em um "menor custo social". Para tanto, firma-se a diretriz que limita a atuação do direito penal aos fatos mais graves, de maior culpabilidade, cujo desvalor do resultado e ação necessariamente exigem a intervenção do Estado por meio da aplicação da pena, único instrumento de proteção contra as violações mais severas. Significa dizer, a *contrario sensu*, que não devem ser incriminados fatos sem relevância penal, ou situações particulares, evi-

[66] Ferrajoli, Luigi. Direito e razão: teoria do garantismo penal. 4. ed. rev. prefácio da 1. ed. italiana, Norberto Bobbio, 4. ed. rev. São Paulo: Revista dos Tribunais. 2014. p. 243-244.

[67] Zaffaroni, Eugenio Raúl; Pierangeli, José Henrique. Manual de direito penal brasileiro. v. 1, parte geral. 10. ed. rev., atual. São Paulo: Revista dos Tribunais, 2013. p. 79.

[68] Santos, Juarez Cirino dos. Direito penal: parte geral. 4. ed. Florianópolis: Conceito Editorial, 2010. p. 29.

[69] Busato, Paulo César. Direito penal. Parte geral. vol. 1, 3. ed. São Paulo: Atlas, 2017. p. 53.

tando assim o abuso punitivo por meio da aplicação de penas privativas de liberdade[70].

Superada essa breve enumeração e consolidada a ideia de que as penas somente devem recair sobre os fatos de maior gravidade e relevância social, chega-se a um segundo aspecto relacionado aos limites de racionalidade do direito penal e a sobreposição de sanções, o que revela a importância do debate[71]. Afinal, quais injustos devem ser protegidos pelo Direito Penal?

De uma forma geral, ao tratar do tema, Juarez Cirino dos Santos observa que se deve buscar uma "otimização das possibilidades da realidade", que parte dos princípios da adequação e necessidade dos meios, em relação aos fins pretendidos, sendo formulados os seguintes questionamentos[72]:

a) para o fim de se tutelar o bem jurídico, e dentre os outros meios, a pena criminal é adequada?
b) a pena é meio adequado e necessário para o fim de se tutelar determinado bem jurídico?

[70] Mirabete, Julio Fabbrini; Fabbrini, Renato N. Manual de direito penal. vol. 1. Parte geral, arts. 1º a 120 do CP. 29. ed. São Paulo: Atlas, 2013.

[71] Em sentido oposto, afastando o posicionamento que prega pela distinção qualitativa ou quantitativa entre o ilícito penal e o ilícito administrativo, Miguel Reale Júnior sustenta tratar-se de um "jus puniendi geral". Neste mesmo sentido, sublinha que a escolha da via administrativa ou penal não tem qualquer relação com o bem jurídico, mas de uma "escolha com base na conveniência política deste ou daquele caminho, com vista a melhor alcançar os fins preventivos e retributivos de um direito punitivo que cada vez mais se faz único". Finaliza acolhendo a teoria que analisa os ilícitos – administrativos e penais –, quanto a sua substância, uma vez que ambos tutelam bens jurídicos fundamentais, motivo pelo qual se torna irrelevante perquirir se a esfera é administrativa ou penal, em razão da sua "existência social" e defesa da coletividade. Ressalta, igualmente, que "a admissão dessa identificação tem por consequência o imediato reconhecimento da aplicação dos princípios informadores do direito penal ao ilícito administrativo" (Reale Júnior, Miguel. Ilícito administrativo e o *jus puniendi* geral. Direito penal contemporâneo: estudos em homenagem ao Professor José Cerezo Mir. Coord. Luiz Régis Prado. São Paulo: Revista dos Tribunais, 2007. p. 93-95).

[72] Santos, Juarez Cirino dos. Direito penal: parte geral. 4. ed. Florianópolis: Conceito Editorial, 2010. p. 27.

Para além desta reflexão, não há que se desconsiderar ainda que a suposta fixação de limites para a incidência ou não da lei penal transborda a discussão que prima pelos extremos – "direito penal mínimo" e "direito penal máximo", pois resulta em sistemas intermediários, associados às maiores ou menores garantias, à quantidade e qualidade das proibições e, finalmente, à aplicação das penas[73].

Este trabalho não pretende enfrentar tais questões que extravasam seu objeto, porém, não pode deixar de apresentá-las, quer porque restringem o campo de abrangência da norma incriminadora com fundamento na subsidiariedade, fragmentariedade e despenalização de condutas, quer porque a hipertrofia punitiva não raras vezes sobrepõe os espaços do ilícito administrativo e ilícito penal, nos quais se incluem as infrações administrativas e sua intrínseca relação com os crimes funcionais[74].

2.6.1 Direito Penal e Direito Administrativo Sancionador: Limites de Abrangência da Lei Penal e os Movimentos de Despenalização

O expansionismo criminal e a pauta crescente pela elaboração de novas leis incriminadoras, tipos penais abertos e crimes de perigo abstrato, redução de garantias, agravamento das penas e prevenção de riscos, tem como um dos seus principais efeitos o estreitamento dos campos de atuação do Direito Penal e do Direito Administrativo, e é explicado pela constatação de que a ciência criminal começa a alcançar áreas até então pertencentes a outras esferas jurídicas.

[73] Ferrajoli, Luigi. Direito e razão: teoria do garantismo penal. 4. ed. rev. prefácio da 1. ed. italiana, Norberto Bobbio, 4. ed. rev. São Paulo: Revista dos Tribunais, 2014. p. 101.

[74] Sobre o tema, Helena Regina Lobo da Costa aponta que: "[...] refletir sobre a seleção do aparato sancionador a ser utilizado é igualmente fundamental. A atual afluência sancionadora, derivada da criação dos ilícitos administrativos e penais praticamente idênticos, acarreta sobreposição normativa, conflitos na aplicação do direito e, especialmente, consternação e perda de autoridade, em razão de o destinatário ter margem de segurança jurídica bastante reduzida". E conclui sustentando que a descriminalização de condutas é o primeiro passo para um "política sancionadora integrada" (Da Costa, Helena Regina Lobo. Direito penal econômico e direito administrativo sancionador: *ne bis in idem* como medida de política sancionadora integrada. Tese de Livre-Docência apresentada à Faculdade de Direito da Universidade de São Paulo – FDUSP, Brasil, 2013. p. 124).

Sobre a "administrativização" do Direito Penal, Helena Lobo da Costa explica que outro aspecto deve ser observado e relaciona-se com a inobservância dos limites legais, com a criminalização de condutas sem graves consequências, e a inserção deste ramo do direito em "âmbitos que, provavelmente, sequer deveriam ser regulamentados por meio de instrumentos punitivos". Soma-se a isso a grande insegurança que se instala no cenário social, diante da dificuldade que a coletividade tem de compreender quais condutas são criminalizadas[75].

A partir desse fenômeno, torna-se então necessário o estabelecimento de limites de incidência entre as diferentes áreas jurídicas, sobretudo para consolidar a seara criminal como a *ultima ratio,* bem como para impedir a dupla punição, particularmente quando se identifica um novo cenário em que o Direito Administrativo passa a ser empregado para o fim de complementar a lei penal, estabelecendo um conjunto de regras que firmam um sistema de punição independente[76].

Esse agravamento das punições administrativas, ainda segundo Helena Lobo da Costa, pode ter como origem a expansão das atividades estatais, que ampliaram seu campo de abrangência para incluir matérias diversas, a exemplo da tutela do consumidor, meio-ambiente, entre outros, além da delegação das funções do Estado para as empresas privadas, concessionárias, atribuindo-se ao Estado apenas a atividade fiscalizadora[77].

Não por outra razão, são diversos os motivos que justificam o debate que envolve o estabelecimento das diferenças entre as duas esferas jurídicas[78], citando-se desde a incidência das garantias até o afastamento do

[75] Ibidem. p. 115.

[76] Oliveira, Ana Carolina Carlos de. Hassemer e o direito penal brasileiro: direito de intervenção, sanção penal e administrativa. São Paulo: IBCCRIM, 2013. p. 112.

[77] Da Costa, Helena Regina Lobo. Direito penal econômico e direito administrativo sancionador: *ne bis in idem* como medida de política sancionadora integrada. Tese de Livre-Docência apresentada à Faculdade de Direito da Universidade de São Paulo – FDUSP, Brasil, 2013. p. 117.

[78] Para Fábio Medina Osório, a distinção entre a sanção penal e a sanção administrativa é apenas dogmática, uma vez que existe uma única pretensão punitiva estatal que, segundo o autor, pode recair sobre os indivíduos e sociedade por meio de duas diferentes projeções: as sanções penais, e as sanções administrativas. Logo, o desafio atual está exatamente na aproximação e harmonia entre as atividades administrativas e judiciárias na proteção dos

bis in idem decorrente da aplicação conjunta das sanções penais e administrativas[79], em busca de uma "construção coordenada do ilícito", e o estabelecimento daquilo que é ou não proibido nas demais áreas jurídicas, para se edificar enfim o ilícito penal[80].

A esse respeito, faz-se breve referência à teoria diferenciadora elaborada por James Goldschmidt, que distingue os ilícitos penais e administrativos e tem como pressuposto o desvalor ético que permeia os delitos, que resulta na aplicação de penas privativas de liberdade. As infrações administrativas, por outro lado, são consideradas neutras sob o contexto ético, cuja finalidade se volta para a proteção da estrutura estatal. Soma-se a isso a ideia que permeia o ilícito administrativo formado por regras administrativas e jurídicas, que o diferenciam do Direito Criminal tido como pressuposto para a pena[81].

Vale ainda citar outros sistemas que pregam a divisão da ciência penal, em virtude da incorporação de novas pautas de intervenção, dentre eles a teoria de velocidades desenvolvida por Jesús María Silva Sánchez, o direito de intervenção de Winfried Hassemer, e o direito de ordenação social concebido por Eduardo Correia.

Como não poderia deixar de ser, longe do estudo aprofundado desses modelos alternativos, para os fins deste trabalho, serão retratados apenas os contornos gerais de cada um destes sistemas, com o fim único de buscar soluções que reconduzam à aplicação da lei penal ao cenário da intervenção mínima.

Nestes termos, inicia-se a apresentação com o trabalho de Silva Sánchez, que associa a deformação das estruturas do Direito Penal com a

mesmos bens jurídicos, vez que, por um lado, existe esta unidade entre as duas sanções, mas por outro lado, cada um possui regimes jurídicos diversos ainda que ao fim não possam afastar os limites únicos estabelecidos pela Constituição Federal (Osório, Fábio Medina. Direito administrativo sancionador. 2. ed. São Paulo: Revista dos Tribunais, 2005. p. 165-166).

79 Oliveira, Ana Carolina Carlos de. Hassemer e o direito penal brasileiro: direito de intervenção, sanção penal e administrativa. 1.ed. São Paulo: IBCCRIM, 2013. p. 113.

80 Da Costa, Helena Regina Lobo. Op. Cit. p. 120.

81 Oliveira, Ana Carolina Carlos de. Op. Cit. p. 115.

expansão da sua abrangência e sua administrativização, que passa a acolher um sistema de prevenção de riscos[82].

Estabelece, assim, a divisão do Direito em um modelo intitulado de três velocidades, partindo da concepção de que cada sistema deve corresponder a uma diferente intensidade de imputação e identidade de garantias para o acusado[83], relacionando-os essencialmente com o tempo que o Estado demora a punir aquele que praticou uma infração.

Tem-se assim que a primeira velocidade abrangeria os bens jurídicos individuais, de maior importância social e, por isso, contemplaria as penas mais severas (penas privativas de liberdade), mas também uma maior amplitude de garantias fundamentais. A segunda velocidade, por sua vez, comportaria a flexibilização das garantias penais e processuais na exata medida em que não se permitiria a aplicação de penas privativas de liberdade. Por fim, a terceira velocidade, configuraria uma mescla das teorias anteriores, com a relativização de direitos e garantias e aplicação de pena privativa de liberdade[84].

De certa forma, conforme dispõe o doutrinador espanhol, a partir do ilícito penal, desdobra-se uma linha contínua que vai se dissipando, mas não se apaga por completo, na qual se inclui a infração administrativa[85]. Assim sendo, conforme se verá, o Direito Penal de segunda velocidade, bem como o direito de intervenção, poderia ser bem retratado pelo Direito Administrativo sancionador.

Nessa mesma linha, a teoria de Hassemer surge como pensamento crítico acerca dos caminhos tomados pela Direito Penal, e é objeto de inúmeros trabalhos desenvolvidos por estudiosos reunidos no que se intitulou de "Escola de Frankfurt". Em comum, seus integrantes compartilhavam críticas a respeito da expansão criminal e a mitigação de garantias[86].

82 SILVA SÁNCHEZ, Jesús María. *La expansión del derecho penal.* Madrid: Edisofer, 2011. p. 134.

83 RIBEIRO, Bruno Salles Pereira. Análise crítica do direito penal secundário: investigação sobre a proposta de divisão do direito penal, à luz da dogmática e da política criminal. São Paulo: LiberArs, 2015. p. 168.

84 SILVA SÁNCHEZ, Jesús María. Op. Cit. p. 168.

85 Ibidem. p. 135.

86 OLIVEIRA, Ana Carolina Carlos de. Hassemer e o direito penal brasileiro: direito de intervenção, sanção penal e administrativa. São Paulo: IBCCRIM, 2013. p. 25. A autora

Em um contexto geral, o Direito de intervenção não se apresenta como um Direito Penal relativizado ou mesmo representa o Direito Administrativo. Seria, em suma, uma resposta que busca conter a hipertrofia do sistema criminal, por meio do resgate do modelo de intervenção mínima, tutela de bens jurídicos individuais e essencialmente de prevenção geral. É assim justificado pela impossibilidade de serem alteradas as estruturas fundamentais do Direito Penal "clássico" para que sejam incorporados os "novos" tipos penais, e sob pena de a ciência criminal se assemelhar a qualquer outro ramo jurídico[87].

Para tanto, e diante da impossibilidade do Direito Penal tutelar bens jurídicos supraindividuais, aliada à vagueza dos termos que são empregados na formulação de tipos penais abertos e de perigo abstrato, da consequente mitigação de garantias constitucionais, o problema na imputação de responsabilidade penal, entre outras dificuldades, propõe-se que esses injustos sejam tutelados pelo que se intitula de Direito de intervenção. Em melhores palavras, o Direito de intervenção passaria a abranger diversas normas sancionadoras dentre elas de direito civil, penal, contravenções penais e normas de direito tributário, vedando-se a aplicação de penas privativas de liberdade em função da flexibilização de garantias[88].

Nesse ponto, assim como teoria de velocidades, o Direito de Intervenção nasce a partir da constatação de que o Direito Penal contemporâneo possui dificuldades de se adaptar a sua estrutura clássica, caminhando mais para uma atuação preventiva do que repressiva, por meio da expansão de normas incriminadoras e elaboração de tipos penais que visam à tutela de bens coletivos, aliada à criação de tipos penais de perigo abstrato, que afastam a clareza e identificação dos fatos tidos como crimino-

esclarece, contudo, linhas a frente, que os estudiosos que compunham o Instituto de Ciências Criminais de Frankfurt – dentre eles, Naucke, Lüderssen, Albrecht, Prittwitz e Hassemer – repeliam essa denominação em função da divergência de pensamento que vigorava entre os autores, em especial acerca dos "pontos de chegada das teorias (abolicionismo, redução do Direito Penal, justiça restaurativa) e, principalmente, a valorização do pensamento livre e crítico em relação ao Direito Penal" (Oliveira, Ana Carolina Carlos de. Op. Cit. p. 26).

[87] Hassemer, Winfried. Introdução aos fundamentos do direito penal. Trad. De Pablo Rodrigo Alflen da Silva. Porto Alegre: Sergio Antonio Fabris, 2005. p. 435.

[88] Oliveira, Ana Carolina Carlos de. Op. Cit. p. 61-64.

sos. Portanto, as teorias de Hassemer e Silva Sánchez apresentariam em comum a finalidade de conter a expansão do Direito Penal, por meio da descriminalização e incidência do Direito Administrativo sancionador[89].

Seguindo passos semelhantes, o Direito de mera ordenação social surge igualmente como reação ao exagerado uso das penas como solução de todos os males[90], o que leva ao desvirtuamento dos elementos da teoria do crime e a inobservância das garantias processuais, além do inchaço do ordenamento jurídico penal. Leva-se ainda em consideração o aumento no número de decisões em razão da "supercriminalização do direito"[91].

Em melhores palavras, Eduardo Correia traça algumas linhas essenciais para explicar o fenômeno da expansão criminal que leva ao próprio descrédito das sanções penais, esclarecendo que:

> A criminalização de normas destituídas de toda a fundamentação ético-jurídica e distanciadas do cerne dos valores éticos essenciais à vida em sociedade, que está na base do direito criminal, – só porque, para salvaguardar as garantias individuais, se ameaça a sua violação com penas criminais, a impor da via jurisdicional – compromete a dignidade, desentroniza o sentido dessas penas e a função dos tribunais que a aplicam. Face a uma tal confusão de normas e decisões, chega-se a dizer que os homens acabam por pensar ou concluir que, já que tudo é criminalmente proibido, tudo passa afinal a ser permitido. E daí o estado de 'anomia', de ausência de padrões ético-jurídicos, que prejudica a própria dignidade do direito criminal[92].

[89] Ribeiro, Bruno Salles Pereira. Análise crítica do direito penal secundário: investigação sobre a proposta de divisão do direito penal, à luz da dogmática e da política criminal. São Paulo: LiberArs, 2015. p. 173-174.

[90] Em seu livro, Bruno Salles esclarece que a teoria da ordenação social nasce em Portugal na segunda metade do século XX, e possui raízes nos estudos de Goldschmidt, Wolf e Schmidt. Surge, ademais, de um cenário no qual se incrementava a criminalização e os ilícitos administrativos, com consequente afastamento das contravenções. Neste contexto, Eduardo Correia desenvolve o sistema ordenacional, com o objetivo de integrar em um único modelo os ilícitos administrativos e as contravenções. (Ribeiro, Bruno Salles Pereira. Op. Cit. p. 106).

[91] Correia, Eduardo. Direito de mera ordenação social. Boletim da Faculdade de Direito da Universidade de Coimbra. Vol. XLIX. Coimbra, 1973. p. 262-263.

[92] Ibidem. p. 263.

Conclui, assim, o autor no sentido de que o Direito Penal não deve tutelar todos os valores eticamente fundamentais, mas apenas aqueles "minimamente éticos", indispensáveis para a vida em sociedade[93]. Não se quer dizer, por outro lado, que não existe a intervenção estatal para punir as violações que colocam em perigo os fins do Estado social, mas simplesmente que este não pode reagir por meio das penas criminais[94], com o "sentido extrajurídico de retribuição, expiação ou recuperação social que as caracteriza", mas que devem ser aplicados outros instrumentos que reprimam o mal com mera advertência[95].

Assim sendo, o Direito da mera ordenação não se confunde com o Direito Criminal, pois incide sobre condutas que merecem apenas uma censura social, o que não permite e justifica a proibição de serem aplicadas penas privativas de liberdade[96].

Em Portugal, o regime dos ilícitos de mera ordenação social, após a revogação do Decreto-Lei n.º 232/79, foi finalmente instituído pelo Decreto Lei n.º 433/82, mantendo-se assim apenas dois sistemas sancionatórios, o primeiro retratado pelo Direito Penal e o sistema das contraordenações, este último encarregado de proteger "valores ligados à

[93] Em sentido contrário, parte da doutrina dispõe que deve ser abandonado o pressuposto de que as sanções administrativas se voltam apenas para os crimes de bagatela e de menor importância, reflexo de uma concepção qualitativa entre os delitos e as infrações administrativas, citando-se, por exemplo, os significativos valores das multas pecuniárias no âmbito do CADE, além da cassação de autorização para o exercício de atividade financeira, a inabilitação para exercer cargos de administração, a suspensão parcial ou total de atividades etc (Da Costa, Helena Regina Lobo. Direito penal econômico e direito administrativo sancionador: *ne bis in idem* como medida de política sancionadora integrada. Tese de Livre-Docência apresentada à Faculdade de Direito da Universidade de São Paulo – FDUSP, Brasil, 2013. p. 168).

[94] Tal consideração firma a principal diferença entre os ilícitos penal e administrativo penal, ao lado da competência dos órgãos administrativos responsáveis pelo julgamento das penas de natureza não criminal. Neste mesmo sentido, acrescenta que o delito tem por objetivo tutelar os valores essenciais da coletividade, ao contrário do ilícito administrativo (Correia, Eduardo. Direito criminal. v. 1. Coimbra: Almedina, 2010. p. 28-29).

[95] Correia, Eduardo. Op. Cit. p. 266-267.

[96] Ibidem. p. 272.

promoção do bem-estar e das funções da administração pública e não bens jurídicos individuais"[97].

Com o exposto, e de uma forma geral, é possível perceber que uma das principais diferenças que surgem entre o ilícito penal e o ilícito administrativo relaciona-se com o seu caráter qualitativo ou quantitativo, e com a exclusiva permissão do Direito Penal aplicar penas privativas de liberdade que, no Brasil, encontra inclusive amparo constitucional no art. 5º, LXI, ao condicionar a decretação da prisão apenas por meio de uma ordem judicial[98]. Ainda nesse sentido, há que se destacar a disposição contida no art. 1º da Lei de Introdução do Código Penal e da Lei de Contravenções Penais (Decreto-Lei 3.914/41) que condiciona a cominação de pena de reclusão ou de detenção ao conceito de crime:

Art. 1º Considera-se crime a infração penal que a lei comina pena de reclusão ou de detenção, quer isoladamente, quer alternativa ou cumulativamente com a pena de multa; contravenção, a infração penal a que a lei comina, isoladamente, pena de prisão simples ou de multa, ou ambas, alternativa ou cumulativamente.

Ademais, há que se destacar a premissa fundamental de que todos os modelos sancionadores apresentados sustentam que a subsidiariedade do Direito Penal e a previsão de regras extrapenais apresentam-se como uma das soluções mais adequadas, seja porque os controles administrativos atuam na prevenção das infrações, o que reproduz maior efetividade, seja porque o deslocamento de condutas para o campo administrativo

[97] RIBEIRO, Bruno Salles Pereira. Análise crítica do direito penal secundário: investigação sobre a proposta de divisão do direito penal, à luz da dogmática e da política criminal. São Paulo: LiberArs, 2015. p. 110-112.

[98] A despeito desta distinção, são apontadas inúmeras características que assemelham o ilícito penal e administrativo – "sanções respectivas apresentam traços funcionais muito semelhantes e conteúdo majoritariamente idêntico (a partir das espécies de sanções)" – o que leva parte da doutrina a sustentar a existência de uma única atividade sancionadora, com a incidência de um único regime jurídico. Por fim, cabe frisar que a autora não acolhe o posicionamento que prega por um único *ius puniendi*, em razão do seu "caráter autoritário" e "retórico" que busca a aplicação das garantias fundamentais ao ilícito administrativo, mas que desconsidera suas diferentes normativizações (DA COSTA, Helena Regina Lobo. Direito penal econômico e direito administrativo sancionador: *ne bis in idem* como medida de política sancionadora integrada. Tese de Livre-Docência apresentada à Faculdade de Direito da Universidade de São Paulo – FDUSP, Brasil, 2013. p. 173-176).

consolidaria a atuação do sistema penal, que se tornaria mais célere e efetivo na aplicação das penas[99].

Além disso, no que se refere ao tema deste estudo – que busca em um contexto panorâmico a elaboração de leis penais claras e precisas –, há que se considerar os importantes efeitos dogmáticos e político-criminais gerados pela delimitação das condutas criminosas e sua diferenciação com os ilícitos administrativos[100], mormente porque, como visto, as disposições constitucionais que tratam das garantias fundamentais se revelam, por vezes, insuficientes para restringir a atividade punitiva do Estado.

De todo o acima exposto, e retomando a hipótese central do trabalho, cremos ser válido transportar as considerações acima para os delitos funcionais, principalmente quando nos deparamos com a incriminação de determinadas condutas, a exemplo da "condescendência criminosa" (art. 320 do CP[101] – pena de detenção, de quinze dias a um mês, ou multa), "abandono de função" (art. 323 do CP[102] – pena de detenção, de quinze dias a um mês, ou multa), e "exercício funcional ilegalmente antecipado ou prolongado" (art. 324 do CP[103] – pena de detenção, de quinze dias

[99] Em sentido contrário a esse movimento que sustenta a intervenção mínima e a subsidiariedade do Direito Penal, a Corte Especial do Superior Tribunal de Justiça, em 20/11/2017, aprovou nova súmula sobre a aplicação do princípio da insignificância. Diz a Súmula 599 do STJ: "O princípio da insignificância é inaplicável aos crimes contra a administração pública".

[100] Da Costa, Helena Regina Lobo. Direito penal econômico e direito administrativo sancionador: *ne bis in idem* como medida de política sancionadora integrada. Tese de Livre-Docência apresentada à Faculdade de Direito da Universidade de São Paulo – FDUSP, Brasil, 2013. p. 131-132.

[101] Condescendência criminosa: "Art. 320. Deixar o funcionário, por indulgência, de responsabilizar subordinado que cometeu infração no exercício do cargo ou, quando lhe falte competência, não levar o fato ao conhecimento da autoridade competente: Pena – detenção, de quinze dias a um mês, ou multa".

[102] Abandono de função: "Art. 323. Abandonar cargo público, fora dos casos permitidos em lei: Pena – detenção, de quinze dias a um mês, ou multa. § 1º Se do fato resulta prejuízo público: Pena – detenção, de três meses a um ano, e multa. § 2º Se o fato ocorre em lugar compreendido na faixa de fronteira: Pena – detenção, de um a três anos, e multa".

[103] Exercício funcional ilegalmente antecipado ou prolongado: "Art. 324. Entrar no exercício de função pública antes de satisfeitas as exigências legais, ou continuar a exercê-la,

a um mês, ou multa), apenas mencionando tipos penais que instintivamente parecem disfuncionais, sobretudo porque também geram punições no âmbito administrativo[104], que, por vezes, afiguram-se mais efetivas e racionais[105].

Assim, quando Helena Regina Lobo da Costa intitula esse cenário de "déficit dogmático" - que está longe de ser resolvido-, recorremos aos argumentos da autora que propõe uma "coordenação entre os diferentes ramos que incidem na formação do ilícito e de sua sanção", a fim de

sem autorização, depois de saber oficialmente que foi exonerado, removido, substituído ou suspenso: Pena – detenção, de quinze dias a um mês, ou multa".

[104] A esse respeito, cumpre frisar que a Lei 8.112/90 que dispõe sobre o regime jurídico dos servidores públicos civis da União, das autarquias e das fundações públicas federais., prevê, em seu artigo 132, a aplicação de pena disciplinar de demissão para as seguintes hipóteses: "I – crime contra a administração pública; II – abandono de cargo; III – inassiduidade habitual; IV – improbidade administrativa; V – incontinência pública e conduta escandalosa, na repartição; VI – insubordinação grave em serviço; VII – ofensa física, em serviço, a servidor ou a particular, salvo em legítima defesa própria ou de outrem; VIII – aplicação irregular de dinheiros públicos; IX – revelação de segredo do qual se apropriou em razão do cargo; X – lesão aos cofres públicos e dilapidação do patrimônio nacional; XI – corrupção; XII – acumulação ilegal de cargos, empregos ou funções públicas; XIII – transgressão dos incisos IX a XVI do art. 117". Da mesma forma, em seu art. 117, elenca as condutas que são vedadas ao servidor, e são punidas com advertência (Art. 129, Lei 8.112/90), dentre as quais: "I – ausentar-se do serviço durante o expediente, sem prévia autorização do chefe imediato; II – retirar, sem prévia anuência da autoridade competente, qualquer documento ou objeto da repartição;" [...]. Por fim, no âmbito estadual, o Estatuto dos Servidores Públicos Civis do Estado de São Paulo (Lei n.º 10.261, de 28 de outubro de 1968), em seu art. 257 prevê a aplicação da pena de demissão a bem do serviço público para condutas também apenadas criminalmente, a exemplo do inciso III – revelação de segredos de que tenha conhecimento em razão do cargo, desde que o faça dolosamente e com prejuízo para o Estado ou particulares (que corresponde ao art. 325 do CP) e –; IX – exercer advocacia administrativa (que corresponde ao art. 321 do CP); entre outros. Há que se referir ainda a Lei 8.429/92 que dispõe sobre as sanções aplicáveis aos agentes públicos nos casos de enriquecimento ilícito no exercício de mandato, cargo, emprego ou função na administração pública direta, indireta ou fundacional.

[105] Extrai-se do relatório final da Comissão de juristas responsáveis pela elaboração do Anteprojeto do Novo Código Penal referência à descriminalização de condutas em virtude da previsão legal de sanções cíveis e administrativas, citando-se, como exemplo, o crime de peculato culposo (§2º do art. 312, do CP), a condescendência criminosa (art. 320 do CP), e o exercício funcional ilegalmente antecipado ou prolongado (art. 324 do CP).

minimizar a apontada ausência de racionalidade do ordenamento jurídico nacional, que vem sendo genericamente solucionado por meio da concepção da "independência de instâncias", malgrado a constatação de decisões inconciliáveis entre si[106].

2.7 Interpretação da Norma Penal

2.7.1 Estudos Hermenêuticos: Breves Considerações Filosóficas

A hermenêutica não se confunde com a interpretação. Este é o primeiro ponto a ser considerado. Aquela designa conjunto teórico que sistematiza regras para a compreensão do processo estabelecido entre o que se pensa e o que se enuncia[107]. A interpretação, por sua vez, é método que busca decifrar as palavras e extrair do discurso o seu verdadeiro significado. Consiste, portanto, na reprodução do "pensamento exteriorizado"[108].

Para tanto, é imprescindível dispor de importante ferramenta atribuída à hermenêutica. Trata-se então de disciplina que abrange não apenas as concepções filosóficas, mas também sociológicas, antropológicas e da psicologia[109].

Em um breve percurso histórico, interessante notar que o vocábulo "hermenêutica" deriva do verbo grego "hermeneuein" e de "hermeneia", em referência ao deus grego Hermes, filho de Zeus, a quem se atribuiu a missão de entregar as mensagens dos deuses do Olimpo aos homens. À Hermes não foi incumbida somente a função de levar a mensagem,

[106] Da Costa, Helena Regina Lobo. Direito penal econômico e direito administrativo sancionador: *ne bis in idem* como medida de política sancionadora integrada. Tese de Livre-Docência apresentada à Faculdade de Direito da Universidade de São Paulo – FDUSP, Brasil, 2013. p. 122.

[107] Iamundo, Eduardo. Hermenêutica e hermenêutica jurídica. São Paulo: Saraiva, 2017. p. 31.

[108] Maximiliano, Carlos. Hermenêutica e aplicação do direito. 20. ed. Rio de Janeiro: Forense, 2011. p. 07.

[109] E complementa o autor: "A hermenêutica pode ser definida como um conjunto de regras que estabelece limites para a análise do processo pensado e enunciado. Em resumo, a hermenêutica é considerada um método, pois, por meio das suas técnicas, leva ao esclarecimento e viabiliza a comunicação entre os interlocutores" (Iamundo, Eduardo. Hermenêutica e hermenêutica jurídica. São Paulo: Saraiva. 2017. p. 27 e 31, respectivamente).

mas também o encargo de traduzir e interpretar a mensagem dos Deuses, inacessível aos mortais[110].

Na linha a ser desenvolvida sobre a definição do conceito penal de funcionário público e a indispensável interpretação do correspondente dispositivo legal, a evolução histórica e conceitual da hermenêutica[111] contribui de maneira fundamental aos estudos da hermenêutica jurídica, sobretudo porque o sujeito e o objeto do direito decorrem de construções socioculturais[112], que traduzem a formação histórica das normas, e relaciona-se com o contexto no qual a norma é aplicada.

A origem desta ciência é atribuída aos gregos e surge pela necessidade dos poetas e dramaturgos serem interpretados, fazendo nascer o cenário necessário para a compreensão e interpretação dos discursos.

O estudo parte inicialmente da obra de Platão e da oratória dos sofistas, que se pautavam mais pelo convencimento do que pela razão (*logos*). Até então, o sentido que se poderia dar a uma mesma palavra era relativizada e cambiante, conforme se extrai da consagrada frase de Protágoras: "O homem é a medida de todas as coisas".

Para Sócrates, e mais precisamente com Platão, o *logos* passa a ser definido como a razão das coisas, o "sentido da palavra"[113], não obstante o seu significado tenha sido empregado no decorrer da história de forma diversa. Esse contexto histórico explica assim a fase de transição entre a abstração do sentido único da palavra, e a prevalência do convencimento a quem se destinava a linguagem, para uma fase ulterior de apego ao real significado das palavras.

Em um panorama geral, três filósofos ampliaram os estudos sobre o verdadeiro sentido das palavras. O primeiro, Heráclito, tratou a mutabi-

[110] PALMER, Richar. E. Hermenêutica: o saber da filosofia – título original: *Hermeneutics – interpretation theory in Schleiermacher, Dilthey, Heidegger and Gadamer*. Trad. Maria Luisa Ribeiro Ferreira, Lisboa: Edições 70, 1969. p. 23.

[111] Lênio Streck sustenta que a hermenêutica filosófica se destaca como uma "terceira via", ao lado do positivismo e jusnaturalismo, devendo ser entendida como "condição de possibilidade" (STRECK, Lênio Luiz. Hermenêutica jurídica e(m) crise: uma exploração hermenêutica da construção do direito. 5. ed. rev. atual. Porto Alegre: Livraria do Advogado, 2004. p. 24).

[112] IAMUNDO, Eduardo. Op. Cit. p. 31.

[113] Ibidem. p. 43.

lidade como obstáculo para se chegar ao sentido estrito do termo, como bem expressa a elocução: "nunca nos banhamos duas vezes no mesmo rio". Para o filósofo, não seria então possível fixar no *logos* um significado único, uma vez que tudo se transforma continuamente[114].

Partindo dos estudos de Heráclito, Parmênides tentou traçar uma construção do imutável, acolhendo a premissa de que deve ser reconhecido o mutável, ao lado daquilo que não se transforma, afinal, o rio continua sendo rio e o banhista continua sendo banhista[115].

Finalmente, Zenão de Eléia traz uma terceira diretriz ao trabalho de Platão, ao considerar o movimento que gera a transformação e a resistência na razão, aferindo-se nessa fase o início da lógica tida como a não contradição[116].

Essa discussão permite traçar as diferenças sobre a importância das palavras antes e depois de Aristóteles, na medida em que, em um primeiro momento, a preocupação estava restrita a ideia contida na palavra. Já a lógica formal aristotélica vai além e volta-se para o esclarecimento do sentido e as implicações do uso da palavra[117].

Desta forma, é possível afirmar ser polissêmico o sentido do *logos* em Platão e Aristóteles, cuja designação ao longo dos séculos reflete atualmente a ideia de "razão"[118].

A técnica científica encontrou maiores limitações estipuladas pela Igreja Católica, na Idade Média, que ficou adstrita à enunciação[119] das Escrituras Sagradas e a posição passiva do receptor em relação ao reda-

[114] Ibidem. p. 44.

[115] Ibidem. p. 45.

[116] Ibidem. p. 47.

[117] Ibidem. p. 52.

[118] MAZZOTTI, Marcelo. As escolas hermenêuticas e os métodos de interpretação da lei. Barueri/SP: Minha Editora, 2010. p. 36.

[119] Richard E. Palmer sublinha que a hermenêutica é formada por três dimensões diversas e sequenciais: a enunciação (o dizer), a explicação (compreensão do enunciado que inclui a intenção do emissor e os pré-conceitos do receptor) e, por fim, a tradução (que não se limita a transposição do idioma, e abrange o seu verdadeiro sentido dentro de um contexto universal) *in* Hermenêutica: o saber da filosofia – título original: *Hermeneutics – interpretation theory in Schleiermacher, Dilthey, Heidegger and Gadamer*. Trad. Maria Luisa Ribeiro Ferreira, Lisboa: Edições 70, 1969. p. 24.

tor do texto, afastando-se, de forma absoluta, eventuais questionamentos sobre as palavras de Deus[120].

Transpondo o estudo da hermenêutica para a atualidade, a ciência contemporânea encontra em Wilhelm Dilthey[121] (1833-1911) um dos seus maiores expoentes. Para o filósofo, a técnica interpretativa é vista sobre aquilo que é expresso pelo outro, "do indivíduo para o coletivo", o que explica a sua permanência.

Martin Heidegger (1889 – 1976) – "Ser e Tempo" –, também trouxe grande contribuição para a hermenêutica, firmando-a como disciplina filosófica, e realçando a importância da linguagem, sua relação temporal, e o prévio conhecimento exigido pela interpretação. A fenomenologia de Heidegger concebe o enunciado como a comunicação feita pela linguagem. Esta, por sua vez, pressupõe a fala, que se encontra atrelada ao compreender, e, portanto, precede a interpretação. Segundo o estudioso, as palavras sempre possuem um "endereçamento", e expõem a presença de algo[122].

Hans-Georg Gadamer (1900-2002) – "Verdade e método" –, afasta-se da Escola fenomenológica do seu antecessor e inaugura a concepção interpretativa que deve levar em conta igualmente o contexto temporal e o momento histórico ao qual o indivíduo está submetido, e que se projeta sobre o texto e sua interpretação[123].

Dois pontos devem ser considerados na hermenêutica filosófica de Gadamer. O primeiro relaciona-se com a superação da simples análise empírica do processo hermenêutico, que passa a ser representada pela "auto compreensão do intérprete" a partir do mundo[124]. Com efeito, considera-se que com Gadamer supera-se o positivismo conceitual, ao passo que este desconsidera o "caráter radicalmente interpretativo

[120] Mazzotti, Marcelo. As escolas hermenêuticas e os métodos de interpretação da lei. Barueri/SP: Minha Editora, 2010. p. 03.

[121] Na História da Filosofia encontra destaque especialmente pela distinção efetivada entre as ciências humanas e o objeto das ciências do espírito. (In: IAMUNDO, Eduardo. Hermenêutica e hermenêutica jurídica. São Paulo: Saraiva, 2017. p. 63).

[122] Ibidem, p. 94.

[123] Mazzotti, Marcelo. Op. Cit. p. 38.

[124] Streck, Lênio Luiz. Hermenêutica jurídica e(m) crise: uma exploração hermenêutica da construção do direito. 5. ed. rev. atual. Porto Alegre: Livraria do Advogado, 2004. p. 25.

do direito"[125]. Deste trabalho filosófico emerge um segundo ponto: a premissa de que toda interpretação é preconceituosa e desprovida de objetividade[126].

A interpretação alcança enfim uma forma sistêmica com Foucault, partindo de um grupo de pensamento com posterior análise individual. Busca-se, em outras palavras, a preservação do momento da elaboração, somada a sua correlação com os demais discursos e a sua dispersão no tempo[127].

Malgrado a hermenêutica jurídica não tenha a mesma extensão da hermenêutica filosófica, contempla grande atuação decorrente da interpretação histórica e a forma pela qual a norma jurídica é codificada.

Nesse sentido, insere-se o poder simbólico do discurso jurídico de Pierre Bourdieu (1930-2002), para quem a validade do direito se dá dentro de parâmetros certos aos quais também está subordinada a hermenêutica jurídica. Firma, pois, a premissa de que a eficácia do discurso jurídico se instrumentaliza em uma codificação que tem que ser interpretada dentro dos limites firmados e sistematizados.

No entanto, desta mesma diretriz, extrai-se um paradoxo que decorre da interpretação técnica da lei, desempenhada na maior parte do tempo por profissionais da área, contexto que propicia interpretações diversas ou mesmo contraditórias, que somente seria admissível na "esfera da ausência"[128].

Por fim, reforçando a recorrente crítica que se faz ao distanciamento entre o texto e o seu real sentido, apontado como o principal motivo que leva às distorções interpretativas, Paul Ricoeur (1913-2005) busca por

[125] Ibidem. p. 25.

[126] Iamundo, Eduardo. Op. Cit. p. 100-101.

[127] Ibidem. p. 102.

[128] Ibidem. p. 107-108. Sobre o tema, expõe ainda que: "Ausência citada é imposta pela compatibilidade que deve ocorrer entre o exposto pelo que diz a lei e a interativa necessidade da universalidade na prática efetiva do jurídico, pois a competição dos intérpretes possui o limite, Isto é, a interpretação deve necessariamente colocar-se como uma interpretação daquilo que já está regulado e legitimado como tal. [...] O limite é determinado pelo perímetro do próprio Campo jurídico: há necessidade de uma coerência interna para a manutenção da universalidade do dizer do direito".

meio do estudo dos símbolos unívocos, identificar e corrigir a polissemia das palavras[129].

A mencionada crise interpretativa tratada neste contexto evolutivo permite concluir que, ao longo do tempo, atribuiu-se um sentido distinto à hermenêutica, não obstante sobreviva sob um significado comum que corresponde à descoberta da real intenção do discurso[130].

A busca de uma solução interpretativa para este distanciamento entre o texto jurídico e o seu significado, ao lado do princípio da legalidade, reproduz o "pano de fundo" sobre o qual será desenvolvido o tema central deste trabalho, cujo escopo final pretende apontar, ainda que minimamente, limites seguros para a aplicação do artigo 327 do Código Penal.

2.7.2 Hermenêutica Jurídica

2.7.2.1 Premissas Gerais

Na área jurídica, ao contrário do campo filosófico, passou-se a entender a hermenêutica como uma ciência cujo objetivo é exclusivamente sistematizar os métodos de interpretação. Soma-se a isso a necessária aplicação daquilo que foi interpretado.

Na teoria, a interpretação jurídica representa nada mais do que uma operação mental que tem por objetivo alcançar o real significado de um dispositivo normativo. Na prática, apresenta-se como um processo indispensável para a aplicação da norma ao caso concreto.

Certo, todavia, que o Direito é "alográfico", pois somente alcançará o seu sentido pelo intérprete[131].

Nem sempre foi assim. Na antiguidade, o dogma de que toda norma reclama uma interpretação desaparece com o *Corpus Juris Civilis* e com a proibição de Justiniano de que qualquer disposição fosse interpretada

[129] Ibidem. p. 113-115.

[130] Mazzotti, Marcelo. As escolas hermenêuticas e os métodos de interpretação da lei. Barueri/SP: Minha Editora, 2010. p. 09.

[131] Grau, Eros Roberto. Ensaio e discurso sobre a interpretação/aplicação do direito. 4. ed. São Paulo: Malheiros Editores. 2006. p. 30.

diversamente do sentido estabelecido pelo imperador[132]. À época, a arte de interpretar era atribuída apenas ao Imperador, vigorando a máxima de que "interpretar incumbe àquele a quem compete fazer a lei".

Também antes do regime liberal, a preocupação em impor o autoritarismo do Estado por longo período condicionou a aplicação das penas ao poder soberano do príncipe, posteriormente sendo substituído pelo poder absoluto da lei[133].

Registros apontam o Iluminismo como o cenário no qual se vedavam aos juízes o poder de estabelecer o conteúdo e a interpretação das leis, temendo-se que o arbítrio judicial gerasse insegurança social frente ao Estado[134]. Ao julgador atribuía-se assim apenas o encargo de executar os imperativos legais, sendo desprovidos do direito de interpretar as leis penais, ao fundamento da divisão constitucional entre os criadores e executores da norma, e sob pena de dar ensejo a obscurantismos e incertezas jurídicas[135].

Até então a hermenêutica estava limitada ao estudo dos textos sacros, deixando de ser suficiente para os racionalistas, o que motivou a busca de métodos que resultassem no maior alcance do real sentido de um texto. Começa, portanto, a busca por métodos racionais de interpretação.

No final do século XVIII e início do século XIX, a hermenêutica passa por novas transformações e com Schleiermacher transpõe as Escrituras Sagradas para ser tratada como um "procedimento universal", estendendo suas técnicas a textos de qualquer natureza (Escola Filológica)[136].

[132] Ferraz Jr, Tércio Sampaio. Introdução ao estudo do direito: técnica, decisão, dominação. 7. ed. São Paulo: Atlas, 2013. p. 230/231. Cf. ainda, Maximiliano e a ressalva quanto a previsão da analogia, que, ao fim e ao cabo, amplia a margem discricionária na interpretação da norma. (Hermenêutica e aplicação do direito. 20. ed. Rio de Janeiro: Forense, 2011. p. 73).

[133] Caetano, Marcello. Lições de direito penal: súmula das prelecções feitas ao curso do 4º. ano jurídico no ano letivo de 1938-39. Lisboa, 1939. p. 114.

[134] Fragoso, Heleno Cláudio. Lições de direito penal: a nova parte geral. 12.ed. rev.e atual. Rio de Janeiro: Forense, 1990. p. 79.

[135] Caetano, Marcello. Op. Cit. p. 114.

[136] Mazzotti, Marcelo. As escolas hermenêuticas e os métodos de interpretação da lei. Barueri/SP: Minha Editora, 2010. p. 21.

Com Savigny, o período simbolizado pelo acatamento cego da lei desmorona e a hermenêutica jurídica deixa de ser considerada uma mera enumeração de regras para alçar uma teoria da interpretação, primeiramente tida como o sentido da *mens legislatoris*, para então caminhar para a ideia da "convicção comum do povo" (Volksgeist)[137].

De fato, os tempos atuais não permitem mais o acatamento seco da norma e a proibição de sua interpretação[138], até mesmo porque a celeuma que envolve a matéria vai além do poder interpretativo. Essa diretriz, outrossim, não autoriza ao intérprete investir-se de uma função criadora, pois claramente a arte de interpretar a lei consubstancia uma atividade cognoscitiva, muito embora, não raras vezes, transmude-se em verdadeira atividade legislativa[139].

Não por outro motivo, atribui-se à hermenêutica jurídica não apenas a obrigação de compreender a norma, mas de traçar um sentido preponderante, que encerre as inúmeras possibilidades interpretativas em busca de um cenário com menor insegurança jurídica[140].

Nesse sentido, Tércio Sampaio trata da interpretação jurídica sob a perspectiva da "decidibilidade de conflitos"[141], pois além de buscar compreender o que foi comunicado, deve ainda se orientar pelas razões que fazem com que o discurso jurídico permita conduzir-se de uma forma determinada, ao que intitula de tomada de posição perante as diversas formas de ação.

Malgrado a hermenêutica remonte à jurisprudência romana, à retórica grega, e às escolas jusnaturalistas, é recente a ideia que concebe a interpretação como um problema científico[142].

[137] Ferraz Jr, Tércio Sampaio. Introdução ao estudo do direito: técnica, decisão, dominação. 7. ed. São Paulo: Atlas, 2013. p. 232.

[138] Referida como princípio da reserva interpretativa. GRAU, Eros Roberto. Ensaio e discurso sobre a interpretação/aplicação do direito. 4. ed. São Paulo: Malheiros Editores. 2006. p. 267.

[139] Fragoso, Heleno Cláudio. Lições de direito penal: a nova parte geral. 12.ed. rev. e atual. Rio de Janeiro: Forense, 1990. p. 79

[140] Ferraz Jr, Tércio Sampaio. Op. Cit. p. 230.

[141] Ibidem. p. 226.

[142] Ferraz Jr, Tércio Sampaio. Introdução ao estudo do direito: técnica, decisão, dominação. 7. ed. São Paulo: Atlas, 2013. p. 231.

A ausência de significação única de determinada palavra é um dos principais motivos que levam às contradições interpretativas. É considerada inclusive inexistente, com exceção, parcial, das "expressões onomatopaicas" sujeitas a variáveis subjetivas[143].

Tal constatação ganha relevo na ciência jurídica, na medida em que "o homem do Direito manipula especulativamente a realidade da vida social"[144]. Em outras palavras, diante da referida mutabilidade, insere sua subjetiva interpretação e especulação, com o agravante de que, diversamente das demais ciências, atinge toda a coletividade[145].

Daí porque a conclusão de que a palavra, principal instrumento da ciência jurídica, está demarcada pela imprecisão, em parte necessária para sua sobrevivência, mas, de outra parte, empregada "com frequência tristemente indesejável, para manipular aspirações e conceitos"[146].

Em verdade, superada a obediência literal do texto da lei, atualmente, importa saber quais são os critérios e limites que legitimam e validam o conteúdo extraído da lei penal.

2.7.2.2 Finalidade da Interpretação

O escopo final da interpretação jurídica é justificado inicialmente pela teoria subjetiva, que tem por foco reconstruir a intenção do legislador, e que possui a escola da exegese como fonte criadora. Logo, de uma forma geral, para a teoria da vontade, a tarefa do intérprete está pautada pela busca da intenção dos redatores da lei[147].

Cremos, todavia, ser insubsistente a ideia segundo a qual se deve buscar a intenção do artífice da lei, na tentativa de alcançar a sua "psique", que mais se apresenta como mera ficção[148], seja porque o legislador não passa de mera abstração, seja porque o processo mental de cada indiví-

143 Ferraz, Sérgio; Dallari, Adilson Abreu. Processo administrativo. 3ª edição revista e ampliada. 2012 p. 19-20.

144 Ibidem. p. 20.

145 Ibidem. p. 20.

146 Ibidem. p. 21.

147 Antolisei, Francesco. *Manuale di diritto penale. Parte generale. Dodicesima* 12. ed. Milano: Dott. A. Giuffrè Editore, 1991. p. 77.

148 Ibidem. p. 77.

duo não pode ser simplificado a um resultado comum, estando muito mais suscetível aos diferentes contextos sociais, econômicos e políticos.

A esse respeito, digno de nota as considerações de Díez Ripollés acerca da racionalidade na elaboração das leis penais, no ponto em que destaca que a primeira fase do processo legislativo é composta por distintos agentes sociais, que vão desde as "as forças políticas, sociais ou econômicas institucionalizadas", até as associações com múltiplas finalidades[149]. Superada essa etapa, a esse grupo, se atribui o dever de provar que esse "desajuste social" merece ou não ser normatizado, com a posterior inclusão em uma "agenda temática social" para, enfim, acessar a fase pré-legislativa, desde que adquira a qualidade de propostas de lei[150].

Nesse mesmo sentido, destaca-se ainda a análise feita por Antolisei, ao apresentar o momento em que a lei e seu redator se separam. Segundo o autor, no instante em que é promulgada, a lei se separa das pessoas que a elaboraram, auferindo, portanto, um significado autônomo, em especial levando em consideração que a redação das normas, em regra, resulta da colaboração de diversas pessoas e órgãos que, frequentemente, possuem posicionamentos diversos, e cujo resultado final é fruto de recíprocas concessões[151], o que demonstra estar superada a teoria subjetiva.

A crítica é certamente adequada, primeiro porque, não raras vezes, o conteúdo deste citado "desajuste social" é desvirtuado durante o processo legislativo, mas, sobretudo porque a dita "intenção do legislador", imprime excessiva rigidez ao processo interpretativo, impedindo o dinamismo próprio da lei.

Esse breve panorama coloca em pauta os principais motivos que levaram ao abandono da teoria subjetiva, e ao acolhimento de um enfoque mais objetivo que prima pelo descobrimento do sentido imanente da lei. Por meio da interpretação, descobre-se assim o significado atual da norma.

149 RIPOLLÉS, José Luis Díez. A racionalidade das leis penais: teoria e prática. Trad. de Luiz Regis Prado. São Paulo: Revista dos Tribunais, 2005. p 21.

150 Ibidem. p. 22-45.

151 ANTOLISEI, Francesco. *Manuale di diritto penale. Parte generale. Dodicesima* 12. ed. Milano: Dott. A. Giuffrè Editore, 1991. p. 78.

Vale aqui a sempre pertinente ressalva de que a teoria objetiva deve ser adotada com parcimônia, especialmente quando propõe atribuir à lei certa flexibilidade, legitimada pela necessidade de contínua adequação da norma à evolução social. De certo, não se pode permitir ilimitado elastério da lei sob o argumento de que deve corresponder as atuais expectativas sociais.

Em melhores palavras, a vinculação ao texto legal figura como barreira ao aplicador da lei, e ganha especial relevância para a função jurisdicional, incumbindo aos julgadores a indispensável tarefa de motivar suas decisões com fundamento na norma, optando pelas pretensões que se encontrarem nestes termos devidamente justificadas[152].

Nesse contexto, abraçando a teoria objetiva da interpretação, Fragoso aponta a adequação e atualidade da norma como justificativas para o desapego da *mens legislatoris*, sem deixar de ressaltar, no entanto, que este ajuste das presentes concepções não pode levar à violação da lei, com o subterfúgio de apresentar o seu verdadeiro significado[153].

Considerando, por fim, que o legislador, no fundo, não é uma pessoa identificável, mas uma competência legal, e que a sua vontade é mera ficção, não resta ao intérprete alternativa senão confiar nos termos da lei, impondo-se ao menos que seja inteligível e precisa, particularmente se possuir a natureza de norma penal incriminadora.

2.7.2.3 Fontes Interpretativas

A interpretação é única, mas levando em consideração o sujeito a quem é atribuída, pode ser classificada de autêntica, judicial ou doutrinária.

A interpretação *autêntica* é assim definida porque realizada pelo próprio sujeito que elaborou o texto legal. Nada mais é do que uma nova lei, que nasce em virtude do reconhecimento da divergência de sentido da lei anterior[154].

[152] MacCormick, Neil. Argumentação jurídica e teoria do direito. São Paulo: Martins Fontes, 2006. p. 21.

[153] Fragoso, Heleno Cláudio. Lições de direito penal: a nova parte geral. 12.ed. rev. e atual. Rio de Janeiro: Forense, 1990. p. 80.

[154] Caetano, Marcello. Lições de direito penal: súmula das prelecções feitas ao curso do 4º. ano jurídico no ano letivo de 1938-39. Lisboa, 1939. p. 116.

Por esse motivo, é ainda designada de lei interpretativa[155], pois, mais do que uma fonte interpretativa, representa verdadeira norma que tem por objetivo promover o esclarecimento de uma lei anterior[156]. Logo, pode-se dizer, ao final, que a interpretação autêntica é retroativa, a exemplo do artigo 327 do Código Penal que traz o conceito de funcionário público, razão pela qual pode ser classificada como norma de "interpretação autêntica contextual", pois realizada no próprio texto da lei[157].

Para Antolisei, inserem-se no conceito de interpretação autêntica, além do órgão autorizado a elaborar a norma, também os magistrados que, por meio da função jurisdicional, criam a "jurisprudência em sentido estrito". Consoante o autor, ambos os sujeitos se diferenciam pela força vinculante e obrigatoriedade *ex tunc*, na primeira hipótese, e pela eficácia específica ao caso concreto, não vinculante, que se extrai da tarefa do julgador[158].

A título de esclarecimento, é válido frisar que a função jurisdicional, conforme será visto a seguir, para a maior parte dos estudiosos da matéria, é considerada fonte autônoma intitulada de interpretação judicial, pois efetivada sobre os casos concretos julgados pelos tribunais, reportando-se ao que se denomina de jurisprudência.

O conceito e a importância da interpretação *judicial* são feitos pelos órgãos jurisdicionais, com o fim de aplicar as leis diretamente aos casos concretos, o que a diferencia da interpretação autêntica, e lhe confere grande importância, porque se relaciona

[155] Diz-se inclusive que não se trata de uma interpretação, pois a lei que nasce para aclarar outra pode até mesmo alterar o sentido da norma a ser interpretada (FRAGOSO, Heleno Cláudio. Op. Cit. p. 81). No mesmo sentido, MAXIMILIANO, para quem a interpretação autêntica transforma o legislador em juiz, pois toma conhecimento de casos concretos e tenta solucioná-los por meio da edição de normas, alargando sua função legislativa em violação ao sistema de Montesquieu. (Hermenêutica e aplicação do direito. 20. ed. Rio de Janeiro: Forense, 2011. p. 75-76).

[156] ASÚA, Luis Jiménez de. *La ley y el delito. Principios de derecho penal.* 2. ed. Editorial Hermes, 1954. p. 112.

[157] FRAGOSO, Heleno Cláudio. Lições de direito penal: a nova parte geral. 12.ed. rev. e atual. Rio de Janeiro: Forense, 1990. p. 81.

[158] ANTOLISEI, Francesco. *Manuale di diritto penale. Parte generale. Dodicesima* 12. ed. Milano: Dott. A. Giuffrè Editore, 1991. p. 76.

à função judicial, ao seu objetivo de descobrir a verdadeira vontade da lei penal, além de servir de parâmetros para julgamentos futuros.

Importante destacar ainda a posição de Asúa quanto à possibilidade de o julgador empreender não apenas a função interpretativa, mas também a criadora de novas hipóteses de subsunção, ao argumento de que, ao mesmo tempo em que aplica a lei ao delinquente, resguarda a liberdade individual[159]. Em adiantamento às conclusões deste estudo, cremos que a referida afirmação se apresenta válida tão-somente se surgirem dúvidas interpretativas, que devem favorecer o réu, ou sobrevindo lacunas legais que reclamem o uso da analogia *in bonam partem*.

De certo, não são raras as oportunidades em que os Tribunais divergem sobre a correta interpretação e aplicação da norma. Faz parte da própria atividade jurisdicional e evolução legislativa o travamento de discussões técnicas que envolvam a aplicação da lei penal. Para tanto, há que se lembrar que a própria Constituição Federal (art. 102, *caput*) resguarda ao Supremo Tribunal Federal a função de zelar pelas normas constitucionais, a quem se destina a missão de corrigir os focos de incerteza jurídica, por meio do controle constitucional, conferindo assim o real sentido que deve ser extraído dos correspondentes dispositivos. Da mesma forma, atribui-se ao Superior Tribunal de Justiça a correção de possíveis desvirtuamentos que nascem da interpretação de eventual lei federal (art. 105, III, "a" e "c", da Constituição Federal).

Logo, pode-se afirmar que se atribui ao próprio Poder Judiciário a missão de reparar desvirtuamentos ou excessos interpretativos desencadeados por seus membros.

Por fim, a interpretação *doutrinária* corresponde aos trabalhos desenvolvidos pelos autores e jurisconsultos[160], tendo por base, portanto, a dogmática jurídica, de grande valia para o esclarecimento do discurso

159 Asúa, Luis Jiménez de. *La ley y el delito. Principios de derecho penal.* 2. ed. Editorial Hermes, 1954. p. 118.

160 Fragoso, Heleno Cláudio. Lições de direito penal: a nova parte geral. 12.ed. rev.e atual. Rio de Janeiro: Forense, 1990. p. 81.

jurídico e aprimoramento das leis, não obstante desprovidas da função integradora[161] das normas jurídicas.

Sobre o tema, Maximiliano informa que somente a fonte doutrinária pode ser verdadeiramente intitulada de "interpretação", por ser livre na sua essência, nascer do convencimento, com a ressalva de que, para o autor, a interpretação doutrinária subdivide-se em judiciária e doutrinal, que derivam do mesmo ato livre do intelecto humano, com a distinção de que a primeira nasce dos tribunais, enquanto que a última é produzida pelos particulares, estudiosos e *communis opinio doctorum*[162].

2.7.2.4 Estrutura Interpretativa

A tarefa interpretativa é formada por diretrizes e regras hermenêuticas que orientam a interpretação da norma, cuja divisão entre os métodos interpretativos possui apenas uma função didática, encontrando, por esse motivo, considerável oposição ao passo que impõe uma divisão interpretativa que não é plausível ou mesmo verdadeira.

Coviello justifica sua resistência a essa estruturação hermenêutica, partindo da ideia de que a lei não é letra morta, pois possui um conteúdo espiritual[163]. Exige-se do intérprete, enfim, uma fusão entre as regras que conduzem as palavras e as diretrizes que remetem ao espírito da lei.

Da mesma forma, Antolisei critica o emprego individualizado de cada um dos métodos interpretativos, em especial o literal desprendido do lógico, dada sua íntima interdependência, na medida em que a letra da lei retrata o ponto de partida do legislador, e o seu pensamento figura como o ponto de chegada[164].

Ainda no tocante à estrutura interpretativa, Tércio Sampaio aponta três critérios que estruturam os métodos de interpretação: a correção/

[161] Asúa, Luis Jiménez de. *La ley y el delito. Principios de derecho penal.* 2. ed. Editorial Hermes, 1954. p. 115.

[162] Maximiliano, Carlos. Hermenêutica e aplicação do direito. 20. ed. Rio de Janeiro: Forense, 2011. p. 76.

[163] Coviello, Nicola. *Manuale di diritto civile italiano,* Milano: Societa Editrice Libraria, 1924. p. 67.

[164] Antolisei, Francesco. *Manuale di diritto penale. Parte generale. Dodicesima* 12. ed. Milano: Dott. A. Giuffrè Editore, 1991. p. 78.

coerência, o consenso, e a justiça[165]. O primeiro – coerência –, tem por finalidade alcançar o sentido correto da norma, atrelando-se assim a uma existência hierárquico-normativa. Representa assim o método lógico--sistemático[166]. O segundo critério – consenso –, busca o sentido funcional da norma e condiciona-se a um alicerce social, consubstanciando o método sociológico e histórico[167]. Por fim, o terceiro critério – justiça –, objetiva atingir um sentido justo, tido por "objetivo axiológico do direito" se perfazendo pelo método teleológico-axiológico[168].

Não obstante sejam válidas as considerações acima, para o trabalho que se propõe, ganha importância a diretriz que limita a incidência das regras gerais de interpretação para a lei penal. Isso porque, vigorando em nosso sistema criminal rigorosa legalidade, em respeito ao princípio da reserva legal e proibição da analogia *in malam partem*, não há que se permitir quaisquer processos de interpretação e integração, tal como ocorre para as demais normas em geral.

Ultrapassadas as considerações iniciais sobre a matéria, e partindo da superação da antiga máxima *in claris non fit interpretatio*, aliada à ideia de que na ciência jurídica não existe norma sem interpretação, seja porque a lei pode apresentar-se clara para uma pessoa mas não para outra, seja porque não se pode contentar com o aparente significado das palavras extraídas de uma imediata interpretação[169], passa-se à análise dos métodos interpretativos que, de uma forma geral, se subdividem em: gramatical, teleológico, lógico-sistemático, histórico, e progressivo.

2.7.2.4.1 Interpretação Gramatical, Léxica ou Literal

A arte de interpretar importa na decodificação dos símbolos e compreende as regras "de denotação e conotação (regras semânticas), de

[165] Ferraz Jr, Tércio Sampaio. Introdução ao estudo do direito: técnica, decisão, dominação. 7. ed. São Paulo: Atlas, 2013, p. 252.

[166] Ibidem. p. 252.

[167] Ibidem. p. 252.

[168] Ibidem. p. 252.

[169] Antolisei, Francesco. Op. Cit. p. 75.

controle combinatórias possíveis (regras sintáticas) e de controle das funções (regras pragmáticas)" [170].

Neste sentido, por mera indução, o recurso léxico é o primeiro passo para a interpretação. Consiste na análise gramatical e sintática da letra da lei, permitindo a afirmação de que a interpretação gramatical está diretamente relacionada à léxica e à imperfeição no uso da língua.

A interpretação gramatical está, portanto, relacionada à solução de problemas sintáticos relativos à conexão da palavra nas sentenças, podendo abranger um conjunto de vocábulos, sua ligação com um contexto determinado ou com todo o sistema[171].

As dificuldades são diversas e vão desde o uso singular de uma palavra para determinada localidade, a mutação no sentido em razão do tempo, a utilização de uma mesma palavra ora no sentido técnico, ora vulgar, e até mesmo decorre da incorporação de uma legislação estrangeira ou de uma frase mal traduzida[172].

[170] FERRAZ JR, Tércio Sampaio. Introdução ao estudo do direito: técnica, decisão, dominação. 7. ed. São Paulo: Atlas, 2013. p. 227. A definição pode ser real ou nominal. A real tem por pressuposto a delimitação de conceitos sendo que a língua é pré-concebida como um meio que corresponde à realidade designada que pode ser verdadeira ou não. Justamente em virtude da dificuldade de se alcançar esta realidade, a definição nominal é utilizada para extrair e delimitar um conceito pelo seu emprego dentro de um contexto linguístico. Em suma, na primeira hipótese, a realidade é empregada como parâmetro para determinada conceituação enquanto que, no segundo caso, o limite é o uso comum. Para além disso, o próprio sentido de um termo pode ser estabelecido de duas maneiras diversas: pela denotação que consiste no significado da palavra e sua vinculação a outros objetos pela sua mesma extensão (consiste em estabelecer o grupo dos objetos); e pela conotação, cujo vínculo está atrelado a um grupo de propriedades atribuídos ao vocábulo e que se apresenta como sua intenção (estabelecer os atributos do vocábulo) "exemplo a palavra humano conota ser pensante masculino ou feminino". Assim sendo, se uma palavra for definida pela sua denotação, significa dizer que fica vedada a inclusão de outros objetos que se encontram fora deste grupo pré-estabelecido. Já se a palavra foi definida pela sua conotação, ficam de fora deste conjunto propriedades que não estão vinculadas a esses atributos (Ibidem. p. 254-255).

[171] Ibidem. p. 252.

[172] MAXIMILIANO, Carlos. Hermenêutica e aplicação do direito. 20. ed. Rio de Janeiro: Forense, 2011. p. 88.

Logo, são em grande parte ocasionadas por contradições e vagueza da escrita, e dependem da análise do cenário cultural, econômico e político que reveste o significado da palavra[173].

Para a aplicação do método literal, são apresentadas as seguintes regras gerais, com a ressalva de que não estão livres de críticas:

a) dogmaticamente, é o método com menor valor, primeiro porque pressupõe que todas as palavras possuem um significado, e que o discurso representa estritamente a vontade da norma[174]. Também, pois, excepcionalmente, de forma isolada, obtém êxito no aclaramento da dúvida interpretativa;
b) os termos que compõem a lei podem ter um sentido comum ou um sentido técnico, devendo prevalecer o último[175];
c) deve-se buscar saber se o termo possui um significado geral ou específico, amplo ou restrito[176];
d) o significado da palavra deve ser traçado levando em consideração o vínculo que esta possui com a lei e com as outras disposições relativas à matéria[177];
e) se o sentido da palavra modificou-se com o tempo, há que se dar preferência ao significado conferido à época da elaboração da lei[178], em prejuízo daquele interpretado[179];
f) parte-se do pressuposto de que a lei não emprega palavras supérfluas e sem significado, muito embora, não raramente, a própria

173 Ferraz Jr, Tércio Sampaio. Op. Cit. p. 261.

174 Asúa, Luis Jiménez de. *La ley y el delito. Principios de derecho penal.* 2. ed. Editorial Hermes, 1954. p. 122.

175 Silveira, Alípio. Hermenêutica no direito brasileiro. v I. São Paulo: Revista dos Tribunais, 1968. p. 10. Asúa discorda desta diretriz sustentando que nem sempre a adoção do sentido técnico resulta no alcance da vontade da lei (Asúa, Luis Jiménez de. *La ley y el delito. Principios de derecho penal.* 2. ed. Editorial Hermes, 1954. p. 122).

176 Maximiliano, Carlos. Hermenêutica e aplicação do direito. 20. ed. Rio de Janeiro: Forense, 2011. p. 88.

177 Silveira, Alípio. Op. Cit. p. 17.

178 Maximiliano, Carlos. Op. Cit. p. 88.

179 Ibidem. p. 88.

interpretação demonstra que o emprego de determinado vocábulo é desnecessário ou atécnico;

g) para as palavras que possuem diversos sentidos, ao intérprete atribui-se a tarefa de escolher o significado que melhor se adequar àquele obtido por meio da interpretação teleológica, histórica e sistemática[180];
h) ainda assim, se o sentido gramatical não se harmonizar com os demais métodos, este deve ser desconsiderado, optando-se pelo método que melhor atende às exigências do bem comum[181].

2.7.2.4.2 Interpretação Teleológica

Pode ser definida como método interpretativo que resolve os problemas pragmáticos *stricto sensu,* decorrente das falhas de comunicação entre os emissores e receptores – em especial pelo valor emocional que carregam os símbolos –, atribuindo-se ao método teleológico sua solução[182]. A ideia que norteia a interpretação teleológica atrela-se ainda à finalidade da lei.

Ao contrário do método literal, e admitindo que os termos empregados pelo legislador figuram como limites intransponíveis ao intérprete, outorga-se à interpretação teleológica peso fundamental ao *telos* da norma, técnica que remonta ao trabalho dos romanos e à máxima "saber a lei não é reter as suas palavras, mas a sua força e seu poder" – *scire legis non est verba earum tenere sed vim ac potestatem*[183].

Nesses termos, possui assento normativo na Lei de Introdução do Código Civil – art. 5º – que assim dispõe: "Na aplicação da lei, o juiz atenderá aos fins sociais a que ela se dirige e às exigências do bem comum", trazendo assim em seu bojo a expressa concepção de que se atribui à ordem jurídica o dever de realizar a "sociabilidade humana"[184].

[180] Silveira, Alípio. Op. Cit. p. 17.
[181] Ibidem. p. 17.
[182] Ferraz Jr, Tercio Sampaio. Introdução ao estudo do direito: técnica, decisão, dominação. 7. ed. São Paulo: Atlas, 2013. p. 265
[183] Antolisei, Francesco. *Manuale di diritto penale. Parte generale. Dodicesima* 12. ed. Milano: Dott. A. Giuffrè Editore, 1991. p. 80.
[184] Ferraz Jr, Tércio Sampaio. Introdução ao estudo do direito: técnica, decisão, dominação. 7. ed. São Paulo: Atlas, 2013. p. 265.

Esse mesmo enfoque é intitulado de "lógica do razoável"[185] por Recansens Siches, que extrai a ideia da crise hermenêutica travada entre a função legislativa e a função jurisdicional. Para o autor, a despeito do trabalho legislativo no sentido de incluir na lei tudo o que considera pertinente, ao transpor esses mesmos mandamentos para o caso concreto, estes inevitavelmente resultam "inoperantes"[186]. Nessa hipótese, impõe-se ao receptor da norma o dever de escolher o sentido que melhor se coadune ao contexto temporal, no qual é efetivado o processo interpretativo, na busca do "bem comum".

De forma rudimentar, este recurso remonta ainda ao pensamento humano, encontrando referências bíblicas nas passagens do apóstolo Paulo, a quem se outorgam palavras com reduzida carga valorativa para evidenciar o verdadeiro conteúdo a ser absorvido pelo receptor do discurso – "a letra, sem dúvida, mata o espírito, entretanto, vivifica"[187]. Assim, por vezes, essa técnica é representada por diretrizes que possuem a carga reguladora da atividade teleológica, aplicável de forma geral e a casos indefinidos.

Em suma, não firma a obra do intérprete ao caráter formalista do direito, uma vez que tem por finalidade ingressar na íntima natureza da norma e suas exigências. Por esta razão, é acolhida pelo intérprete em detrimento da técnica gramatical, particularmente porque permite manter o "clima espiritual"[188] da norma ao momento presente.

2.7.2.4.3 Interpretação Lógico-Sistemática

Esta técnica considera uma premissa fundamental: a busca do objetivo da disposição interpretada dentro da estrutura geral do sistema jurídico. Prima, portanto, pela manutenção da unidade e coerência da legislação como um organismo único, impondo como regra a interpretação de cada norma em conjunto com o ordenamento.

[185] Siches, Luís Recasens. *Interpretación del derecho. Enciclopedia Juridica Omeba.* Tomo XVI. Buenos Aires, 1962. p. 534.

[186] Ibidem. p. 534.

[187] São Paulo: Epístola aos Coríntios, II, capítulo 3, verso 6.

[188] Antolisei, Francesco. Op. Cit. p. 80.

Na hipótese, soma-se à finalidade deste método a determinação de que a interpretação da norma penal deve levar em consideração, ainda, a função do Direito Criminal dentro deste mesmo sistema, cujo escopo reside na proteção dos bens de maior relevância para a coletividade[189]. Para tanto, especificamente quanto às normas penais incriminadoras, impõe-se ao intérprete aplicar a lei penal levando em consideração o objeto tutelado pela norma, que aponta o seu escopo[190].

A interpretação lógica pode ser dividida em interna e externa. A interna busca por um questionamento psicológico efetivado por meio de deduções e induções[191]. Em resumo, tem por parâmetro reproduzir aquilo que o legislador quis ao elaborar a norma. De outro lado, a interpretação lógica externa é pautada pela *occasio legis*, incluindo a evolução do instituto do direito comparado estrangeiro e demais trabalhos que resultaram na lei a ser esclarecida[192].

Além disso, como visto acima, o método lógico-sistemático sobrepõe-se ao literal. De efeito, não há conflito significante quando o recurso gramatical leva ao mesmo sentido auferido pela interpretação sistemática. Por outro lado, inexistindo uniformidade, deve preponderar o método que preza pela harmonia do sistema.

Não é uma posição unânime. Há aqueles que preconizam solução diversa que opta pela prevalência estrita da letra da lei para a análise e subsunção do fato ao tipo penal. Todavia, para a aplicação da pena, recorre-se ao espírito da lei e à coerência legislativa, ao fundamento de

189 Fragoso, Heleno Cláudio. Lições de direito penal: a nova parte geral. 12. ed. Rio de Janeiro: Forense, 1990. p. 83.

190 Ibidem. p. 83. Adverte o autor, todavia, que a objetividade jurídica por vezes não exaure o fim da norma, uma vez que o legislador na incriminação de determinadas condutas indica "outros aspectos que acompanham a ofensa ao bem o interesse e que se relacionam com o meio, a forma, os modos da ação, a intenção do agente ou sua condição pessoal e que constituem elementos do desvalor ético ou social do fato".

191 Silveira, Alípio. Hermenêutica no direito brasileiro. v. I. São Paulo: Revista dos Tribunais, 1968. p. 33.

192 Ibidem. p. 34.

que, na primeira hipótese, falta a "vontade criminosa", na segunda, falta a "vontade do legislador"[193].

Na prática, a aplicação desta técnica revela sempre uma relação com os demais artigos que compõem um capítulo, e que regulam um mesmo instituto jurídico, devendo ser considerada a sua classificação (títulos, capítulos, seções)[194], restando consignar, no entanto, que a epígrafe não possui o mesmo valor que o texto da lei. Sendo assim, havendo divergência entre a epígrafe e a norma, deve-se prestigiar o texto legal[195].

A revogação tácita, a exemplo, pode ser referida como um mecanismo que tem como finalidade delimitar uma inconsistência sistêmica, e restabelecer a coerência que se espera do ordenamento jurídico. Pode ser assim definida como "revogação tácita por incompatibilidade", que, ao contrário da revogação expressa, é efetivada pelo intérprete[196].

Em busca por soluções que afastem incompatibilidades lógicas e prezem pela coerência sistêmica, Tércio Sampaio Júnior apresenta três procedimentos retóricos[197]: a atitude formal, a prática e a diplomática[198]. Atribui-se à atitude formal a criação de referências gerais e prévias ao conflito, citando, como exemplo, o princípio que prioriza a regra especial sobre a geral, e a máxima que reproduz a premissa "se o legislador não diferencia, não cabe ao intérprete fazê-lo", entre outras[199].

193 Asúa, Luis Jiménez de. *La ley y el delito. Principios de derecho penal.* 2. ed. Editorial Hermes, 1954. p. 122 *apud* Carrara.

194 Fragoso faz distinção entre a interpretação lógica e sistemática, atribuindo a última a correlação entre as diferentes partes do sistema. (Lições de direito penal: a nova parte geral. 12. ed. Rio de Janeiro: Forense, 1990. p. 83). Asúa, por sua vez, designa de elementos de interpretação finalista as seguintes classes de interpretação: a teleológica *stricto sensu*, a sistemática, a histórica, o comparativo estrangeiros, o extra-penal e extra-jurídico. (ASÚA, Luis Jiménez de. *La ley y el delito. Principios de derecho penal.* 2. ed. Editorial Hermes, 1954. p. 124).

195 Silveira, Alípio. Hermenêutica no direito brasileiro. v. I. São Paulo: Revista dos Tribunais, 1968. p. 26.

196 Ferraz Jr, Tércio Sampaio. Introdução ao estudo do direito: técnica, decisão, dominação. 7. ed. São Paulo: Atlas, 2013. p. 260-261.

197 Nestes casos, segundo dispõe o autor, pode se falar em violação do princípio lógico da identidade (Ibidem. p. 253).

198 Ibidem. p. 256.

199 Ibidem. p. 256.

A atitude prática, por seu turno, reproduz diretivas que surgem das próprias situações em conflito, considerando-se o seu aspecto material por meio das classificações e reclassificações, redefinições etc.

O procedimento retórico, por fim, também intitulado de atitude diplomática, depende de uma elaboração pelo próprio intérprete, a exemplo do axioma "a aferição de determinado prejuízo foi impedida por aquele que a produziu, deve então ser verificada; em sentido contrário, se esse mesmo impedimento foi gerado por aquele a quem aproveita, impõe-se não seja aferida"[200].

Estas questões possuem relevância para a solução dos problemas exegéticos levantados neste trabalho, na medida em que se extrai do artigo 327 do Código Penal dificuldades interpretativas, sobretudo relacionadas ao sentido literal das palavras, que conflitam com o significado supostamente relacionado pelo sistema. Somam-se, a esse cenário, alterações legislativas que trouxeram maior imprecisão e obscuridade ao referido dispositivo.

Neste cenário de incertezas interpretativas, valemo-nos das palavras de Nelson Hungria, que bem ilustram o caminho que deve ser percorrido pelo intérprete da lei penal:

> [...] o juiz deve humanizar a regra genérica da lei em face dos casos concretos de feição especial ou procurar revelar o que a letra concisa da lei não pôde (sic) ou não soube dizer claramente: mas isso dentro da própria latitude do sentido ou escopo dos textos, e nunca ao arrepio dêles (sic), ou substituindo-os pelo que arbitrariamente entende que devia ter sido escrito, segundo sua ideologia pessoal[201].

Há que se fazer, por fim, breve referência ao método lógico-construtivo, muito embora seja considerado recurso ultrapassado e de pouca relevância[202]. Fragoso o denomina de "jurisprudência de conceitos",

[200] Ibidem. p. 256.

[201] Hungria, Nelson. Comentários ao código penal brasileiro. v. I. tomo I. 5. ed., Rio de Janeiro: Forense, 1977. p. 75.

[202] Fragoso, Heleno Cláudio. Lições de direito penal: a nova parte geral. 12. ed. Rio de Janeiro: Forense, 1990, p. 84.

com alicerce na lógica dedutiva, por meio do qual se emprega, dentre outros[203], o argumento *a contrario* – se o legislador acolheu determinada solução, é possível concluir que apontaria solução oposta para hipótese contrária[204]. Conforme adiantado, este método caiu em desuso e possui pouca incidência, em virtude da insegura e, por vezes, inconciliável interpretação que produz, características incompatíveis com a aplicação da lei penal, que deve primar essencialmente pela clareza e precisão.

2.7.2.4.4 Interpretação Histórica-Evolutiva[205]

A esse método atribui-se a função de fornecer substrato para a localização do intérprete no cenário histórico[206]. Mais precisamente, a interpretação histórica pode ser empregada para solucionar problemas hermenêuticos oriundos da elaboração de conceitos indeterminados quanto a sua extensão (denotados), sua intenção e atributos (conotados), e para os conceitos discricionários[207].

[203] São citados ainda como recursos do método lógico-construtivo: argumento *a fortiori* – se o legislador adotou determinada solução para um caso específico, permite-se dizer que esta mesma solução pode ser estendida a caso mais favorável; argumento *a pari ratione* – o raciocínio interpretativo aplicado a uma certa hipótese também pode incidir a caso semelhante (Ibidem. p. 84).

[204] Ibidem. p. 84.

[205] Tércio Sampaio Jr. emprega o termo "histórico-evolutivo" para tratar da interpretação sociológica e histórica, diante da dificuldade prática de serem definidas as respectivas distinções. Dogmaticamente, outrossim, expõe que podem ser diferenciadas pela "estrutura momentânea da situação ou sua gênese no tempo" (Ferraz Jr, Tércio Sampaio. Introdução ao estudo do direito: técnica, decisão, dominação. 7. ed. São Paulo: Atlas, 2013. p. 262).

[206] Ibidem. p. 263.

[207] Ferraz Jr, Tércio Sampaio. Introdução ao estudo do direito: técnica, decisão, dominação. 7. ed. São Paulo: Atlas, 2013. p. 263. Segundo o autor, os termos abstratos, ao longo do tempo, passam por um "processo de refinamento progressivo". No âmbito jurídico, são formados os "standards", definidos como a generalização de conceitos indeterminados, dos quais não consegue-se precisar de pronto quais os objetos que o compreendem (denotados) – a exemplo dos termos repouso noturno e perigo iminente. Por sua vez, nos conceitos valorativos, a imprecisão encontra-se presente no sentido da palavra e nos atributos que a caracteriza (conotação), servindo como exemplo o termo "mulher honesta". Por fim, os conceitos discricionários, em regra, retratados por predicados correlacionais, expressam sua imprecisão em cada caso concreto, motivo pelo qual não permitem o estabelecimento de "standards" e a conotação, cabendo somente ao intérprete solucionar essa

Essa técnica permite estabelecer o significado da lei, adotando como solução a evolução histórica do instituto jurídico interpretado, ao remontar a sua origem e seguir avançando sobre o seu desenvolvimento com o passar do tempo[208].

Procura, em verdade, conciliar o passado e o presente, legitimando sua aplicação não apenas na vontade do legislador no momento em que redigiu a lei, mas naquilo que ele almejou para o futuro, com a advertência de que, ao intérprete, não se abre a oportunidade de criar uma nova prescrição, mas extrair e concretizar as disposições em vigor levando em conta o inevitável progresso geral[209].

Para tanto, a interpretação histórica volta sua análise ao estudo dos precedentes normativos e das normas que outrora se encontravam em vigor, incluindo os trabalhos preparatórios[210], em busca da *occasio legis*[211].

O direito estrangeiro também serve de importante elemento interpretativo, particularmente quando suas disposições se assemelham à lei nacional[212], e desde que a solução hermenêutica alcançada não colida com as demais normas e regras gerais que compõe o ordenamento jurídico.

Nesse sentido, o recurso ao direito comparado estrangeiro é válido para aclarar preceitos de valores universais, e possuem maior significado quando efetivamente tenham influenciado na formação da norma a ser

questão interpretativa. São citados como exemplo: o conceito de grande e pequeno, risco grave e leve, etc, que exigem para sua interpretação uma correlação entre os extremos. (Ibidem. p. 261).

[208] Antolisei, Francesco. *Manuale di diritto penale. Parte generale. Dodicesima* 12. ed. Milano: Dott. A. Giuffrè Editore, 1991. p. 79.

[209] Maximiliano, Carlos. Hermenêutica e aplicação do direito. 20. ed. Rio de Janeiro: Forense, 2011. p. 39.

[210] Os trabalhos preparatórios não podem ser considerados como fonte de interpretação autêntica, sobretudo porque não necessariamente retratam o trabalho final do legislador e a intenção da lei promulgada. Neste sentido, cf. ASÚA, Luis Jiménez de. *La ley y el delito. Principios de derecho penal.* 2. ed. Editorial Hermes, 1954. p. 121; e Antolisei, Francesco. Op. Cit. p. 82.

[211] Termos que designa o "conjunto de circunstâncias que marcaram efetivamente a gênese da norma" (Ferraz Jr, Tércio Sampaio. Op. Cit. p. 262).

[212] Fragoso, Heleno Cláudio. Lições de direito penal: a nova parte geral. 12. ed. Rio de Janeiro: Forense, 1990, p. 84.

interpretada[213], sobretudo para as leis penais, que devem estrita obediência não apenas ao processo legislativo que as valida, mas aos princípios gerais do sistema.

Certo, todavia, que não são raras as situações nas quais o emprego isolado deste método interpretativo se apresenta insuficiente para resolver a celeuma interpretativa. Ainda assim, consubstancia relevante substrato cujo principal mérito encontra-se na análise comparativa que evidencia o "espírito da lei" em dois momentos distintos: o do surgimento da norma, e o instante da sua aplicação, prevalecendo, de uma forma geral, a missão atual da lei[214].

2.7.2.4.5 Interpretação Progressiva

Descende do método lógico e finalístico, já que o fim último da norma encontra sua base nos fins sociais a que se destina, encontrando-se superada a ideia que a vincula a *mens legislatoris*. Em outras palavras, tem como razão de ser a constante atualização da lei, aliada à premissa de que a norma não pode se desinteressar do variar das condições e interesses coletivos presentes[215]. Justifica-se, portanto, pela preservação do bem comum.

Neste ponto, cremos ser válida a crítica que tem no "bem comum", – ou mesmo na "equidade" –, a almejada solução interpretativa. Em que pese a louvável busca por critérios que auxiliem o intérprete na difícil tarefa de manter a lei hígida, mas também atual, há que se reconhecer que os sobreditos termos possuem noção complexa, abstrata e atrelam-se a subjetiva e imprecisa ideia de "justiça", "segurança", ou mesmo, "liberdade"[216].

[213] Asúa, Luis Jiménez de. *La ley y el delito. Principios de derecho penal.* 2. ed. Editorial Hermes, 1954. p. 126.

[214] Fragoso, Heleno Cláudio. Lições de direito penal: a nova parte geral. 12. ed. Rio de Janeiro: Forense, 1990. p. 84.

[215] Antolisei, Francesco. *Manuale di diritto penale. Parte generale. Dodicesima* 12. ed. Milano: Dott. A. Giuffrè Editore, 1991. p. 83.

[216] Para Alípio Silveira, para o "bem comum" prepondera a noção de justiça, utilidade, segurança e liberdade, enquanto que o termo "equidade" relaciona-se com justiça, tida como noção ou princípio (Silveira, Alípio. Hermenêutica no direito brasileiro. v. I. São Paulo: Revista dos Tribunais, 1968. p. 370).

Com efeito, é fato que a lei, e especialmente seu intérprete, não podem ficar alheios à evolução social e jurídica. Igualmente, há que se pressupor que ambos estejam minimamente sincronizados com as necessidades de cada época, e é neste exato contexto que se recorre a interpretação progressiva, vez que o próprio processo de formação ou alteração da lei dificulta as constantes modificações legislativas.

Entretanto, tal como nos demais métodos que deixam para o segundo plano o apego estrito à letra da lei, e na medida em que o direito penal versa sobre a restrição de direitos fundamentais, devem ser estabelecidos critérios seguros que delimitem a utilização da interpretação progressiva, apenas aos fatos previamente estabelecidos pelos redatores da norma penal. Ademais, conforme será evidenciado, persistindo qualquer dúvida na interpretação da lei penal, deve prevalecer a coerência e harmonia do ordenamento jurídico penal.

Neste ensejo, Antolisei propõe a adoção das seguintes condições gerais para a interpretação da norma penal[217]:

a) ao intérprete não é permitido transcender o objetivo central da norma, devendo ser recusada qualquer afirmação que extravase o seu conteúdo objetivamente considerado;
b) sobrevindo dúvida, cabe ao intérprete socorrer-se dos princípios gerais que norteiam a matéria e as diretrizes gerais do ordenamento jurídico. Até prova em contrário, deve vigorar a premissa de que o sistema é íntegro e harmônico;
c) ainda assim, se o significado auferido for contrastante com a norma ou com as regras gerais do sistema como um todo, impõe-se ao intérprete o dever de submeter a disposição a uma interpretação restritiva.

Esses critérios são complementados pelas premissas que emergem do ordenamento jurídico penal e correspondem ao emprego literal da lei, que deve ser efetivado na sua amplitude, para afastar o uso da analogia

[217] ANTOLISEI, Francesco. *Manuale di diritto penale. Parte generale. Dodicesima* 12. ed. Milano: Dott. A. Giuffrè Editore, 1991. p. 82.

in malam partem, bem como no reconhecimento de que a lei não é perfeita, e seu redator está sujeito a equívocos, o que, contudo, na esfera criminal, não implica a inobservância dos princípios da taxatividade e reserva legal.

Sem desconsiderar os efeitos práticos que resultam da interpretação jurídica, Hassemer, por exemplo, acolhe a ideia de que a norma penal deve se adaptar à atualidade social e cultural, sem por isso deixar de ser lei certa[218]. Para tanto, propõe que essa progressividade fixe seus limites dentro do princípio da legalidade e da certeza de que essas disposições somente ensejarão responsabilidades a favor do acusado, impondo assim ao legislador seguir com precisão o método científico e corrigir eventual desvirtuamento[219].

Em resumo, se a palavra do legislador não alcança fatores diversos que limitam a liberdade e ocasionam punição de determinadas ações, há que se obedecer ao sentido mais favorável e, sobrevindo dúvidas, sempre trilhar pelo caminho mais benéfico ao réu[220].

Nesse correto cenário, e conforme veremos em tópico próprio, se da aplicação dos métodos interpretativos persistirem dúvidas sobre a verdadeira intenção da disposição legal, a única solução compatível com o sistema penal deságua na interpretação restritiva, se prejudicial ao réu, e extensiva, quando lhe for favorável, mantendo-se incólume o princípio *nullum crimen, nulla poena sine lege.*

[218] Hassemer, Winfried. Fundamentos del Derecho Penal. Barcelona: Bosch Casa Editorial, 1984. Trad. Francisco Muñoz Conde e Luiz Arroyo Zapatero. p. 315.

[219] Hassemer, Winfried. Fundamentos del Derecho Penal. Barcelona: Bosch Casa Editorial, 1984. Trad. Francisco Muñoz Conde e Luiz Arroyo Zapatero. p. 315. Ainda segundo o autor, o conflito entre o progresso e a e o conservadorismo no atual direito penal é dificilmente solucionado pois ambos possuem as suas justificativas. Certo, todavia, que uma racional política criminal tem que observar e manter um equilíbrio entre o progresso e o conservadorismo apresentando aspectos diversos que deixem abertas as soluções e discussões que levam as correções (Ibidem. p. 315).

[220] Caetano, Marcello. Lições de direito penal: súmula das prelecções feitas ao curso do 4º. ano jurídico no ano letivo de 1938-39. Lisboa, 1939. p. 121.

2.7.2.4.6 Interpretação Conforme a Constituição

Este método interpretativo[221] tem por fundamento e limite a Constituição como norma hierarquicamente superior, e decorre do princípio da supremacia das normas constitucionais, tido como pressuposto para toda a interpretação e controle de constitucionalidade[222]. Nesses termos, subordina a forma e o conteúdo de todas as demais normas que compõem o ordenamento jurídico às disposições constitucionais.

Aponta-se ainda o princípio da unidade da ordem jurídica e o princípio da economia do ordenamento jurídico – ou máximo aproveitamento dos atos jurídicos – como alicerce deste recurso hermenêutico[223], e até mesmo a independência harmônica entre os poderes, que coloca em foco os limites interpretativos que diferenciam as atividades judiciais e legislativas[224].

Para Canotilho, consiste em princípio que estabelece "regra preferencial para a decisão entre vários resultados de interpretação" e "instrumento hermenêutico de conhecimento das normas constitucionais", sendo assim definido de "princípio de prevalência normativo-vertical". Destas considerações são extraídas três diretrizes[225]:

a) sobrevindo mais de um resultado hermenêutico, deve prevalecer aquele que se encontra em conformidade com as disposições constitucionais;
b) será constitucional a lei que puder ser interpretada em conformidade com a Constituição Federal;

[221] Muito embora a interpretação conforme a Constituição seja classificada de recurso hermenêutico que integra o método sistemático, também é definido como instrumento de controle de constitucionalidade (STF, Representação de Inconstitucionalidade 1417-7, voto do Min. Moreira Alves), motivo pelo qual foi abordado em tópico próprio.

[222] SICCA, Gerson dos Santos. A interpretação conforme a Constituição – *verfassungskonforme Auslegung* – no Direito Brasileiro. *In* A Constituição no mundo globalizado. Organizado por Silvio Dobrowolski. Florianópolis: Diploma legal, 2000. p. 104-105.

[223] Ibidem. p. 105.

[224] BARROSO, Luís Roberto. Interpretação e aplicação da Constituição. São Paulo: Saraiva, 1996. p. 178.

[225] CANOTILHO, José Joaquim Gomes. Constituição dirigente e vinculação do legislador. Coimbra: Coimbra, 1994. p. 404.

c) as normas constitucionais servem de parâmetro para se alcançar o conteúdo das leis.

Assim sendo, pode-se afirmar que a interpretação conforme a Constituição apresenta-se como instrumento hermenêutico que tem por finalidade submeter o resultado interpretativo ao "controle material das normas jurídicas", por um lado, limitando a função legislativa, e de outro, restringindo a atuação do poder judiciário a quem se atribui a função de guardião da Constituição e o dever de obedecer às disposições constitucionais estabelecidas pelo legislador, mantendo-se assim a harmonia entre os poderes[226].

Na prática, implica dizer que, ao julgar, o magistrado deve recorrer aos métodos gerais de interpretação para alcançar o significado do texto normativo. Obtidos os possíveis resultados, deve excluir prontamente aquele que resulta em violação de disposição constitucional, visando a preservar o significado da norma, de acordo com a Constituição Federal, evitando assim que seja invalidada[227].

Nesse mesmo sentido, e em complemento, Luís Roberto Barroso dispõe que este recurso hermenêutico não afasta apenas a interpretação que, em meio a outras, viola a Constituição, mas ainda prioriza aquela que mantém a harmonia constitucional[228].

Cumpre destacar que este recurso pode ser empregado por qualquer julgador, pois tido como princípio interpretativo que mantém inalterado o dispositivo considerado inconstitucional, reduzindo o âmbito de aplicação da norma, mas subsistindo às hipóteses de aplicação[229].

Nestes termos, malgrado se assemelhe com a declaração parcial de inconstitucionalidade, já que as hipóteses não resultam na modificação

[226] Sicca, Gerson dos Santos. A interpretação conforme a Constituição – *verfassungskonforme Auslegung* – no Direito Brasileiro. In: A Constituição no mundo globalizado. Organizado por Silvio Dobrowolski. Florianópolis: Diploma legal, 2000. p. 107.

[227] Ibidem. p. 109.

[228] Barroso, Luís Roberto. Interpretação e aplicação da Constituição. 1.ed. São Paulo: Saraiva, 1996. p. 175.

[229] Sicca, Gerson dos Santos. A interpretação conforme a Constituição – *verfassungskonforme Auslegung* – no Direito Brasileiro. In: A Constituição no mundo globalizado. Organizado por Silvio Dobrowolski. Florianópolis: Diploma legal, 2000. p. 123.

do texto constitucional, mas apenas limitam sua aplicação, com esta não se confunde, sobretudo porque a declaração parcial depende da cláusula de reserva de plenário, ou seja, do voto da maioria absoluta dos membros que compõem o Tribunal, ou dos membros do correspondente órgão especial (art. 97 da Constituição Federal), não subsistindo a norma sem que se estabeleça em quais situações poderá ser aplicada, e em quais deverão ser retiradas[230].

Para o âmbito deste estudo, e na esfera constitucional penal, se destacam os arts. 1º, III e 5º, XXXIX e XL, que tratam, respectivamente, dos princípios da dignidade da pessoa humana, da legalidade e da anterioridade da lei penal, e que podem ser invocados para garantir o que Konrad Hesse intitula de "força normativa da Constituição".

Neste sentido, dispõe o doutrinador alemão que esta força normativa condiciona a interpretação da norma para que se cumpra o princípio da "ótima concretização", que admite a interpretação progressiva, na medida em que a Constituição está subordinada aos "fatos da vida", mas desde que estas alterações interpretativas respeitem o limite fixado pela ordem normativa[231].

Nesse sentido, temos que concordar com o autor quando aponta a necessária conscientização de que deve preponderar uma "ordem normativa inquebrantável", da qual não se afasta um contínuo processo de legitimação resultante da vontade humana. Todavia, adverte ainda o autor que, diante de situações conflitantes, o Estado Democrático é fortalecido ao sacrificar-se um interesse a bem de se preservar os princípios constitucionais[232].

2.7.2.5 Tipos de Interpretação

Quanto à resposta obtida pelo trabalho hermenêutico, a interpretação pode ser classificada de declarativa, extensiva ou restritiva.

Será declarativa quando a letra da lei coincidir com a sua vontade. Diferencia-se assim da interpretação restritiva e extensiva, em razão

[230] Ibidem. p. 123-124.

[231] HESSE, Konrad. A Força normativa da Constituição. *Die Normative Kraft der Verfassung*. Trad. Gilmar Ferreira Mendes. Porto Alegre: Sérgio Antônio Fabris, 1991. p. 22.

[232] Ibidem. p. 19-22.

da disparidade que ambas possuem entre as palavras da lei e o seu real sentido.

Em suma, consiste na "exata correspondência entre a lei e o seu espírito"[233].

Por outro lado, as interpretações restritivas e extensivas exigem um ajuste interpretativo e se firmam quando emerge uma distinção entre o real significado da norma e sua efetiva dicção[234].

Na interpretação restritiva, a letra da lei leva a um resultado interpretativo mais amplo daquele almejado. Deve ser então restringido o seu sentido literal – *plus scripsit quam voluit*[235].

Em verdade, de uma forma geral, é instintiva a máxima que impõe o dever de "ampliar o que é favorável, e restringir o que é odioso" – *favorabilia sunt amplianda, odiosa sunt restrigenda*–, quando surgirem dúvidas quanto ao real significado da norma. Ora, se ao Estado entrega-se a função de proteger a liberdade, isto implica dizer que qualquer cerceamento a esse direito deve, antes de tudo, ser apresentado por meio de regras públicas e inteligíveis que possibilitem ao indivíduo fazer suas escolhas, ciente das respectivas consequências jurídicas que serão atribuídas aos seus atos[236].

Essa constatação preliminar é complementada com relevantes considerações no sentido de que a plenitude hermenêutica não se concretiza da mesma forma no direito penal e no direito privado. Na última, diversos diplomas impõem ao magistrado o dever de julgar, a despeito da lacuna legal ou obscuridade da norma[237]. Essa diretriz, entretanto, deve ser transportada com ressalvas ao juiz criminal, pois este se encontra impe-

233 Asúa, Luis Jiménez de. *La ley y el delito. Principios de derecho penal.* 2. ed. Editorial Hermes, 1954. p. 127.

234 Antolisei, Francesco. *Manuale di diritto penale. Parte generale. Dodicesima* 12. ed. Milano: Dott. A. Giuffrè Editore, 1991. p. 83.

235 Fragoso, Heleno Cláudio. Lições de direito penal: a nova parte geral. 12ª ed. Rio de Janeiro, Forense, 1990. p. 85.

236 Ferraz Jr, Tércio Sampaio. Introdução ao estudo do direito: técnica, decisão, dominação. 7. ed. São Paulo: Atlas, 2013. p. 271.

237 Ibidem. p. 271. O autor exemplifica a afirmação fazendo referência ao Código Civil Espanhol que atribui responsabilidade ao magistrado que deixa de julgar um caso em juízo sob a alegação de que não há correspondente previsão legal para a matéria.

dido de conduzir seu trabalho em sacrifício ao princípio da legalidade ou socorrendo-se da analogia em desfavor do réu[238].

Das considerações acima expostas emerge importante critério para a aplicação da norma penal, devendo prevalecer o entendimento que leva a interpretação restritiva de normas que limitam direitos e garantias fundamentais[239] – como por exemplo, a liberdade, a saúde, a vida –, com assento legal e constitucional.

Em sentido inverso, a interpretação extensiva será aplicável quando o resultado interpretativo restringir a esfera da vontade da norma, atribuindo-se ao intérprete o poder de ampliar a incidência da lei – *minus scripsit quam voluit*[240]. Neste caso, concede-se ao intérprete a possibilidade de ampliar os limites da norma, uma vez que as palavras legais ficam aquém do objetivo firmado com vontade da lei.

Teoricamente, a interpretação extensiva não se confunde com a analogia. O primeiro consiste em método interpretativo enquanto a analogia corresponde à método de integração da norma. Na prática, contudo, esta distinção não é facilmente aferível e decorre da própria dificuldade de serem estabelecidos limites certos para a aplicação da lei penal.

Reconhecendo esta dificuldade empírica, Marcelo Caetano destaca ser "extremamente melindroso" o estabelecimento de limites ao julgador, com o fim de impedir com segurança a transposição do resultado interpretativo para a elaboração de uma norma pela analogia. Não por outro motivo, tem-se que essa constatação é sentida com maior vigor quando a transgressão da norma atinge direitos fundamentais[241].

Por fim, ressalte-se que a interpretação restritiva não se confunde com a revogação *ab rogante*, no contexto em que uma lei restringe outra por supor que foi tacitamente derrogada. Isso porque, a hipótese narrada não

[238] Asúa, Luis Jiménez de. Op. Cit. p. 122.

[239] Ferraz Jr, Tércio Sampaio. Introdução ao estudo do direito: técnica, decisão, dominação. 7. ed. São Paulo: Atlas, 2013. p. 270.

[240] Fragoso, Heleno Cláudio. Lições de direito penal: a nova parte geral. 12. ed. Rio de Janeiro, Forense, 1990, p. 85

[241] Caetano, Marcello. Lições de direito penal: súmula das prelecções feitas ao curso do 4º. ano jurídico no ano letivo de 1938-39. Lisboa, 1939. p. 122.

designa qualquer método interpretativo, retratando, em verdade, possível conflito aparente de leis[242].

2.8 Limites ao Ativismo Judicial

A concepção de que o juiz deveria executar mero silogismo, encontrando-se impedido de interpretar a lei penal, aparece nas obras de Binding, E. Schmidt, e Mezger e é retratado com detalhes na obra de Beccaria[243].

Nesse sentido, muito embora cremos que a interpretação literal da lei impede o necessário desenvolvimento dos institutos jurídicos e do próprio ordenamento jurídico, há que ser reconhecida a constatação de que a ampla margem interpretativa pode levar a desvirtuamentos de conteúdos normativos, bem como à usurpação da atividade de criação das leis, cuja competência é atribuída constitucionalmente ao poder legislativo.

Nesse contexto, o ativismo judicial designa a conduta proativa dos julgadores e a forma como faz prevalecer o seu subjetivismo além dos limites da lei. Como visto, dentro do cenário constitucional, pode ser encarado como a intromissão do Poder Judiciário nas funções estabelecidas ao Poder legislativo.

A esse fenômeno, Luiz Luisi, já nos idos de 2003, definia como um cenário de "criação normativa do Judiciário", e como a mais nova e refinada forma de derrogação do princípio da legalidade penal[244].

Em sentido contrário, argumenta-se que o ativismo judicial não viola os poderes exclusivamente atribuídos ao legislador, na medida em que não importa na alteração do texto legal, mas apenas implica na formulação de significado atual em decorrência das alterações nas circunstâncias sociais vigentes, ao qual se denomina mutação constitucional.

A esse respeito, ao tratar da função legislativa, Hassemer refere-se a situações nas quais, por motivos diversos, o legislador não almeja a elaboração de uma lei certa, que pode ter por fundamento a dificuldade na precisão das leis, o objetivo de esperar os efeitos na prática judicial

[242] Asúa, Luis Jiménez de. *La ley y el delito. Principios de derecho penal.* 2. ed. Editorial Hermes, 1954. p. 127.

[243] Ibidem. p. 109.

[244] Luisi, Luiz. Os Princípios Constitucionais Penais. 2. ed. Porto Alegre: Sergio Antonio Fabris. 2003. p. 121.

penal, ou mesmo interesses políticos. Nesta última hipótese, atribui-se ao redator da norma a obrigação de conciliar diferentes tarefas, tais como criar normas abertas, para que sejam aplicadas a casos futuros, ao mesmo tempo em que possui o dever de formular leis precisas que não permitam a sua ampliação no âmbito das decisões judiciais[245].

Segundo o autor, referidas reflexões demonstram que não cabe ao legislador outra solução senão garantir a certeza dos tipos por meio da "lealdade" da jurisprudência, muito embora reconheça que esta pode conferir a norma flexível uma direção totalmente distinta daquela que o legislador objetivava. Todavia, também reconhece que este problema na aplicação da lei pode surgir diante de uma norma formulada com precisão[246].

A despeito das considerações que não extraem do ativismo judicial qualquer violação à ordem constitucional, cremos que não há que se olvidar que o subjetivismo dos julgadores leva à um inconteste cenário de ilegalidade e insegurança jurídica.

Não por outra razão, Maximiliano aponta o intérprete como solução para os problemas hermenêuticos, e afirma que nenhuma corrente Hermenêutica se fia exclusivamente nos seus métodos, desamparado do "coeficiente pessoal", pois a "justiça depende, sobretudo, daqueles que a distribuem"[247].

Não obstante em um Estado Democrático de Direito sejam imprescindíveis previsões legais e constitucionais que regulem a lei penal, aliada à preexistência de regras claras que norteiem o processo de interpretação, a nosso ver, a sua respectiva eficácia no mundo concreto depende intrinsecamente do responsável pela aplicação da norma.

Essa constatação é inafastável e decorre da concepção de que a interpretação e aplicação da lei, malgrado os critérios objetivos que a regulam, é essencialmente um fenômeno pautado pelo subjetivismo.

245 Hassemer, Winfried. Fundamentos del Derecho Penal. Barcelona: Bosch Casa Editorial, 1984. Trad. Francisco Muñoz Conde e Luiz Arroyo Zapatero.p. 315-316.

246 Ibidem. p. 317.

247 Maximiliano, Carlos. Hermenêutica e aplicação do direito. 20. ed. Rio de Janeiro: Forense, 2011. p. 82.

Nessa perspectiva, vem à lume a clássica lição de Alberto Silva Franco, que bem sintetiza o que se almejou apresentar neste capítulo:

No Estado de Direito, Juiz Criminal não é policial de trânsito; não é vigia de esquina; não é zelador do patrimônio alheio; não é guarda do sossego de cada um; não é sentinela do Estado leviatânico. Não tem o encargo de bloquear a maré montante da violência ou de frear a criminalidade agressiva e ousada [...]. A missão do Juiz Criminal é bem outra: é exercer a função criativa nas balizas da norma incriminadora, é infundir, em relação a determinadas normas punitivas, o sopro do social; é zelar para que a lei ordinária nunca elimine o núcleo essencial dos direitos do cidadão; é garantir a ampla e efetiva defesa do contraditório e a isonomia de oportunidades, favorecendo o concreto exercício da função de defesa; é invalidar as provas obtidas com a violação da autonomia ética da pessoa; é livrar-se do círculo fechado do dogmatismo conceitual, abrindo-se ao contato das demais ciências humanas e sociais; é compatibilizar o Estado de Direito com o Estado Social que lhe é subjacente; é, em resumo, ser o garante da dignidade da pessoa humana e da estrita legalidade do processo[248].

[248] Franco, Alberto Silva. Crimes Hediondos. 7. ed. São Paulo: Revista dos Tribunais, 2011.

3
Administração Pública – Premissas Conceituais

A dificuldade em se estabelecer uma interpretação adequada do conceito penal de funcionário público surge ainda do emprego de termos próprios do Direito Administrativo e a intrínseca relação do tema proposto com a matéria administrativa, nem sempre com amplo alcance e entendimento aos estudiosos do Direito Penal.

Constatada essa dificuldade inicial, e visando facilitar o estudo do artigo 327 do Código Penal, neste capítulo, busca-se rememorar institutos e conceitos afetos ao Direito Administrativo, necessários à compreensão da celeuma que envolve a definição – e interpretação – do funcionário público pelo Direito Penal.

3.1 Escorço Histórico sobre a Evolução da Estrutura Administrativa

Em uma visão simplificada, a evolução da estrutura da Administração Pública ocorreu de forma linear, agigantando-se e especializando-se.

Inserida no contraste do século XIX e século XX, tal evolução é delimitada pela mudança do Estado liberal para o social, do "Estado-autoridade para o Estado protecção"[249]. Essa transformação sofrida pelo conceito de Administração Pública também é associada à mudança do Estado abstencionista para a consolidação do Estado social de Direito, incluindo-se a descentralização das atividades estatais, e a adoção de uma política assistencial voltada aos interesses comuns[250].

[249] AMARAL, Diogo Freitas do. Curso de direito administrativo. v. I. 4. ed. Lisboa: Livraria Almedina, 2015. p. 45.

[250] PRADO, Luiz Regis. Curso de direito penal brasileiro. vol. 3. parte especial – arts. 250 a 359-H. 9. ed. São Paulo: Revista dos Tribunais, 2013. p. 520.

Fácil perceber, outrossim, que a evolução histórica da Administração sofreu avanços e retrocessos, e remontam à Antiguidade e aos Estados unitários de larga extensão territorial, dotados de regime autoritário e monarquia teocrática. Surgem assim sob o comando de imperadores que formam grupos de funcionários permanentes, remunerados pelo tesouro, cuja atribuição consistia inicialmente em cobrar impostos, garantir a defesa do Estado e realizar obras públicas[251].

Mais à frente, são criados órgãos junto ao imperador, promovendo-se a divisão de terras com a instalação de "delegados locais do poder central", que muito se assemelham ao modelo administrativo moderno, prescindindo-se, porém, a garantia dos particulares frente à Administração Pública[252].

Em Atenas, a distribuição de cargos públicos era realizada por meio de sorteios, tidos como a forma mais justa, diante do igualitário tratamento conferido a todos aqueles que desejassem fazer parte da estrutura estatal[253].

No Estado romano, é referido o reinado de Augusto como o período de aperfeiçoamento da estrutura administrativa. Passa-se assim de um desorganizado grupo de funcionários públicos não pagos, com atribuições para curto período de tempo, para o funcionalismo profissional e remunerado. Eram cinco os pilares da Administração Pública romana: as obras públicas, a justiça, as finanças, a polícia e a defesa militar[254].

Até mesmo o Estado medieval, marcado pela forte fragmentação do poder político gerado pelo feudalismo, aponta traços da Administração Pública. Nesse período, surgem comunidades locais que avocam funções administrativas, como a construção de estradas, a regulamentação de mercados, feiras e, posteriormente, funções relacionadas à intervenção econômica, tal como a almotaçaria[255].

[251] AMARAL, Diogo Freitas do. Op. Cit. p. 46.

[252] Ibidem. p. 47.

[253] NOHARA, Irene Patrícia. Direito administrativo. 6. ed. São Paulo: Atlas, 2016. p. 666.

[254] AMARAL, Diogo Freitas do. Curso de Direito Administrativo. v. I. 4. ed. Lisboa: Livraria Almedina, 2015. p. 50

[255] Ibidem. p. 54.

Em razão da natureza de caráter coletivo, as funções educacionais, assistenciais e hospitalares, outrora exercidas quase que exclusivamente pela Igreja Católica e suas instituições, passam a sujeitar-se ao controle do poder público, com fiscalização e regulamentação pela Administração Pública[256].

Sobretudo com o fortalecimento do poder real, a centralização dos poderes reclama a criação de órgãos centrais, com a expansão do funcionalismo em áreas militares, fiscais, e até mesmo a criação de alfândegas. Vale destacar, por outro lado, o exercício cumulativo da função administrativa e o poder de julgar pelo Rei[257].

O aperfeiçoamento da estrutura administrativa é evidenciado com a consolidação do Estado moderno e a monarquia absolutista. Ainda no século XVII, em especial na França, é registrada a expansão do serviço público, destacando-se a polícia, o exército, as finanças e a diplomacia[258]. A ausência de qualificação técnica do funcionalismo é outra marca que bem retrata o serviço público da época, gerado pela forma de recrutamento, ladeado pelo favoritismo e transmissão hereditária ou venda dos cargos públicos[259].

Com a Revolução Francesa e a Monarquia Constitucional, estabelece-se o princípio da separação dos poderes, atribuindo-se à Coroa a execução das leis, com a perda do poder legislativo, atribuído ao Parlamento, e do poder judicial, transferido aos Tribunais. Nasce ainda a titularidade de direitos subjetivos públicos, conferindo-se aos particulares garantias contra os arbítrios da Administração Pública, razão pela qual se tem como marco do surgimento do Direito Administrativo Moderno[260].

[256] Ibidem. p. 54.

[257] Ibidem. p. 55.

[258] Ibidem. p. 60.

[259] Ibidem. p. 60.

[260] Amaral, Diogo Freitas do. Curso de direito administrativo. v. I. 4. ed. Lisboa: Livraria Almedina, 2015. p. 63.

Também em virtude da tripartição das funções[261], desenvolve-se a especialização das atividades e a independência dos órgãos a quem se atribui função determinada[262].

Da mesma forma, o período pós Revolução Industrial é marcado assim pela maior racionalidade da organização administrativa, partindo de um modelo weberiano de burocracia[263].

Com o desenvolvimento do capitalismo moderno, mantido ao longo do século XX, a estruturação administrativa passou a ter como enfoque a impessoalidade das relações, a especialização e a profissionalização[264], a racionalidade e a distribuição de tarefas por repartição de competências, configuração que persiste até os tempos atuais.

3.2 Conceito de Administração Pública para o Direito Constitucional

Inserida em um contexto vinculado ao Estado, no cenário constitucional, o termo "Administração Pública" compreende os mecanismos materiais – humanos e institucionais –, voltados à efetivação de decisões políticas[265].

Trata-se de uma simples definição atribuída ao termo[266], merecendo destaque a sua subordinação ao poder político, bem como tratar-se de meio pelo qual se busca alcançar fins preestabelecidos. Tais significados correspondem, respectivamente, a dois aspectos distintos, o primeiro, ao conjunto de órgãos a serviço do poder político, e o último, às atividades administrativas.

Consoante José Afonso da Silva, o artigo 37 da Constituição Federal utiliza a expressão "Administração Pública" em ambos os sentidos. Ao tratar da Administração direta e indireta, refere-se ao seu "conjunto orgânico". Ao determinar sua submissão aos princípios delineados no

[261] Sobre atos que não se adequaram a nenhuma das tradicionais três funções do Estado e que integram a função política ou função de governo: Cf. MELLO, Celso Antônio Bandeira de. Curso de direito administrativo. 32. ed., São Paulo: Malheiros Editores, 2015. p. 36-37.

[262] MEIRELLES, Hely Lopes. Direito administrativo brasileiro. 13. ed. São Paulo: Revista dos Tribunais, 1987. p. 17.

[263] NOHARA, Irene Patrícia. Direito administrativo. 6. ed. São Paulo: Atlas. 2016. p. 667.

[264] Ibidem. p. 668.

[265] SILVA, José Afonso da. Curso de direito constitucional positivo. 19. ed. São Paulo: Malheiros Editores. 2001, p. 639.

[266] Ibidem. p. 639.

dispositivo constitucional – legalidade, impessoalidade, moralidade, publicidade e eficiência – a reproduz como atividade administrativa[267].

Nessa última hipótese, o Estado realiza sua atividade por meio de seus *órgãos*, que são *supremos* (constitucionais) ou *dependentes* (administrativos). Aos *órgãos supremos* é atribuído o próprio exercício do poder político, cujo conjunto se denomina "governo", ou órgãos governamentais. Já os *órgãos dependentes* que se situam em plano hierárquico inferior, formam a *Administração Pública*.

Essa, agora, encontra na Constituição suas bases mais desenvolvidas, quer quando estrutura o Poder Executivo, retratando as várias esferas de governo, quer quando, nos artigos 37 a 43, define os fundamentos de sua organização e seus princípios[268].

Trata-se, em verdade, de organização administrativa complexa, ao passo que a atividade administrativa é institucionalmente atribuída a entidades governamentais diversas. Na Constituição Federal brasileira, está expressamente referida, no próprio art. 37, a existência de várias Administrações Públicas: a Federal (da União), a de cada Estado (Administração Estadual), a do Distrito Federal e a de cada Município (Administração Municipal ou local), cada qual submetida a um poder político próprio, expresso por uma organização governamental autônoma[269].

3.3 Conceito de Administração Pública para o Direito Administrativo

Superado o breve contexto histórico e constitucional que envolve a estruturação e especialização da Administração Pública, passaremos a definir as expressões "administração" e "Administração Pública", quer no campo do direito administrativo – sob o aspecto orgânico e funcional –, quer na esfera penal, visando a uma melhor contextualização do tema proposto.

O primeiro vocábulo – "administração"- tem origem no radical "min", surgindo divergência se advém da palavra *manus* e *mandare* ou da palavra

[267] SILVA, José Afonso da. Curso de direito constitucional positivo. 19. ed. São Paulo: Malheiros Editores. 2001, p. 639.

[268] Ibidem. p. 639.

[269] SILVA, José Afonso da. Comentário contextual à Constituição. 8. ed., atual. até a Emenda Constitucional 70, de 22.12.2011. São Paulo: Malheiros, 2012. p. 335.

minus[270]. Malgrado a discussão etimológica do termo, ambas as hipóteses remetem necessariamente à noção de comando, respectivamente, ativo e passivo.

São apontadas mais duas versões para a origem do termo administração, *ad* mais *ministro*, cujo significado remete ao verbo servir, executar; e *ad manustrahere*, que reproduz o sentido de gestão[271].

Em termos gerais, portanto, designa tanto a ideia de direção, gestão e comando, como atividade de execução, envolvendo subordinação e hierarquia[272]. Trata-se, em verdade, de termo equívoco, abrangendo, para alguns autores, a função administrativa em si e a função de governo, para outros, compreendendo a legislação e a execução[273].

Traduz ainda uma atividade vinculada a uma "vontade externa", voltada a uma finalidade delimitada pelo administrador, com a ressalva de que, tratando-se da Administração Pública, tanto a vontade do administrador como o objetivo a ser alcançado é fixado pela lei[274]. Nesse sentido, na clássica definição de Seabra Fagundes, pode-se bem concluir que "administrar é aplicar a lei de ofício"[275].

Por sua vez, o conceito jurídico do vocábulo – "Administração Pública" –, surge com a consagração do princípio da separação dos poderes, cuja estruturação exige a individualização do Poder Executivo, Poder Legislativo e Judicial[276].

[270] CRETELLA JÚNIOR, José. Manual de direito administrativo. 2. ed. Rio de Janeiro: Forense, 1979. p. 13.

[271] MELLO, Oswaldo Aranha Bandeira de. Princípios gerais de direito administrativo. 3. ed., v. I, Introdução. 2007, p. 59.

[272] DI PIETRO, Maria Sylvia Zanella. Direito administrativo. 28. ed. São Paulo: Atlas, 2015. p. 83.

[273] Ibidem. p. 54. Para Cretella Júnior, o vocábulo "administração" é tido como análogo, porque "designa várias realidades, todas, porém, relacionadas entre si pelo menos por um ponto de contato". Logo, não pode ser classificado como termo equívoco, na medida em que reproduz mais de um significado, sem relação entre si (CRETELLA JÚNIOR, José. Manual de direito administrativo. 2. ed. Rio de Janeiro: Forense, 1979. p. 14).

[274] DI PIETRO, Maria Sylvia Zanella. Op. Cit. p. 82-83.

[275] FAGUNDES, Miguel Seabra. O controle dos atos administrativos pelo Poder Judiciário. 6. ed. São Paulo: Saraiva, 1984. p. 03.

[276] CORREIA, Fernando Alves. Alguns conceitos de direito administrativo. 2. ed. Coimbra: Livraria Almedina, 2001. p. 14.

E é no contexto da teoria da tripartição dos Poderes que se elabora uma acepção residual ou negativista[277] da administração pública, definida como toda a atividade do Estado, não relacionada às funções legislativas e judiciárias. Ao que tudo indica, portanto, a formulação desse conceito remonta aos Estados nos quais o governante monopolizava todos os poderes, atribuindo-lhe a função de administrar, legislar e julgar.

Ademais, ainda sobre o conceito residual, acolhemos as pertinentes considerações de Diogenes Gasparini no sentido de que esta definição não apresenta grande valia, seja porque a elaboração de um conceito, por si só, não deve representar algo que a "coisa não é", mas, sobretudo, em razão da equivocidade retratada pelos verbos "julgar" e "legislar"[278].

Atualmente, contudo, vale retomar as lições de Diogo Freitas do Amaral ao sublinhar ser a "noção de Administração Pública bem mais ampla do que o conceito de Estado"[279], sobretudo levando-se em conta a evolução e crescimento da estrutura administrativa.

Nesses termos, são formulados conceitos distintos. Em sentido amplo, Hely Lopes Meirelles aponta que a Administração Pública pode ser definida como todo o "aparelhamento do Estado" com a finalidade de realizar seus serviços em benefício da necessidade coletiva[280], no qual se incluem a atividade legislativa e judiciária. Ao revés, em um sentido estrito, o conceito de Administração Pública compreende apenas as organizações do Estado criadas para executar a atividade administrativa[281].

3.3.1 Concepção Orgânica e Funcional da Administração Pública

Além do conceito amplo ou restrito, o termo "Administração Pública" compreende ainda dois significados diversos, de acordo com a sua con-

[277] Gasparini, Diogenes. Direito administrativo. 17. ed. atualizada por Fabrício Motta. São Paulo: Saraiva, 2012. p. 97.

[278] Gasparini, Diogenes. Direito administrativo. 17. ed. atualizada por Fabrício Motta. São Paulo: Saraiva, 2012. p. 97.

[279] Amaral, Diogo Freitas do. Curso de direito administrativo. v. I. 4. ed. Lisboa: Livraria Almedina, 2015. p. 32.

[280] Meirelles, Hely Lopes. Direito administrativo brasileiro. 13. ed. São Paulo: Revista dos Tribunais, 1987. p. 38

[281] Justen Filho, Marçal. Curso de direito administrativo. 9. ed. São Paulo: Revista dos Tribunais, 2013. p. 265.

cepção, que pode ser *orgânica* (também chamado de subjetivo ou formal); ou *funcional* (também designado de objetivo ou material)[282].

Na *acepção orgânica*, o termo compreende o *conjunto de órgãos* criados com a finalidade de consecução dos interesses do Governo[283]. Diz-se ainda que reflete as funções dos órgãos que desempenham a atividade administrativa[284].

Neste sentido, a Administração é tida como um "sistema de órgãos, serviços e agentes do Estado, bem como das demais pessoas colectivas públicas, e de algumas entidades privadas, que asseguram em nome da colectividade a satisfação regular e contínua das necessidades colectivas de segurança, cultura e bem-estar". Referido aparelhamento, segundo Freitas Amaral, existe para desenvolver a atividade administrativa, a qual faz nascer a administração pública[285].

Em resumo, inserido em um contexto formal, este vocábulo designa os órgãos governamentais (Governo) e administrativos (Administração em sentido estrito e próprio)[286]. Não por outro motivo, nesta acepção, a Administração Pública é simplesmente referida como o "Estado"[287].

Para além disso, sob o enfoque dos sujeitos que realizam a função administrativa, bem como pautando-se pelo princípio da especialização das funções – e não do princípio da separação absoluta das atribuições –, pode-se concluir que, tanto o Poder Executivo, como os Poderes Legislativo e Judiciário, exercem funções tipicamente administrativas.

[282] Segundo Ruy Cirne Lima, essa dualidade de conceitos possui tradição constitucional, sendo empregado na Constituição Imperial de 1824, nas Constituições de 1891, 1934, 1937, com exceção da Constituição de 1946. Cf. Princípios de direito administrativo. Porto Alegre: Livraria Sulina Editôra, 1964. p. 19.

[283] Meirelles, Hely Lopes. Op. Cit. p. 38.

[284] Cretella Júnior, José. Manual de direito administrativo. 2. ed. Rio de Janeiro: Forense, 1979. p. 15-16.

[285] Amaral, Diogo Freitas do. Curso de Direito Administrativo. v. I. 4. ed. Lisboa: Livraria Almedina, 2015. p. 32. Nesse contexto, a administração pública passa a ser designada como "actividade típica dos serviços públicos e agentes administrativos desenvolvida no interesse geral da colectividade".

[286] Gasparini, Diogenes. Direito administrativo. 17. ed. atualizada por Fabrício Motta. São Paulo: Saraiva, 2012. p. 97.

[287] Ibidem. p. 97.

No âmbito legislativo, essas atribuições são realizadas tanto pelos órgãos administrativos, como pelos parlamentares, por meio das leis, verdadeiros atos administrativos no tocante ao seu conteúdo. Igualmente, na esfera judicial, as funções administrativas são exercidas pelos órgãos correspondentes e magistrados, por intermédio de atos de cunho disciplinar, de provimento de cargos, etc.[288].

No cenário acima elaborado, Maria Sylvia Zanella Di Pietro traça o seguinte quadro para Administração Pública em sentido orgânico, que é composta por:

> [...] todos os órgãos integrantes das pessoas jurídicas políticas (União, Estados, Municípios e Distrito Federal), aos quais a lei confere o exercício de funções administrativas. São os órgãos da *Administração Direta* do Estado. Porém, não é só. Às vezes, a lei opta pela execução indireta da atividade administrativa, transferindo-a a pessoas jurídicas com personalidade de direito público ou privado, que compõem a chamada *Administração Indireta* do Estado[289].

Por outro lado, na *acepção funcional*, a administração pública não é mais considerada como o conjunto de órgãos[290], e sim como o *conjunto de atividades* necessárias ao seu exercício, sendo integrada pela função política e administrativa[291]. Possui, portanto, o sentido de atividade administrativa, razão pela qual "administração pública" passa a ser grafada com letras minúsculas[292].

Vale frisar, ademais, que nesta concepção, a administração pública compreende quatro modalidades diversas: o serviço público, o fomento,

[288] Di Pietro, Maria Sylvia Zanella. Direito administrativo. 28. ed. São Paulo: Atlas, 2015. p. 89-90.

[289] Ibidem. p. 90.

[290] Cretella Júnior, José. Manual de direito administrativo. 2. ed. Rio de Janeiro: Forense, 1979. p. 16.

[291] Di Pietro, Maria Sylvia Zanella. Op. Cit. p. 86.

[292] Nohara, Irene Patrícia. Direito administrativo. 6. ed. São Paulo: Atlas. 2016. p. 6.

a polícia administrativa e para alguns, a intervenção, muito embora parte da doutrina[293] a classifique como espécie de fomento[294].

Por serviço público são designadas atividades que são realizadas de forma direta ou indireta pela Administração Pública, com o objetivo de atender ao interesse coletivo, cujo regime jurídico apresenta-se predominantemente público[295].

Já no fomento são incluídas as atividades administrativas que visam ao incentivo da iniciativa privada de utilidade pública, tais como as subvenções; financiamentos de obras voltadas ao desenvolvimento do turismo, indústrias e construção de moradias populares; favores fiscais vinculados às atividades benéficas ao progresso do país; e desapropriações voltadas ao auxílio de entidades sem fins lucrativos e atividades benéficas à população[296].

Por fim, a polícia administrativa designa toda a "atividade de execução" vinculada às limitações administrativas impostas por lei, que retra-

[293] Ao tratar do complexo de atividades executadas pelo Estado, Diogenes Gaspari elenca três modalidades de atividades desempenhadas pela Administração Pública: o fomento, o poder de polícia e os serviços públicos.

[294] Di Pietro, Maria Sylvia Zanella. Direito administrativo. 28. ed. São Paulo: Atlas, 2015. p. 87. Ressalva-se ainda a referência a uma quinta modalidade de função administrativa apontada por Marçal Justen Filho: a regulação econômico-social, para quem se trata de "atividade estatal de intervenção indireta sobre a conduta dos sujeitos públicos e privados, de modo permanente e sistemático, para implementar as políticas de governo" (Justen Filho, Marçal. Curso de direito administrativo. 9. ed. São Paulo: Revista dos Tribunais, 2013. p. 265).

[295] Di Pietro, Maria Sylvia Zanella. Op. Cit. p. 88. Segundo a autora, os serviços públicos compreendem as atividades essenciais ou relevantes para a coletividade, cuja atribuição compete ao Estado, exclusivamente ou não. São citados os seguintes exemplos, extraídos do artigo 21 da Constituição Federal com redação dada pela Emenda Constitucional n.º 8/95: serviço postal e correio aéreo nacional, serviços de telecomunicações, serviços e instalações de energia elétrica e aproveitamento energético, radiofusão, navegação aérea, aeroespacial, transporte ferroviário e aquaviário entre os portos brasileiros em fronteiras nacionais ou que transponham os limites de Estado ou Território, transporte rodoviário interestadual e internacional de passageiros, serviços de portos marítimos, fluviais e lacustres, serviços oficiais de estatística, geografia, geologia e cartografia de âmbito nacional, serviços nucleares.

[296] Ibidem. p. 88.

tam restrições à realização de direitos individuais em prol da coletividade, tais como as sanções, fiscalizações, licenças, etc[297].

Cumpre frisar que a Administração Pública[298] é composta tanto por pessoas físicas como jurídicas, de natureza pública ou privada, que desempenham atividade administrativa, incluindo-se assim as unidades que integram a Administração Direta, a Administração Indireta e os agentes públicos[299]. Assim sendo, compreende os Poderes Legislativo e Judiciário, além do Poder Executivo, que, como visto, não necessariamente é sinônimo de Administração Pública[300].

Sem grande difusão, fala-se, por fim, no aspecto operacional[301] da Administração Pública, da qual se extrai a ideia de desempenho dos serviços estatais ou assumidos para o interesse da coletividade[302].

Estabelecidas as considerações gerais sobre o tema[303], no que importa para a análise do art. 327 do Código Penal, resta analisar qual o conceito

297 Ibidem. p. 88.

298 Ibidem. p. 54. Delimitando o alcance do termo, Zanella Di Pietro acrescenta que, no aspecto subjetivo, incluem-se "pessoas jurídicas, órgãos e agentes públicos" encarregadas de executar a função administrativa. No aspecto objetivo, designa a função administrativa, atribuída quase exclusivamente ao Poder Executivo (Ibidem. p. 83). Por outro lado, Justen Filho define a Administração Pública, na acepção subjetiva, como o "conjunto de bens e direitos necessários ao desempenho da função administrativa"; na acepção objetiva, como atividade voltada ao cumprimento dos direitos fundamentais (Justen Filho, Marçal. Op. Cit. p. 266).

299 Di Pietro, Maria Sylvia Zanella. Direito administrativo. 28. ed. São Paulo: Atlas, 2015. p. 54.

300 Cf. Justen Filho, Marçal. Curso de direito administrativo. 9. ed. São Paulo: Revista dos Tribunais, 2013. p. 266; Di Pietro, Maria Sylvia Zanella. Op. Cit. p. 83.

301 Na doutrina estrangeira há quem designe de conceito formal o aspecto operacional da Administração Pública, que compreende a atuação dos órgãos cujo desempenho é realizado por meio dos atos administrativos. Cf. Correia, Fernando Alves. Alguns conceitos de direito administrativo. 2. ed. Coimbra: Livraria Almedina. 2001, p. 13.

302 Meirelles, Hely Lopes. Direito administrativo brasileiro. 13. ed. São Paulo: Revista dos Tribunais, 1987. p. 38.

303 Na doutrina estrangeira, o termo Administração Pública é empregado com sentidos diversos. Em sentido material (ou objetivo) traduz a atividade desenvolvida pelos órgãos administrativos do Estado, apresentando-se assim como sinônimo de "função administrativa". No aspecto orgânico (ou subjetivo), designa o conjunto de órgãos administrativos do Estado (Correia, Fernando Alves. Op. Cit. p. 13).

adotado pelo legislador, para então adentrar-se à definição penal de funcionário público, cuja delimitação encontra-se associada à escolha de uma das concepções da Administração Pública.

3.4 Conceito de Administração Pública para o Direito Penal

Ao contrário das demais áreas jurídicas, para o Direito Penal, a Administração Pública não abrange somente a atividade administrativa em sentido estrito, mas também designa de forma geral as atividades do poder legislativo e judiciário.

Tal conclusão decorre de uma interpretação conjunta com o Título XI do Código Penal ("Dos crimes contra a Administração Pública"), e das sobreditas considerações preliminares que demonstram que – para além da equivocidade do termo em questão –, o legislador penal acolheu o *conceito amplo* de Administração Pública[304].

Essa constatação emerge ainda de uma interpretação teleológica e da leitura do Capítulo I denominado "Dos crimes praticados por funcionário público contra a Administração em *geral*"–, que parece evidenciar a intenção da lei de não restringir qualquer órgão ou atividade.

Além disso, a análise do Capítulo III intitulado – "Dos crimes contra a Administração da *Justiça*" reforça essa diretriz, o que demonstra que o conceito em estudo designa especificamente um dos três Poderes da República ao qual intenta fazer referência[305].

Da mesma forma, o contexto histórico apresentado na Exposição de Motivos da Parte Especial do Código Penal, corrobora ainda a intenção

[304] Tal classificação, nos dizeres de Paulo José da Costa Jr. e Pagliaro, permite compreender a razão pela qual os crimes contra a Administração Pública não se restringem as condutas praticadas apenas contra o Poder Executivo (Pagliaro, Antonio; Costa Jr., Paulo José da. Dos crimes contra a Administração Pública. São Paulo : Editora Atlas, 2009, p. 05.).

[305] A amplitude do conceito para o direito penal é revelada inclusive pela leitura do Código Penal que inseriu dentro do Título XI – Dos crimes contra a Administração Pública- capítulo que trata dos tipos penais praticados contra a Administração da Justiça, confirmando assim a premissa de que a referida expressão avoca todos os órgãos e atividades desempenhadas tanto pelo Poder Executivo, como também pelos Poderes Legislativo e Judiciário. Cf. Hungria, Nelson. Comentários ao Código Penal. vol. IX. Cf. ainda: Da Costa, Álvaro Mayrink. Direito penal. Parte especial. vol. 7. 6. ed. Rio de Janeiro: Forense, 2011. p. 9.

de se ampliar os limites de incriminação dos fatos lesivos ao interesse da administração pública, por meio da inclusão de novos tipos penais:

> 84. Em último lugar, cuida o projeto dos crimes contra a administração pública, repartidos em três subclasses: "crimes praticados por funcionário público contra a administração em geral", "crimes praticados por particular contra a administração em geral" e "crimes contra a administração da justiça". Várias são as inovações introduzidas, no sentido de suprir omissões ou retificar fórmulas da legislação vigente. Entre os fatos incriminados como lesivos do interesse da administração pública, figuram os seguintes, até agora, injustificadamente, deixados à margem da nossa lei penal: emprego irregular de verbas e rendas públicas; advocacia administrativa (isto é, "patrocinar, direta ou indiretamente, interesse privado junto à administração pública, valendo-se da qualidade de funcionário"); violação do sigilo funcional; violação do sigilo de proposta em concorrência pública; exploração de prestígio junto à autoridade administrativa ou judiciária (venditio fumi); obstáculo ou fraude contra concorrência ou hasta pública; inutilização de editais ou sinais oficiais de identificação de objetos; motim de presos; falsos avisos de crime ou contravenção; auto-acusação falsa; coação no curso de processo judicial; fraude processual; exercício arbitrário das próprias razões; favorecimento post factum a criminosos (o que a lei atual só parcialmente incrimina como forma de cumplicidade); tergiversação do procurador judicial; reingresso de estrangeiro expulso.

Neste sentido, são relatados vários fundamentos para se justificar esta ampla perspectiva da Administração Pública acolhida pela esfera penal. Fala-se, primeiramente, na escolha pelo Estado unitário[306], bem como no

[306] Chiarotti, *Amministrazione pubblica*, in *Enciclopedia del diritto penale italiano*, v. 2, p. 09 apud Pagliaro, Antonio; Costa Jr., Paulo José da.Dos crimes contra a administração pública. São Paulo: Editora Atlas, 2009, p. 08. No mesmo sentido, Bitencourt sustenta que o Capítulo III (Dos crimes contra a Administração da Justiça) do Titulo XI revela que esses crimes são tratados como espécie do gênero, demonstrando assim a amplitude do termo "administração pública" para o direito penal. Conclui, em resumo, que referido vocábulo define "o desenvolvimento normal, ordenado e legal dos órgãos do Estado, no âmbito dos três Poderes - Executivo, Legislativo e Judiciário" (Bitencourt,

exercício da função administrativa, ainda que de maneira atípica, pelos órgãos que compõem os Poderes Legislativo e Judiciário[307].

Outro motivo apontado repousa na necessidade de se tutelar toda a atividade e entes estatais, expressão da busca do interesse comum[308]. Destaca-se ainda a remição ao correto funcionamento dos órgãos do Estado, em um conceito mais amplo da expressão, que compreende a função administrativa dos três Poderes[309].

Nesse enfoque que privilegia a abrangente tutela da Administração Pública, a disposição expressa no artigo 327 do Estatuto Criminal compreende todas as atividades do Estado, "a de *legis executio* (atividade retórica, pela qual o Estado praticamente se realiza); a de *legis latio* (atividade legislatória, ou de normatização de ordem político-social); e a da *juris dictio* (atividade judiciária, ou de apuração e declaração de vontade da lei nos casos concretos)[310]."

A linha de raciocínio repousa ainda na premissa de que a definição de administração pública, para o legislador penal, não precisa coincidir com a norma administrativista, entendida como funcional, sobretudo porque a tutela penal objetiva seu regular funcionamento, a moralidade pública, o decoro e o prestígio da administração pública[311].

Cezar Roberto. Tratado de direito penal. Parte especial 5: Dos crimes contra a administração pública e dos crimes praticados por prefeitos. 9. ed. São Paulo: Saraiva, 2015. p. 37).

307 Prado, Luiz Regis. Curso de direito penal brasileiro. vol. 3. Parte especial – arts. 250 a 359-H. 9. ed. São Paulo: Revista dos Tribunais. 2013. p. 519.

308 Pagliaro, Antonio; Costa Jr., Paulo José da. Dos crimes contra a administração pública. São Paulo: Editora Atlas, 2009, p. 08 apud Chiarotti, *Amministrazione pubblica, in Enciclopedia del diritto penale italiano,* v. 2, p. 08. Nesse sentido, cita-se a Exposição de Motivos do Código italiano, cuja amplitude conceitual abarca, além da atividade administrativa, a legislativa e judiciária, sob a justificativa de que busca-se impedir a prática de fatos que perturbam a regular atividade do Estados e entes públicos.

309 Da Costa, Álvaro Mayrink. Direito penal. Parte especial. vol. 7. 6. ed. Rio de Janeiro: Forense, 2011. p. 07.

310 Pereira, Paulo Cyrillo. Funcionário público: titularidade passiva nos crimes contra a administração pública – equiparação, para fins penais, de servidores das autarquias. *Justitia.* Ano 53, v. 153, p. 21-24, jan/março de 1991. p. 22.

311 Da Costa, Álvaro Mayrink. Op. Cit. p. 08.

Em resumo, para o direito penal, a Administração Pública compreende tanto o sujeito-administração como a atividade administrativa[312]. Esse conceito, bastante amplo, compreende, no aspecto objetivo, toda a atividade do Estado[313].

Sendo assim, nos crimes contra a Administração Pública, em comum, existe a ofensa à atividade estatal ou aos entes públicos, sejam eles pertencentes a qualquer um dos três poderes classicamente concebidos.

Por essa razão, fala-se corretamente que, na seara penal, o conceito de Administração Pública possui significado diverso daquele trazido pelo direito constitucional e pelo direito administrativo, acolhendo o Código Penal um conceito de maior amplitude, para abranger, no plano objetivo e subjetivo, todas as atividades funcionais do Estado e respectivos entes públicos[314].

Antes, porém, de se seguir adiante, ainda no tocante aos conceitos gerais do Direito Administrativo, que serão oportunamente utilizados para a interpretação do conceito penal de funcionário público, necessário proceder ao estudo da estrutura da Administração Pública, em especial para compreender o posicionamento de cada uma das figuras que a compõe, bem como a respectiva titularidade das atividades desempenhadas para a preservação do interesse público.

3.5 Organização da Administração Pública

De uma forma geral, a organização administrativa é formada pela reunião de normas que regulamentam a estrutura, as relações entre seus entes, a atividade que é desempenhada, além do controle dos órgãos e pessoas investidas dessa função.

Por meio de seus órgãos, pessoas físicas e jurídicas, o Estado desempenha a sua atividade, sob três diferentes formas: a centralização, a descentralização e a desconcentração[315].

[312] Pagliaro, Antonio; Costa Jr., Paulo José da. Op. Cit. p. 241.

[313] Ibidem. p. 08.

[314] Costa Jr., Paulo José. Dos crimes contra a administração pública. São Paulo: Malheiros, 1997, p. 15 apud Crespo, Marcelo Xavier de Freitas (Coord.). Crimes contra a administração pública: aspectos polêmicos. São Paulo: Quartier Latin, 2010, p. 17.

[315] Carvalho Filho, José dos Santos. Manual de direito administrativo. 30. ed. São Paulo: Atlas, 2016. p. 481.

Na primeira hipótese, o Estado *executa diretamente* a atividade administrativa, por intermédio dos órgãos e agentes da Administração Direta, compreendida pela União, Estados, Distrito Federal e Municípios.

Em contrapartida, na descentralização, os entes políticos *transferem a execução* dos serviços públicos para particulares[316] ou criam pessoas jurídicas para auxiliá-los – dentre elas, as autarquias, as fundações públicas, as empresas públicas e as sociedades de economia mista –, sob a denominação de Administração Indireta[317].

Por fim, por meio do fenômeno da desconcentração, realiza-se o desmembramento dos órgãos com o objetivo de obter uma melhor organização da estrutura administrativa[318].

Em resumo, portanto, a atividade administrativa será centralizada quando desempenhada diretamente pelo Estado, isto é, por meio de seus órgãos, e será descentralizada quando for exercida indiretamente pelo Estado, por pessoa distinta[319].

A descentralização também pode ser efetivada pela *outorga*, na qual, por meio de lei, transfere-se tanto a *titularidade* como *execução do serviço*, permitida apenas para as pessoas jurídicas de direito público que compõem a Administração Indireta, ou seja, as autarquias e fundações públicas. Por sua vez, através da *delegação*, transfere-se para as pessoas jurídicas de direito privado apenas a *execução do serviço público*, efetivando-se a descentralização tanto por meio de lei (para as empresas públicas e sociedades de economia mista), contrato administrativo (concessioná-

316 Em sentido contrário, Celso Antonio Bandeira de Mello dispõe que dentro dessa estrutura administrativa não são incluídos os particulares que exercem atividade pública, v.g. os concessionários e permissionários de serviço público, que auxiliam o Estado em funções não exclusivamente públicas. (Mello, Celso Antônio Bandeira. Curso de Direito Administrativo. 32. ed., Malheiros Editores. 2015, p. 142).

317 Maria Sylvia Zanella Di Pietro inclui ainda na estrutura da Administração Indireta os consórcios públicos, conforme se verá no tópico relativo ao estudo da Administração Indireta. Cf. Di Pietro, Maria Sylvia Zanella. Direito administrativo. 28. ed. São Paulo: Atlas, 2015. p. 519

318 Carvalho Filho, José dos Santos. Manual de direito administrativo. 30. ed. São Paulo: Atlas, 2016. p. 481. Destaca o autor tratar-se a desconcentração de "fenômeno interno da Administração, razão por que se trata de atividade centralizada".

319 Mello, Celso Antônio Bandeira de. Curso de direito administrativo. 32. ed. Malheiros Editores. 2015. p. 153-154.

rias e permissionárias) ou ato unilateral (autorizatárias, v.g., a parceria público- privada).

Por fim, em considerações preliminares sobre o tema, importa trazer que para a regulamentação da relação jurídica existente entre o agente e o Estado incide a teoria do órgão ou da imputação, encontrando-se superadas as teorias do mandato[320] e da representação[321].

Assim sendo, nos moldes da teoria em vigor, não se exige um instrumento próprio configurado em uma representação ou mandato, mas apenas a existência de uma previsão legal que impõe o cargo ao agente que representa a vontade do Estado. Significa dizer, desse modo, que a vontade do agente e do Estado se confunde, por expressa determinação legal.

Nessa estruturação, a Administração Pública se subdivide, formando órgãos públicos dotados de especialização. Em termos conceituais, configuram centros especializados, e o menor núcleo com feixe de competências e atribuições, não dotado de personalidade jurídica.

Podem ser classificados, enfim, de acordo com sua posição estatal, sendo atribuída a condição de: a) órgão independente, por não sofrer qualquer relação de subordinação; b) órgão autônomo, pois, a despeito de possuírem autonomia, subordinam-se aos órgãos independentes, v.g., os ministérios, as secretarias de Estado, as secretarias municipais; c) órgão superior, desprovidos de independência e autonomia, contudo, atribuindo-se o poder de decisão, a exemplo dos gabinetes, das procuradorias, entre outros.

3.5.1 Administração Direta

A Administração Direta é essencialmente estruturada por órgãos[322] que figuram como mecanismos da vontade do Estado que, todavia se encon-

[320] Segundo essa teoria, o agente público, por meio de um mandato, exerce uma atividade tida como reflexo da manifestação da vontade do Estado.

[321] Por sua vez, nos moldes da teoria da representação, o agente público figura como um representante da pessoa jurídica, atribuindo-lhe assim o dever de executar sua manifestação de vontade.

[322] Essa matéria encontra-se prevista na Lei 9.784/99, que regula o processo administrativo da Administração Pública Federal, e que em suas disposições gerais traz as seguintes definições: "Art. 1º Esta Lei estabelece normas básicas sobre o processo administrativo

tram desprovidos de personalidade jurídica, característica que os distingue dos entes que compõem a Administração Indireta[323]. Compreende assim as pessoas jurídicas intituladas políticas[324], ou seja, a União, Estados, Distrito Federal e Municípios, além dos órgãos que as compõem.

Com o enfoque na centralização da atividade do Estado, a Administração Direta pode ser definida como o "conjunto de órgãos que integram as pessoas federativas, aos quais foi atribuída a competência para o exercício, de forma centralizada, das atividades administrativas do Estado"[325]. Logo, nesse modelo administrativo, os entes que compõem a federação concretizam seu trabalho por meio de seus órgãos e *servidores públicos*[326].

No âmbito federal, a Administração Direta da União, no Poder Executivo, é composta por duas classes de órgãos: a Presidência da República, órgão máximo desse Poder (art. 84, II da Constituição Federal), e os Ministérios[327]. O primeiro compreende outros órgãos essenciais como, por exemplo, a Secretaria de Governo, de assessoramento, como a Advocacia-Geral da União, e de consulta, a exemplo do Conselho da República e Conselho de Defesa Nacional[328]. Os Ministérios, igualmente, são estruturados por órgãos internos, a exemplo das secretarias, os conselhos, os departamentos, as coordenadorias, entre outras centenas de órgãos[329].

no âmbito da Administração Federal direta e indireta, visando, em especial, à proteção dos direitos dos administrados e ao melhor cumprimento dos fins da Administração. § 1º Os preceitos desta Lei também se aplicam aos órgãos dos Poderes Legislativo e Judiciário da União, quando no desempenho de função administrativa. § 2º Para os fins desta Lei, consideram-se: I – *órgão* – a unidade de atuação integrante da estrutura da Administração direta e da estrutura da Administração indireta; II – *entidade* – a unidade de atuação dotada de personalidade jurídica; III – *autoridade* – o servidor ou agente público dotado de poder de decisão".

[323] Spitzcovsky, Celso. Direito Administrativo. 10. ed. São Paulo: Editora Método, 2008. p. 153.

[324] Nohara, Irene Patrícia. Direito administrativo. 6. ed. São Paulo: Atlas, 2016. p. 579.

[325] Carvalho Filho, José dos Santos. Manual de direito administrativo. 30. ed. São Paulo: Atlas, 2016. p. 483.

[326] Ibidem. p. 483.

[327] Ibidem. p. 484.

[328] Ibidem. p. 484.

[329] Carvalho Filho, José dos Santos. Manual de direito administrativo. 30. ed. São Paulo: Atlas, 2016. p. 484-485.

No âmbito estadual e municipal, a organização interna do Poder Executivo guarda similitude com a esfera federal. Na primeira hipótese, é integrada pela Governadoria do Estado, órgãos de assessoria, Secretarias Estaduais e demais órgãos internos que os compõem[330]. Por sua vez, na esfera municipal, é integrada pela Prefeitura, os órgãos de assessoria e Secretarias Municipais, todos compostos por demais órgãos internos[331].

Por sua vez, o Poder Judiciário e o Poder Legislativo são estruturados por seus regimentos internos, respeitados os limites constitucionais e as leis estaduais. No âmbito municipal, o Poder Legislativo é exercido por meio da Câmara Municipal que, tal como ocorre nas demais esferas federativas, possui autonomia para dispor sobre sua organização interna. Já no âmbito distrital, a organização administrativa assemelha-se às dos Estados e Municípios, sendo composta pela Governadoria, órgãos de assessoria e Secretarias Distritais[332].

Cumpre ressaltar, ao final, que a criação e extinção dos órgãos da Administração Direta dependem de lei de iniciativa do Chefe do Poder Executivo, enquanto que sua organização interna, e correspondente recurso humano, podem ser estabelecidos por decreto, observados os limites constitucionais e as leis que fixam as atribuições de competências.

3.5.2 Administração Indireta

Designa o conjunto de pessoas jurídicas públicas ou privadas criadas por lei ou cuja instituição depende da autorização de lei específica, a quem o Estado atribui a titularidade e execução de determinado serviço público.

De um modo geral, a criação desta estrutura administrativa é pautada pela consecução de duas finalidades, a prestação de serviços públicos e a exploração de atividades econômicas[333], buscando-se assim a realiza-

[330] Ibidem. p. 485.

[331] Ibidem. p. 485.

[332] Ibidem. p. 485.

[333] A esse respeito, consigna-se que a criação dessas pessoas jurídicas para a exploração de atividades econômicas desempenhada, em regra, pela iniciativa privada, se dá de forma excepcional, e em observância às disposições constitucionais previstas no art. 173. Nesse sentido: Art. 173. Ressalvados os casos previstos nesta Constituição, a exploração direta de atividade econômica pelo Estado só será permitida quando necessária aos imperativos da segurança nacional ou a relevante interesse coletivo, conforme definidos em lei.

ção do princípio da eficiência por meio da especialização das atividades administrativas[334].

Corresponde, em verdade, à descentralização por serviços, funcional ou técnica[335], compreendendo, basicamente, as autarquias, mas também as fundações governamentais, as sociedades de economia mista, as empresas públicas que exerçam serviços de interesse coletivo e, mais recentemente, os consórcios públicos[336].

No ponto que interessa ao estudo do conceito de funcionário público para fins penais, importa adiantar que ao empregar a palavra "entidade paraestatal", o legislador deu ensejo à acalorada discussão que envolve o seu real significado, ou mesmo as pessoas jurídicas da Administração Indireta que estão compreendidas neste termo. De certo, esta nociva insegurança para a aplicação da lei penal, que se pressupõe certa e precisa, em especial para os fins de atribuição de responsabilidade penal, atribui ao processo interpretativo a tarefa de identificar quais indivíduos são ou não considerados funcionários públicos para a lei penal.

Feita essas ressalvas, passa-se em revista as noções gerais sobre cada ente que compõe esta estrutura administrativa, em busca de esclarecimentos que auxiliem o trabalho hermenêutico a ser desenvolvido no capítulo 4, destinado ao estudo do art. 327 do Código Penal.

3.5.2.1 Autarquia

As autarquias são definidas como pessoas jurídicas de direito público, criadas com o objetivo de desempenharem as atividades administrativas, que são assim desenvolvidas exclusivamente por meio de recursos públicos.

Tem como origem a palavra grega "autos – arquia", que designa "comando de si mesmo", o que releva a parcela da sua autonomia frente

334 Spitzcovsky, Celso. Direito Administrativo. 10.ed. São Paulo: Editora Método, 2008. p. 155.

335 Di Pietro, Maria Sylvia Zanella. Direito administrativo. 28. ed. São Paulo: Atlas, 2015. p. 519.

336 Ibidem. p. 519. Para a autora, a Lei 11.107 de 06 de abril de 2005 criou os consócios públicos, nova espécie de ente que realiza a gestão associada de serviços públicos (artigo 241 da Constituição Federal) por meio da descentralização técnica.

às demais pessoas jurídicas que integram a Administração Indireta, e faz contraponto com o modelo federativo que atribuiu apenas a União, Estados, Distrito Federal e Municípios autonomia plena.

Configura, enfim, uma espécie de descentralização por serviços[337], podendo ser conceituada como uma pessoa jurídica de direito público, que integra a Administração Indireta, é criada por lei para exercer "atividades típicas"[338] do Estado, vedando-se as de caráter econômico[339].

Observa Maria Sylvia Zanella Di Pietro, nesse ponto, que "tradicionalmente, os autores indicam apenas a autarquia como forma de descentralização por serviço, definindo-a, por isso mesmo, como serviço público centralizado"[340].

Nesse contexto preliminar, são apresentadas as seguintes características que compõem a definição do termo "autarquia": a) a criação e extinção por lei específica (art. 37, XIX, da Constituição Federal); b) personalidade e natureza jurídica de direito público; c) autoadministração; d) especialização das atividades; e) "controle de tutela"[341].

Assim sendo, conforme se verá no estudo dos demais entes que integram a Administração Indireta, as autarquias são criadas por lei, enquanto as fundações, as empresas públicas e as sociedades de economia mista exigem apenas a autorização de uma lei para a sua instituição. Isso porque, conforme estabelece o artigo 37, XIX[342] da Constituição Federal, para as

[337] O art. 5º, I, do Decreto-lei n.º 200/67 traz a seguinte definição de autarquia: "serviço autônomo, criado por lei, com personalidade jurídica, patrimônio e receita próprios, para executar atividades típicas da Administração Pública, que requeiram, para seu melhor funcionamento, gestão administrativa e financeira descentralizada". Cf. Anteprojeto de lei orgânica da Administração Pública federal que acrescenta ao conceito de autarquia sua natureza de pessoa jurídica de direito público.

[338] Conforme será apresentado no tópico 4.5.2, a expressão "atividade típica" da Administração Pública caiu em desuso justamente porque não define com precisão terminológica o seu conteúdo.

[339] Carvalho Filho, José dos Santos. Manual de direito administrativo. 30. ed. São Paulo: Atlas, 2016. p. 498.

[340] Di Pietro, Maria Sylvia Zanella. Direito administrativo. 28. ed. São Paulo: Atlas, 2015. p. 519.

[341] Nohara, Irene Patrícia. Direito administrativo. 6. ed. São Paulo: Atlas, 2016. p. 581.

[342] Art. 37. A administração pública direta e indireta de qualquer dos Poderes da União, dos Estados, do Distrito Federal e dos Municípios obedecerá aos princípios de legali-

demais pessoas jurídicas, é permitida a criação somente por meio de lei específica, que passa a existir com seu registro no órgão correspondente.

Por possuírem personalidade jurídica, são sujeitos de direitos e obrigações, respondendo em nome próprio por seus atos. Além disso, gozam de autonomia técnica, administrativa e financeira. Não obstante, na medida em que possuem personalidade de direito público, não se submetem às regras do Código Civil.

Essa mesma natureza jurídica confere às autarquias as prerrogativas e deveres do regime jurídico administrativo, tal como os entes da Administração Direta, com semelhante gestão e submissão aos mesmos atos, processos administrativos e licitatórios, responsabilidades, prestação de contas e regime dos servidores públicos[343].

Possuem ainda autonomia financeira e poder de se autoadministrarem, possuindo patrimônio próprio, pouco importando se os recursos advêm de repasses ou da própria atividade que a autarquia executa[344]. Cabe, entretanto, a ressalva de que, em obediência ao artigo 173[345] da

dade, impessoalidade, moralidade, publicidade e eficiência e, também, ao seguinte: [...] XIX – somente por lei específica poderá ser criada autarquia e autorizada a instituição de empresa pública, de sociedade de economia mista e de fundação, cabendo à lei complementar, neste último caso, definir as áreas de sua atuação; *(Redação dada pela Emenda Constitucional n.º 19, de 1998)*.

343 NOHARA, Irene Patrícia. Op. Cit. p. 582.

344 MELLO, Celso Antônio Bandeira. Curso de direito administrativo. 30. ed. São Paulo: Malheiros, 2013. p. 161.

345 Art. 173. Ressalvados os casos previstos nesta Constituição, a exploração direta de atividade econômica pelo Estado só será permitida quando necessária aos imperativos da segurança nacional ou a relevante interesse coletivo, conforme definidos em lei. § 1º A lei estabelecerá o estatuto jurídico da empresa pública, da sociedade de economia mista e de suas subsidiárias que explorem atividade econômica de produção ou comercialização de bens ou de prestação de serviços, dispondo sobre: I – sua função social e formas de fiscalização pelo Estado e pela sociedade; II – a sujeição ao regime jurídico próprio das empresas privadas, inclusive quanto aos direitos e obrigações civis, comerciais, trabalhistas e tributários; III – licitação e contratação de obras, serviços, compras e alienações, observados os princípios da administração pública; IV – a constituição e o funcionamento dos conselhos de administração e fiscal, com a participação de acionistas minoritários; V – os mandatos, a avaliação de desempenho e a responsabilidade dos administradores. § 2º As empresas públicas e as sociedades de economia mista não poderão gozar de privilégios fiscais não extensivos às do setor privado. § 3º A lei regulamentará as relações da empresa

Constituição Federal, o Estado não intervirá na atividade econômica uma vez que seu objetivo visa à concretização do interesse público. Logo, as autarquias não podem ter fins lucrativos, mas apenas o objetivo de executar serviços públicos de interesse coletivo.

Como consequência da descentralização especializada, atribui-se ao ente federativo, responsável pela sua criação, a fiscalização das atividades, com o fim de evitar desvio de finalidade ou dos objetivos públicos que pautaram a criação da autarquia.

Essas atividades, como visto, possuem limites no Decreto-lei n.º 200/1967, que estabelece que as autarquias devem voltar-se à execução de atividades típicas da administração pública, expressão pouca precisa, como visto, por ser "variável no tempo e espaço"[346].

São apontados ainda três critérios para se classificar as autarquias: a) o âmbito federativo; b) seu objeto; c) o regime jurídico.

Quanto ao primeiro aspecto, as autarquias subdividem-se de acordo com os entes federativos que a instituíram, podendo ser classificadas de federais, estaduais, distritais e municipais.

Tratando-se de autarquia federal, a competência para o julgamento – inclusive de eventuais crimes praticados por seus ocupantes –, será da Justiça Federal, nos moldes do artigo 109, I, da Constituição Federal. Se se tratar de autarquia estadual ou municipal, em caráter residual, a competência para o julgamento será da Justiça Comum Estadual.

pública com o Estado e a sociedade. § 4º – lei reprimirá o abuso do poder econômico que vise à dominação dos mercados, à eliminação da concorrência e ao aumento arbitrário dos lucros. § 5º A lei, sem prejuízo da responsabilidade individual dos dirigentes da pessoa jurídica, estabelecerá a responsabilidade desta, sujeitando-a às punições compatíveis com sua natureza, nos atos praticados contra a ordem econômica e financeira e contra a economia popular.

346 Há, contudo, quem atribua à expressão o significado de "serviços públicos de natureza social e de atividades administrativas", não se tratando posicionamento livre de discussões. Cf. nesse sentido, Carvalho Filho, José dos Santos. Manual de direito administrativo. 30. ed. São Paulo: Atlas, 2016. p. 501. Em verdade, esse tema será melhor delineado no tópico destinado ao estudo do § 1º do artigo 327 do Código Penal, uma vez que, malgrado a imprecisão conceitual, o referido dispositivo também fez uso do termo "atividade típica da Administração Pública".

Nesse ponto, cabe destacar a impossibilidade de serem criadas autarquias interestaduais ou intermunicipais[347], incidindo na hipótese a necessária regulamentação por meio de convênio ou consórcio administrativo[348], em observância ao artigo 241[349] da Constituição Federal.

Quanto ao segundo critério – objeto –, as autarquias podem ser[350]:

a) assistenciais ou de fomento: cujos fundamentos voltam-se à redução das desigualdades sociais e regionais, em cumprimento ao art. 3º, III, da Constituição Federal. Ex: INCRA (Instituto de Colonização e Reforma Agrária), SUDAM[351] (Superintendência do Desenvolvimento da Amazônia) e SUDENE[352] (Superintendência do Desenvolvimento do Nordeste).
b) previdenciárias: que possuem a finalidade de estruturar e administrar as ações da previdência social oficial. Ex: INSS (Instituto Nacional do Seguro Social).
c) culturais ou de ensino: criam e administram ações voltadas ao desenvolvimento da educação e cultura. Ex: em geral, as universidades públicas.

[347] Cf. Ação Cível Originária n.º 503-RS, Rel. Min. Moreira Alves, j. em 25.10.2001 na qual o STF decidiu pela impossibilidade de serem criadas autarquias interestaduais, na espécie, o BRDES – Banco Regional de Desenvolvimento do Extremo Sul (Estados do Rio Grande do Sul, Paraná, e Santa Catarina).

[348] Os consórcios públicos envolvem entes federativos diversos, cuja finalidade comum consiste na realização de funções de interesse coletivo. Devem adquirir personalidade jurídica, sendo a associação pública uma das formas admitidas, apresentando-se a natureza de uma autarquia (art. 6º, §1º da Lei 11.107/2005), o que afastaria o entendimento acolhido pelo Supremo Tribunal Federal.

[349] Art. 241. A União, os Estados, o Distrito Federal e os Municípios disciplinarão por meio de lei os consórcios públicos e os convênios de cooperação entre os entes federados, autorizando a gestão associada de serviços públicos, bem como a transferência total ou parcial de encargos, serviços, pessoal e bens essenciais à continuidade dos serviços transferidos. (*Redação dada pela Emenda Constitucional nº 19, de 1998*).

[350] NOHARA, Irene Patrícia. Direito administrativo. 6. ed. São Paulo: Atlas, 2016. p. 584.

[351] Reinstituída pela Lei Complementar 124/2007, em substituição à ADENE (Agência de Desenvolvimento do Nordeste).

[352] Reinstituída pela Lei Complementar 125/2007, em substituição à ADENE (Agência de Desenvolvimento do Nordeste).

d) profissionais ou corporativas: cujo objetivo destina-se à inscrição e à fiscalização do exercício das profissões. Ex: Conselho Federal e Regional de Medicina, Conselho Federal de Psicologia, Conselho Regional de Engenharia e Arquitetura, etc.[353].
e) ambientais: com objetivos voltados à preservação do meio ambiente e o desenvolvimento sustentável. Ex: IBAMA (Instituto Brasileiro do Meio Ambiente e dos Recursos Naturais Renováveis, no âmbito federal), CETESB (Companhia Ambiental do Estado de São Paulo), etc.
f) de controle ou "agências autárquicas": são as intituladas agências reguladoras[354], que possuem o objetivo de fiscalizar as entidades que, por meio de concessões, permissões ou desempenho de atividades econômicas, realizam serviços públicos. Ex.: ANATEL (Agência Nacional de Telecomunicações); ANEEL (Agência Nacional de Energia Elétrica); ANTT (Agência Nacional de Transportes Terrestres), ANTAQ (Agência Nacional de Transportes Aquaviários); ANS (Agência Nacional de Saúde Suplementar); ANVISA (Agência Nacional de Vigilância Sanitária); ANAC (Agência Nacional de Aviação Civil); ANA (Agência Nacional de Águas); ANP (Agência Nacional do Petróleo); ANCINE (Agência Nacional do Cinema).

[353] Em julgamento da ADI 3026-DF pelo Supremo Tribunal Federal, não se atribuiu à OAB a natureza jurídica de autarquia sob o fundamento que não possui apenas objetivos institucionais, mas outros que ultrapassam o fim corporativo, sendo-lhe atribuída natureza *sui generis*, com regime jurídico diferenciado.

[354] São duas as espécies de autarquias em regime especial designadas de "agências": as reguladoras, cuja finalidade é precipuamente o controle e fiscalização das pessoas jurídicas privadas que, por meio de concessão, permissão ou exercício de atividade econômica, prestam serviços públicos; e as executivas, que executam certas atividades típicas do Estado e, em verdade, não apresentam peculiaridades funcionais com as tradicionais autarquias, já que igualmente exercem atividade estatal descentralizada. Distinguem-se das agências reguladoras por não possuírem como função primordial a fiscalização dos particulares, mas "operacionalizar" a atividade descentralizada. São exemplos de agências executivas: o INMETRO, a ABIN, a SUDAM e SUDENE. Cf. Carvalho Filho, José dos Santos. Manual de direito administrativo. 30. ed. São Paulo: Atlas, 2016. p. 522.

g) autarquias associativas: são as associações públicas geradas pela instituição de consórcios públicos, regulados pela Lei n.º 11.107/2005[355].
h) administrativas: configura categoria residual, destinando-se a várias atividades administrativas, sobretudo a de fiscalização propriamente estatal. Ex: BACEN (Banco Central do Brasil), INMETRO (Instituto Nacional de Metrologia, Normatização e Qualidade Industrial).

Por fim, com relação ao último critério, as autarquias podem ser classificadas em regime comum ou especial. No primeiro regime jurídico, as autarquias não apresentam qualquer sistema diferenciado, enquanto as autarquias especiais possuem regramento próprio. Enquadram-se no regime especial as universidades (que possuem Estatuto e Regimento elaborado pela própria autarquia, nomeação do Reitor com fundamento em lista formulada pela universidade, entre outros) e estabelecimentos de ensino oficiais, bem como as agências reguladoras, cujo diferencial repousa no mandato fixo dos dirigentes, não livremente exoneráveis pelo Chefe do Poder Executivo.

Quanto ao regime de pessoal, a antiga redação do artigo 39 da Constituição Federal[356] estabelecia que os entes federativos estavam imbuídos de criar um regime único e planos de carreira para os servidores da Administração Direta, autarquias e fundações públicas. Esse regime único, todavia, foi extinto pela EC n.º 19/1998, responsável pela mudança na redação do referido dispositivo[357].

[355] Ibidem. p. 503.

[356] Antiga redação: Art. 39. A União, os Estados, o Distrito Federal e os Municípios instituirão, no âmbito de sua competência, regime jurídico único e planos de carreira para os servidores da administração pública direta, das autarquias e das fundações públicas.

[357] Atual redação: Art. 39. A União, os Estados, o Distrito Federal e os Municípios instituirão conselho de política de administração e remuneração de pessoal, integrado por servidores designados pelos respectivos Poderes. (*Redação dada pela Emenda Constitucional nº 19, de 1998*).

Afastado o regime único, permitiu-se, consequentemente, que as autarquias optassem pelo regime estatutário ou celetista, em observância a lei instituidora[358].

Cumpre destacar, todavia, que o Supremo Tribunal Federal, em julgamento da ADI 2.135, na data de 02 de agosto de 2007, suspendeu a eficácia da nova redação do artigo 39 da Constituição Federal, com efeitos *ex nunc*, com o consequente retorno do regime jurídico único para os servidores da Administração Direta e autarquias, fixando-se para todos os servidores o regime estatutário ou o regime trabalhista[359].

Quanto às autarquias de regime especial, salienta-se a investidura dos seus dirigentes por tempo predefinido, com nomeação vinculada à aprovação do Senado (artigo 52, III, da Constituição Federal).

Já para os servidores das agências reguladoras, vigora o regime estatutário (Lei n.º 8.112/1990), não obstante inicialmente estivesse previsto o regime do emprego público, regulado pela Lei n.º 9.986/2000, que previa inclusive a possibilidade de serem criados cargos em comissão. Essa lei, contudo, foi derrogada pela Lei n.º 10. 871/2004, que passou a instituir o regime estatutário com a criação de cargos efetivos para as autarquias em regime especial.

3.5.2.2 Fundações Públicas

São três as espécies de fundações previstas pela norma jurídica: a) as fundações de direito privado, instituídas por particulares, cujo estudo fica reservado ao Direito Civil; b) as fundações de direito público, que possuem a natureza jurídica das autarquias[360], razão pela qual são inclusive intituladas de "autarquias fundacionais", incidindo assim todas as regras

[358] Carvalho Filho, José dos Santos. Manual de direito administrativo. 30. ed. São Paulo: Atlas, 2016. p. 513.

[359] Ibidem. p. 513.

[360] O Supremo Tribunal Federal, no julgamento do RE 101.126, decidiu que todas as regras atinentes as autarquias são igualmente aplicáveis às fundações públicas. Cf, nesse sentido: "O *leading case* divisor de águas, que afirmou que tais fundações definitivamente têm natureza de autarquia, foi o Recurso Extraordinário n.º 101.126, de 24.10.1984, que determinou que as fundações instituídas pelo Poder Público, que assumem a gestão de serviço estatal, submetem-se a regime administrativo e são espécie do gênero autarquia (Nohara, Irene Patrícia. Direito administrativo. 6. ed. São Paulo: Atlas. 2016. p. 625).

tratadas no tópico destinado ao estudo desse ente; e c) as fundações de direito privado, instituídas pelo Poder Público, denominadas ainda de fundações governamentais, cujo regramento, com destaque no regime de pessoal, será estudado a seguir.

Nesses termos, assim como as sociedades de economia mista e empresas públicas, as fundações governamentais são criadas pelo Estado, subsistindo, contudo, o regime privado, com derrogações de caráter público[361].

O Decreto-Lei 200/67, em seu artigo 5º, IV, define a fundação pública como:

> [...] a entidade dotada de personalidade jurídica de direito privado, sem fins lucrativos, criada em virtude de autorização legislativa, para o desenvolvimento de atividades que não exijam execução por órgãos ou entidades de direito público, com autonomia administrativa, patrimônio próprio gerido pelos respectivos órgãos de direção, e funcionamento custeado por recursos da União e de outras fontes.

Figuram, portanto, como ente integrante da Administração Indireta e realizam, por meio da descentralização de serviços, atividades de interesse público, elidindo-se os fins lucrativos.

Nesse mesmo contexto, são instituídas por lei que autoriza sua criação, cabendo ao seu Estatuto interno firmar as diretrizes a serem seguidas, observados os limites constitucionais e a lei complementar que define suas áreas de atuação (artigo 37, XIX da Constituição Federal[362]). Dentro dessa perspectiva, as fundações públicas podem ser extintas por lei da mesma natureza que as criou.

Demais disso, nos moldes do Decreto-Lei n.º 200, as fundações instituídas pelo Poder Público adquirem personalidade jurídica, com a inscri-

[361] Ibidem. p. 617.

[362] Art. 37. A administração pública direta e indireta de qualquer dos Poderes da União, dos Estados, do Distrito Federal e dos Municípios obedecerá aos princípios de legalidade, impessoalidade, moralidade, publicidade e eficiência e, também, ao seguinte: [...] XIX – somente por lei específica poderá ser criada autarquia e autorizada a instituição de empresa pública, de sociedade de economia mista e de fundação, cabendo à lei complementar, neste último caso, definir as áreas de sua atuação; [...].

ção da escritura pública de sua constituição no Registro Civil das Pessoas Jurídicas[363].

Tratando-se de espécie que compõe a descentralização de serviços, submetem-se ao controle e à supervisão ministerial, ou mesmo à fiscalização do ente federativo integrante da Administração Direta, responsável pela sua criação. São assim fiscalizadas ainda pelo Tribunal de Contas, exigindo-se ainda a realização de processo licitatório e a observância da Lei de Licitações.

Na medida em que possuem bens privados, estes podem ser penhorados, respondendo a fundação governamental até o limite de seu patrimônio, sem a responsabilização subsidiária do Estado.

Quanto ao regime dos servidores, nas fundações instituídas pelo Poder Público, vigora a contratação regida pela Consolidação das Leis do Trabalho, competindo à Justiça do Trabalho resolver eventual litígio dessa natureza.

Os *empregos*[364] devem ser preenchidos por meio da realização de concurso público de provas ou provas e títulos, com exceção dos cargos em comissão ou dos servidores contratados por tempo determinado, decorrente de excepcional interesse público.

Incide ainda a regra da não cumulação dos empregos públicos, consoante o artigo 37, XVII da Constituição Federal[365], já com as mudanças

[363] Decreto-Lei 200/67, art. 5º, § 3º: As entidades de que trata o inciso IV deste artigo adquirem personalidade jurídica com a inscrição da escritura pública de sua constituição no Registro Civil de Pessoas Jurídicas, não se lhes aplicando as demais disposições do Código Civil concernentes às fundações. (Incluído pela Lei nº 7.596, de 1987).

[364] Sem prejuízo de aprofundarmos o estudo dos "agentes públicos", em tópico próprio destinado a essa finalidade, diante da imprescindibilidade de serem empregados tecnicamente e de forma correta as expressões "cargo", "emprego" e "funções públicas", inseridas no "caput" do artigo 327 do Código Penal, adiantamos aqui o conceito de emprego público traçado por GASPARINI: "O servidor governamental, por via de regra, ocupa, nas sociedades de economia mista, empresas públicas e fundações privadas, *emprego*. Emprego é o centro de encargos para ser ocupado por servidor contratado pelo regime celetista". (GASPARINI, Diogenes. Direito administrativo. 17. ed. atualizada por Fabrício Motta. São Paulo: Saraiva, 2012. p. 222).

[365] Art. 37, XVII – "a proibição de acumular estende-se a empregos e funções e abrange autarquias, fundações, empresas públicas, sociedades de economia mista, suas subsidiárias,

inseridas pela EC n.º 19/98, que estendeu essa norma a todas as fundações e não apenas às "fundações mantidas pelo Poder Público"[366].

Aos empregados públicos que integram as fundações governamentais aplica-se também o teto constitucional de remuneração estabelecido pelo artigo 37, XI da Constituição Federal[367].

Em razão do seu regramento e da natureza jurídica das fundações públicas, aliado ao seu regime de contratação, Hely Lopes[368] observa que seus servidores são considerados funcionários públicos para fins penais, subsumindo-se a norma geral expressa no artigo 327 do Código Penal, conclusão que está longe de ser unânime, conforme será visto em item específico sobre o tema.

3.5.2.3 Sociedade de Economia Mista e Empresa Pública

Em virtude dos pontos comuns entre as sociedades de economia mista e as empresas públicas, essas duas pessoas jurídicas serão tratadas em conjunto, atendo-se, primeiramente, ao estudo da natureza jurídica dessas entidades. Ultrapassada essa fase preliminar, serão apresentados os contornos necessários para a interpretação dos elementos que compõem o

e sociedades controladas, direta ou indiretamente, pelo poder público; " (*Redação dada pela Emenda Constitucional n.º 19, de 1998*).

366 Nohara, Irene Patrícia. Direito administrativo. 6. ed. São Paulo: Atlas, 2016. p. 620.

367 Art. 37, XI – "a remuneração e o subsídio dos ocupantes de cargos, funções e empregos públicos da administração direta, autárquica e fundacional, dos membros de qualquer dos Poderes da União, dos Estados, do Distrito Federal e dos Municípios, dos detentores de mandato eletivo e dos demais agentes políticos e os proventos, pensões ou outra espécie remuneratória, percebidos cumulativamente ou não, incluídas as vantagens pessoais ou de qualquer outra natureza, não poderão exceder o subsídio mensal, em espécie, dos Ministros do Supremo Tribunal Federal, aplicando-se como limite, nos Municípios, o subsídio do Prefeito, e nos Estados e no Distrito Federal, o subsídio mensal do Governador no âmbito do Poder Executivo, o subsídio dos Deputados Estaduais e Distritais no âmbito do Poder Legislativo e o subsidio dos Desembargadores do Tribunal de Justiça, limitado a noventa inteiros e vinte e cinco centésimos por cento do subsídio mensal, em espécie, dos Ministros do Supremo Tribunal Federal, no âmbito do Poder Judiciário, aplicável este limite aos membros do Ministério Público, aos Procuradores e aos Defensores Públicos;" (*Redação dada pela Emenda Constitucional n.º 41, 19.12.2003*).

368 Meirelles, Hely Lopes. Direito administrativo brasileiro. 13. ed. São Paulo: Revista dos Tribunais, 1987. p. 361.

artigo 327 do Código Penal, o que torna indispensável o aprimoramento e compreensão do regime jurídico dos servidores públicos que compõem as estatais.

A esse respeito, cumpre esclarecer que o adjetivo "estatal", designa toda sociedade, civil ou comercial, da qual se atribui ao Estado o controle acionário[369]. São elas as sociedades de economia mista, as empresas públicas e demais empresas controladas pelo Estado[370].

Especificamente quanto às sociedades de economia mista e empresas públicas, o primeiro ponto em comum consiste na natureza de direito privado das entidades, que são empregadas pelo Estado com o objetivo de realizar atividade de interesse público.

Apontando o motivo pelo qual são criadas essas estatais, Carvalho Filho esclarece que, sendo privadas, tanto a sociedade de economia mista, quanto as empresas públicas, "conduzem-se na vida econômica com maior versatilidade[371]", levando em consideração a estrutura burocrática e as regras jurídicas que pautam o regime das pessoas de direito público no Brasil.

Por sua vez, a sociedade de economia mista, como bem esclarece o nome, é pessoa jurídica privada, estruturada sob a forma de sociedade por ações, da qual são titulares o Governo e os particulares[372].

É ainda retratada como uma "sociedade anônima sujeita a regime diferenciado, sob controle de entidade estatal, cujo objeto social é a exploração de atividade econômica ou prestação de serviço público"[373]. Citem-se, por exemplo, as seguintes sociedades de economia mista: o Banco do Brasil S.A, o Banco da Amazônia S.A., a PETROBRÁS – Petróleo Brasileiro S.A[374].

369 Nohara, Irene Patrícia. Direito administrativo. 6. ed. São Paulo: Atlas. 2016. p. 626.

370 Ibidem. p. 637.

371 Ibidem. p. 526. Para o autor, os órgãos estatais encontram-se vinculados a controles diversos, o que gera significativa lentidão nas atividades que são desempenhadas. Por meio das estatais, o Estado "se afasta um pouco de seu pedestal como Poder/bem-estar social, para assemelhar-se, de certa forma, a um empresário, que precisa de celeridade e eficiência para atingir seus objetivos".

372 Ibidem. p. 524.

373 Justen Filho, Marçal. Op. Cit. p. 305.

374 Carvalho Filho, José dos Santos. Op. Cit. p. 525.

Não obstante sua designação, a empresa pública possui personalidade jurídica de direito privado, razão pela qual se justifica o emprego do referido termo com o fim de retratar a relação de controle entre o Estado e essa entidade[375].

Levando em consideração os aspectos gerais acima delineados, Justen Filho elabora precisa definição para as empresas públicas, corrigindo a imperfeita conceituação trazida pelo artigo 5º, II, do Decreto-Lei 200/67[376]. Para o célebre autor, empresa pública pode ser definida como:

> [...] uma pessoa jurídica de direito privado, dotada de forma societária, cujo capital é de titularidade de uma ou mais pessoas de direito público e cujo objeto social é a exploração de atividade econômica ou a prestação de serviço público ou de serviços de apoio ao próprio Estado[377].

São exemplos de empresas públicas, a Empresa Brasileira de Correios e Telégrafos, a Casa da Moeda do Brasil, a Caixa Econômica Federal, o BNDES – Banco Nacional de Desenvolvimento Econômico e Social, etc[378].

Conforme já tivemos a oportunidade de apresentar, não é a lei que cria essas pessoas administrativas, mas autoriza sua criação, adotando-se o regime de direito privado, cabendo ao Estado providenciar o ato que

[375] Carvalho Filho, José dos Santos. Manual de direito administrativo. 30. ed. São Paulo: Atlas, 2016. p. 524.

[376] Art. 5º Para os fins desta lei, considera-se: [...] II – Emprêsa Pública – a entidade dotada de personalidade jurídica de direito privado, com patrimônio próprio e capital exclusivo da União, criado por lei para a exploração de atividade econômica que o Govêrno seja levado a exercer por fôrça de contingência ou de conveniência administrativa podendo revestir-se de qualquer das formas admitidas em direito. (*Redação dada pelo Decreto-Lei nº 900, de 1969*). A esse respeito, afirma Medauar: "A noção acima recebe críticas, sobretudo porque existem empresas públicas prestadoras de serviços públicos. Por outro lado, ante o teor do art. 173 da Constituição de 1988, não prevalecem as justificativas para a criação de empresas públicas exploradoras de atividades econômicas à mencionadas". (MEDAUAR, Odete. Direito administrativo moderno. 19. ed. rev. e atual. São Paulo: Revista dos Tribunais. 2015. p. 109).

[377] Justen Filho, Marçal. Curso de direito administrativo. 9. ed. São Paulo: Revista dos Tribunais, 2013. p. 303.

[378] Carvalho Filho, José dos Santos. Manual de direito administrativo. 30. ed. São Paulo: Atlas, 2016. p. 525.

contém o estatuto ou os atos que constituem a entidade, para registro no órgão competente. Pela teoria da simetria, da mesma forma, a extinção das sociedades de economia mista e empresas públicas depende de lei criadora com essa finalidade[379].

Ademais, fica a ressalva de que, possuindo natureza híbrida, as estatais sofrem o influxo de normas de direito privado, em determinados setores de atuação, e de normas de direito público, em outras atividades.

Para tanto, frisa-se que, tratando-se de aspectos relativos ao exercício da atividade econômica, prepondera a incidência de normas de direito privado, tais como as normas de Direito Civil e Direito Empresarial, ajustando-as à condição de "Estado-empresário"[380]. É dizer assim que não podem ter privilégios não extensíveis às demais pessoas privadas, sob pena de causar desequilíbrio no setor econômico.

Por outro lado, incidem sobre essas pessoas jurídicas de direito privado normas de direito público, decorrentes da sua vinculação com o ente que compõe a Administração Direta, em regra, relativa ao controle administrativo estatal[381].

No tocante ao regime jurídico sob o qual são submetidos os agentes das estatais, vigora o regime trabalhista comum, com regras e diretrizes traçadas pela Consolidação das Leis do Trabalho[382]. Nesse sentido, é firmado vínculo de natureza contratual entre os empregados e citadas pessoas administrativas (contrato de trabalho típico).

Tal regime é inclusive reforçado pela norma prevista no artigo 173 da Constituição Federal[383], que determina a incidência do mesmo regime

379 Ibidem. p. 527.

380 CARVALHO FILHO, José dos Santos. Manual de direito administrativo. 30. ed. São Paulo: Atlas, 2016. p. 530.

381 Dentre as regras de direito público incidentes na espécie, CARVALHO FILHO cita: o princípio da autorização legal para a sua instituição (art. 37, XIX, CF), o controle do Tribunal de Contas (art. 71 da CF), o controle e fiscalização do Congresso Nacional (art. 49, X, CF), a *exigência de realização de concurso público para ingresso de seus empregados* (art. 37, II, CF), entre outras.

382 CARVALHO FILHO, José dos Santos. Op. Cit. p. 541.

383 Art. 173. Ressalvados os casos previstos nesta Constituição, a exploração direta de atividade econômica pelo Estado só será permitida quando necessária aos imperativos da segurança nacional ou a relevante interesse coletivo, conforme definidos em lei.

jurídico para as empresas privadas, incluindo-se as obrigações tributárias e trabalhistas.

Vale ressaltar, outrossim, que os cargos de presidente ou de direção dessas pessoas administrativas relacionam-se a funções de confiança, sendo de livre nomeação da autoridade do ente federativo à qual esteja vinculada.

Além disso, tratando-se de regime contratual, compete à Justiça do Trabalho a solução dos litígios existentes entre os empregados das sociedades de economia mista e das empresas públicas.

Por fim, e do mesmo modo que ocorre nas fundações governamentais, é vedada a acumulação de empregos públicos com cargos ou outras funções dessa natureza (artigo 37, XVII, da Constituição Federal), ficando reservado o ingresso nessas entidades por meio da realização de concurso público de provas ou provas e títulos (artigo 37, II, da Constituição Federal).

3.5.3 Entidades de Cooperação

Os entes de cooperação designam as pessoas jurídicas de direito privado que não integram a Administração Pública, mas colaboram com o Estado,

§ 1º A lei estabelecerá o estatuto jurídico da empresa pública, da sociedade de economia mista e de suas subsidiárias que explorem atividade econômica de produção ou comercialização de bens ou de prestação de serviços, dispondo sobre: I – sua função social e formas de fiscalização pelo Estado e pela sociedade; II – a sujeição ao regime jurídico próprio das empresas privadas, inclusive quanto aos direitos e obrigações civis, comerciais, trabalhistas e tributários; III – licitação e contratação de obras, serviços, compras e alienações, observados os princípios da administração pública IV – a constituição e o funcionamento dos conselhos de administração e fiscal, com a participação de acionistas minoritários; V – os mandatos, a avaliação de desempenho e a responsabilidade dos administradores.
§ 2º As empresas públicas e as sociedades de economia mista não poderão gozar de privilégios fiscais não extensivos às do setor privado.
§ 3º A lei regulamentará as relações da empresa pública com o Estado e a sociedade.
§ 4º A lei reprimirá o abuso do poder econômico que vise à dominação dos mercados, à eliminação da concorrência e ao aumento arbitrário dos lucros.
§ 5º A lei, sem prejuízo da responsabilidade individual dos dirigentes da pessoa jurídica, estabelecerá a responsabilidade desta, sujeitando-a às punições compatíveis com sua natureza, nos atos praticados contra a ordem econômica e financeira e contra a economia popular.

realizando atividade típica, mas não exclusiva, sem fins lucrativos, em prol do interesse público, e a exemplo do serviço de amparo aos hipossuficientes, o serviço social e de formação profissional[384].

Muito embora não integrem a estrutura da Administração Pública Indireta, atuam ao lado do Estado, razão pela qual, atualmente, parte da doutrina as intitula de entidades paralelas ou entes paraestatais, quando possuírem vínculo com o Estado[385].

Com a reforma do Estado, essas entidades foram inseridas no que se intitula de terceiro setor, que compreende as entidades de sociedade civil de fins públicos, sem fins lucrativos, além de, em muitos casos, receber auxílio do Estado (fomento). Para tanto, necessitam atender aos requisitos legais, atualmente previstos na Lei 9.637/98 - que disciplina as organizações sociais -, a Lei 9.790/99 - que dispõe sobre as organizações da sociedade civil de interesse público -, a Lei 13.019/14 - que trata das parcerias com as organizações da sociedade civil.

Em que pese a existência de leis específicas que tratam das diversas entidades de cooperação, são destacadas as seguintes características gerais[386]:

a) as entidades de cooperação não são criadas pela Administração Pública, ainda que em algumas hipóteses necessitem de autorização legal. Ex: serviços sociais autônomos;
b) realizam atividade privada de interesse público, não exclusivos da Administração Pública, submetendo-se ao regime de direito privado que cede parte do seu espaço para ser regulado também por normas de direito público, em razão do vínculo que possui com o Estado - denominado de publicização do terceiro setor -, que é efetivado por intermédio de termos de parcerias, contratos de gestão, entre outros.

[384] Di Pietro, Maria Sylvia Zanella. Direito administrativo. 28. ed. São Paulo: Editora Atlas, 2015. p. 601-602.

[385] Neste sentido, Di Pietro, Maria Sylvia Zanella. Op. Cit. p. 600; Justen Filho, Marçal. Curso de direito administrativo. 9. ed. São Paulo: Revista dos Tribunais, 2013. p. 322.

[386] Di Pietro, Maria Sylvia Zanella. Direito administrativo. 28. ed. São Paulo: Editora Atlas, 2015. p. 602.

c) são consideradas organizações não governamentais que compõem o terceiro setor, justamente porque não ajustam-se na Administração Pública (primeiro setor) e não possuem a natureza de uma entidade privada (segundo setor).

São apresentadas as seguintes espécies de entidades de cooperação: os serviços sociais autônomos, as organizações sociais, as organizações da sociedade civil de interesse público e as fundações de apoio.

A primeira modalidade designada genericamente de *serviços sociais autônomos* são entidades criadas por leis específicas, que regulam estas entidades e garantem a sua manutenção por meio de contribuição parafiscal[387] – Decreto-Lei federal n.º 4.048/42[388]–, que atribui à Confederação Nacional da Indústria a responsabilidade de dirigir o Serviço Nacional de Aprendizagem Industrial; Decreto-Lei federal n.º 8.621/46[389], que atribui a Confederação Nacional do Comércio a obrigação de criar e administrar as escolas de aprendizagem; Decreto-Lei federal n.º 9.403/46[390],

[387] Gasparini, Diogenes. Direito administrativo. 17. ed. atualizada por Fabrício Motta. São Paulo: Saraiva, 2012. p. 520-521.

[388] Dispõe o referido Decreto-Lei em seu art. 2º: “Compete ao Serviço Nacional de Aprendizagem dos Industriários organizar e administrar, em todo o país, escolas de aprendizagem para industriários.

§ 1º As escolas do Senai poderão ofertar vagas aos usuários do Sistema Nacional de Atendimento Socioeducativo (Sinase) nas condições a serem dispostas em instrumentos de cooperação celebrados entre os operadores do Senai e os gestores dos Sistemas de Atendimento Socioeducativo locais; § 2º Deverão as escolas de aprendizagem, que se organizarem, ministrar ensino de continuação e do aperfeiçoamento e especialização, para trabalhadores industriários não sujeitos à aprendizagem”.

[389] Neste sentido, institui no art. 1º: “Fica atribuído à Confederação Nacional do Comércio o encargo de organizar e administrar, no território nacional, escolas de aprendizagem comercial. Parágrafo único. As escolas de aprendizagem comercial manterão também cursos de continuação ou práticos e de especialização para os empregados adultos do comércio, não sujeitos à aprendizagem; Art. 2º A Confederação Nacional do Comércio, para o fim de que trata o artigo anterior, criará, e organizará o Serviço Nacional de Aprendizagem Comercial (SENAC).”

[390] Em seu preâmbulo, apresenta as seguintes finalidades para a criação da entidade de cooperação: “Considerando as dificuldades que os encargos de após-guerra têm criado na vida social e econômica do país, com intensas repercussões nas condições de vida da coletividade, em especial das classes menos favorecidas;

que atribui a Confederação Nacional da Indústria o encargo de criar e dirigir o Serviço Social da Indústria; Decreto-Lei federal n.º 9.853/46[391], que outorga a Confederação Nacional do Comércio criar e desenvolver o Serviço Social do Comércio, entre outras como o Serviço Nacional do Transporte e Serviço Nacional de Aprendizagem do Transporte (Lei 8.706/93) e o Serviço Nacional de Aprendizagem Rural (Lei 8.315/91).

Hely Lopes Meirelles os define como entes que prestam assistência ou ensino a determinadas categorias sociais ou grupos profissionais, que

Considerando que é dever do Estado concorrer não só diretamente para a solução dêsses problemas, como favorecer e estimular a cooperação das classes em iniciativas tendentes a promover o bem estar dos trabalhadores e de suas famílias; Considerando que a execução de medidas que contribuam para êsse objetivo, em relação aos trabalhadores na, indústria e atividades assemelhadas, constitui uma necessidade indeclinável, favorecendo, outrossim, a melhoria do padrão geral de vida no país;Considerando que a Confederação Nacional da Indústria, como entidade representativa dos interêsses das atividades produtoras, em todo o país, oferece o seu concurso a essa obra, dispondo-se a organizar, com recursos auferidos dos empregadores, um, serviço próprio, destinado a proporcionar assistência social e melhores condições de habitação, nutrição, higiene dos trabalhadores e, bem assim, desenvolver o esfôrço de solidariedade entre empregados e empregadores;Considerando que os resultados das experiências já realizadas com o aproveitamento da cooperação das entidades de classes em empreendimentos de interêsse coletivo, em outro campo de atividade, como o Serviço de Aprendizagem Industrial, são de molde a recomendar a atribuição à Confederação Nacional da Indústria dos encargos acima referidos.Considerando que êsse programa, incentivando o sentimento e o espírito de justiça social entre as classes, muito concorrerá para destruir, em nosso meio, os elementos propícios à germinação de influências dissolventes e prejudiciais aos interêsses da coletividade. Decreta: Art. 1º Fica atribuído à Confederação Nacional da Indústria encargo de criar o Serviço Social da Indústria (SESI), com a finalidade de estudar planejar e executar direta ou indiretamente, medidas que contribuam para o bem estar social dos trabalhadores na indústria e nas atividades assemelhadas, concorrendo para a melhoria do padrão geral de vida no país ,e, bem assim, para o aperfeiçoamento moral e cívico e o desenvolvimento do espírito de solidariedade entre as classes."

391 No mesmo sentido, estabelece o art. 1º que: "Fica atribuído à Confederação Nacional do Comércio o encargo de criar o Serviço Social do Comércio (SESC), com a finalidade de planejar e executar direta ou indiretamente, medidas que contribuam para o bem estar social e a melhoria do padrão de vida dos comerciários e suas famílias, e, bem assim, para o aperfeiçoamento moral e cívico da coletividade".

não possuem fins lucrativos e são mantidos por contribuições parafiscais ou recursos públicos, executando serviços não exclusivos do Estado[392].

Possuem ainda patrimônio e administração próprios, e assumem o modelo de associações, sociedades civis ou fundações, mas não se confundem com as entidades privadas pela permissão de cobrança de contribuições dos seus membros cuja disciplina encontra fundamento constitucional[393]. Estão ainda sujeitos ao controle do Tribunal de Contas da União e possuem vínculo celetista com seus empregados[394].

Da mesma forma, as *organizações sociais* figuram como pessoas jurídicas privadas, voltadas ao desempenho de atividades de interesse coletivo que, por meio de contrato de gestão, prestam apoio ao Estado, em caráter temporário e em parceria, para a execução de serviços não exclusivamente estatais[395].

Esta entidade de colaboração é regulada pela Lei federal 9.637/98 [396], que traz os pré-requisitos para que seja concedido o título de organização social, destacando-se a natureza social, os fins não lucrativos, o investi-

[392] MEIRELLES, Hely Lopes. Direito administrativo brasileiro. 13. ed. São Paulo: Revista dos Tribunais, 1987. p. 362.

[393] Art. 149. "Compete exclusivamente à União instituir contribuições sociais, de intervenção no domínio econômico e de interesse das categorias profissionais ou econômicas, como instrumento de sua atuação nas respectivas áreas, observado o disposto nos arts. 146, III, e 150, I e III, e sem prejuízo do previsto no art. 195, § 6º, relativamente às contribuições a que alude o dispositivo".

[394] GASPARINI, Diogenes. Direito administrativo. 17. ed. atualizada por Fabrício Motta. São Paulo: Saraiva, 2012. p. 520-521.

[395] GASPARINI, Diogenes. Direito administrativo. 17. ed. atualizada por Fabrício Motta. São Paulo: Saraiva, 2012. p. 522.

[396] Em seu art. 1º, a Lei 9.637/98 traz a natureza e a finalidade das organizações sociais: "O Poder Executivo poderá qualificar como organizações sociais pessoas jurídicas de direito privado, sem fins lucrativos, cujas atividades sejam dirigidas ao ensino, à pesquisa científica, ao desenvolvimento tecnológico, à proteção e preservação do meio ambiente, à cultura e à saúde, atendidos aos requisitos previstos nesta Lei". Dispõe ainda o Decreto-Lei 9.190/2017: Art. 4º. "O atendimento aos requisitos estabelecidos nos *art. 2º, art. 3º e art. 4º da Lei nº 9.637, de 1998*, é condição indispensável à qualificação de entidade privada como organização social, cujos documentos probatórios serão apresentados ao órgão supervisor ou à entidade supervisora no ato da inscrição da entidade privada postulante".

mento dos excedentes financeiros no desenvolvimento das atividades, a conveniência de sua qualificação como organização social.

Na medida em que praticam atos de natureza privada, não são submetidas à Lei de Licitações (revogação do §5, do art. 1º da Lei 5.504/ 2005 pelo Decreto Lei 9.190/2017 que disciplina o programa nacional de publicização e demais diretrizes para a qualificação das organizações sociais), mas devem prestar contas às entidades que realizaram os repasses, bem como ao Tribunal de Contas. Adotam, por fim, o regime celetista.

Já as *organizações da sociedade civil de interesse público* são regulamentadas pela Lei 9.790/1999, mas também se submetem às normas da Lei 13.019/14, diferenciando-se das organizações sociais, sobretudo em razão do vínculo com o Estado que é efetivado por um termo de parceria, impondo-se ainda a atuação em ao menos uma das referidas áreas: "assistência social, promoção da cultura, defesa e conservação do patrimônio histórico e artístico, promoção gratuita de educação, dentre outras atividades elencadas no art. 3º da Lei 9.790/90" [397].

[397] Art. 3º "A qualificação instituída por esta Lei, observado em qualquer caso, o princípio da universalização dos serviços, no respectivo âmbito de atuação das Organizações, somente será conferida às pessoas jurídicas de direito privado, sem fins lucrativos, cujos objetivos sociais tenham pelo menos uma das seguintes finalidades: I – promoção da assistência social; II – promoção da cultura, defesa e conservação do patrimônio histórico e artístico; III – promoção gratuita da educação, observando-se a forma complementar de participação das organizações de que trata esta Lei; IV – promoção gratuita da saúde, observando-se a forma complementar de participação das organizações de que trata esta Lei; V – promoção da segurança alimentar e nutricional; VI – defesa, preservação e conservação do meio ambiente e promoção do desenvolvimento sustentável; VII – promoção do voluntariado; VIII – promoção do desenvolvimento econômico e social e combate à pobreza; IX – experimentação, não lucrativa, de novos modelos sócio-produtivos e de sistemas alternativos de produção, comércio, emprego e crédito; X – promoção de direitos estabelecidos, construção de novos direitos e assessoria jurídica gratuita de interesse suplementar; XI – promoção da ética, da paz, da cidadania, dos direitos humanos, da democracia e de outros valores universais; XII – estudos e pesquisas, desenvolvimento de tecnologias alternativas, produção e divulgação de informações e conhecimentos técnicos e científicos que digam respeito às atividades mencionadas neste artigo. XIII – estudos e pesquisas para o desenvolvimento, a disponibilização e a implementação de tecnologias voltadas à mobilidade de pessoas, por qualquer meio de transporte."

A licitação é exigida das OSCIPS relativamente aos recursos que administram, decorrentes de repasses da União, nos termos do art. 1º do Decreto 5.504/05[398], para a realização de obras, compras, serviços e alienações.

Por fim, as *fundações de apoio* estão ligadas às instituições federais de ensino superior e de pesquisa científica e tecnológica, com o objetivo de apoiar a execução de projetos de ensino, pesquisa e extensão, o desenvolvimento institucional, científico e tecnológico, vínculo que é instrumentalizado por meio de contrato ou convênio[399].

Também possuem a natureza de entidade civil sem fim lucrativo, sendo regidas pelo Código Civil e estatutos que estabeleçam a observância dos princípios da legalidade, impessoalidade, moralidade, publicidade, economicidade e eficiência, sujeitas a fiscalização do Ministério Público.

Submetem-se, ainda, à legislação trabalhista, exigindo-se para execução de convênios, contratos, acordos e ajustes que envolvam recursos públicos, seja adotado regulamento específico, a ser editado por ato do Poder Executivo (Lei 13.243/2016, art. 3º)[400].

[398] Art. 1º "Os instrumentos de formalização, renovação ou aditamento de convênios, instrumentos congêneres ou de consórcios públicos que envolvam repasse voluntário de recursos públicos da União deverão conter cláusula que determine que as obras, compras, serviços e alienações a serem realizadas por entes públicos ou privados, com os recursos ou bens repassados voluntariamente pela União, sejam contratadas mediante processo de licitação pública, de acordo com o estabelecido na legislação federal pertinente".

[399] GASPARINI, Diogenes. Direito administrativo. 17. ed. atualizada por Fabrício Motta. São Paulo: Saraiva, 2012. p. 530.

[400] Art. 3º. Na execução de convênios, contratos, acordos e demais ajustes abrangidos por esta Lei que envolvam recursos provenientes do poder público, as fundações de apoio adotarão regulamento específico de aquisições e contratações de obras e serviços, a ser editado por meio de ato do Poder Executivo de cada nível de governo.

4
O Conceito Penal de Funcionário Público

4.1 Introdução

O capítulo I do título XI do Código Penal reserva-se à disciplina dos crimes praticados por funcionário público contra a Administração em Geral.

Contrapõe-se assim à categoria de crime denominado comum, compondo a classe dos crimes especiais, que reclamam do sujeito ativo a presença de determinado pré-requisito, natural ou social[401].

De uma forma geral, nos delitos especiais, os moldes típicos limitam o círculo de autores a um grupo determinado, conforme qualidades descritas no tipo legal, reclamando condição pessoal, ainda que transitória, desde que não seja externa ao agente.

Neste campo, somente determinados sujeitos apresentam condições pessoais para assumir a autoria de um crime, exigindo a lei a reunião de certas qualidades não compreendidas genericamente pela coletividade.

Tal classificação remonta ao Direito Penal Romano, que atribuía a definição de *delicta própria* para os delitos que somente podiam ser praticados por determinados cidadãos, que detinham certo *status* na sociedade, como os militares, funcionários públicos e religiosos.

A esse respeito, Victor Gómez Martín, em sua obra *Los delitos especiales*, traz como a primeira referência expressa aos delitos especiais a distinção estabelecida entre os *delicta própria* e os *delicta communia*, previstos nos delitos militares no Digesto de Arius Menander, que passou a designar

[401] Noronha, E. Magalhães. Direito penal. vol. 4. Dos crimes contra a saúde pública a disposições finais. 19. ed. São Paulo: Saraiva, 1992. p. 203.

mais à frente todos os delitos que unicamente poderiam ser praticados por uma classe determinada de cidadãos[402].

No Direito Penal Clássico, de inspiração iluminista e apego a garantias como o direito penal mínimo, e no século XIX, os delitos especiais continuaram a relacionar-se com os injustos militares e funcionais.

Nesse panorama, foi desenvolvido o tratamento conferido ao sujeito ativo dos crimes praticados contra a Administração Pública.

O Código Criminal do Império, no seu Título V, reservou essa disciplina aos "Crimes contra a Boa Ordem e Administração Pública". Ao tratar dos crimes de prevaricação (art. 129), concussão (art. 135) e peculato (art. 170), designou o sujeito ativo de "empregado público", sem, contudo, traçar uma definição própria para o termo. No seu artigo 136, outrossim, equiparou o particular que exerce determinadas funções ao empregado público[403].

O Código Penal de 1890 manteve a mesma terminologia[404], designando igualmente o Título V ao estudo dos crimes contra a Administração Pública. Seu capítulo único foi intitulado "Das malversações, abusos e omissões dos funccionarios públicos". Entretanto, ao discorrer sobre os crimes em espécie, ora utilizou o vocábulo inserido no capítulo (art.

[402] Gómez Martín, Víctor. *Los delitos especiales*. Madrid: Edisofer S. L. 2006. p. 04-05. O estudioso espanhol aponta ainda que vem se propondo, desde o nascimento da teoria do delito até os dias atuais, duas classes de conceitos – uma simples e outra complexa – de delito especial. O primeiro modelo retrata o delito especial que é definido pela descrição de uma conduta que apenas legitima a punição do autor do crime quando este apresentar condições especiais requeridas pela lei. O segundo modelo, por outro lado, se caracteriza não apenas pela descrição do delito especial, mas ainda pela definição material da restrição no âmbito dos autores, que é efetivada pelo próprio tipo penal. Logo, não se limita a descrever o efeito restritivo da autoria que caracteriza os delitos especiais, incorporando ainda a esse conceito o fundamento daquela limitação. (Ibidem. p. 11 e 22).

[403] Art. 136. As pessoas particulares, encarregadas por arrendamento, ou por outro qualquer titulo, de cobrar, e administrar rendas, ou direitos, que commetterem algum dos crimes referidos no artigo antecedente, incorrerão nas mesmas penas, como se fossem empregados publicos.

[404] Rassi, João Daniel. Administração Pública na acepção orgânica e o conceito penal de funcionário público – Contributo para o estudo do art. 327 do Código Penal Brasileiro. In: Crespo, Marcelo Xavier de Freitas (Coord.). Crimes contra a Administração Pública: Aspectos Polêmicos. São Paulo: Quartier Latin, 2010. p. 15.

208), ora retomou a expressão "empregado público" (arts. 207) para referir-se ao sujeito ativo dos crimes funcionais.

Conclui-se assim que referidos termos eram considerados sinônimos[405].

Até então, a lei penal não trazia um conceito para o funcionário público, o que veio a ocorrer apenas no Código Criminal de 1940, que dedicou um dispositivo próprio para sua definição. Em sua original redação, o artigo 327 do Código Penal dispunha que:

> Art. 327. Considera-se funcionário público, para os efeitos penais, quem, embora transitoriamente ou sem remuneração, exerce cargo, emprego ou função pública.
> Parágrafo único. Equipara-se a funcionário público quem exerce cargo, emprego ou função em entidade paraestatal.

Vale frisar, a esse respeito, que a citada redação permanece íntegra até os dias atuais, sendo, contudo, objeto de duas complementações que ampliaram o conceito penal. Nesse sentido, a primeira inclusão no texto se deu com o advento da Lei 6.799, de 23 de junho de 1980, que inseriu no parágrafo segundo uma causa de aumento de pena, renumerando-se o parágrafo único. Operou-se assim a seguinte alteração no artigo 327 do CP:

> Art. 327. Considera-se funcionário público, para os efeitos penais, quem, embora transitoriamente ou sem remuneração, exerce cargo, emprego ou função pública.
> § 1º Equipara-se a funcionário público quem exerce cargo, emprego ou função em entidade paraestatal.
> § 2º A pena será aumentada da terça parte quando os autores dos crimes previstos neste capítulo forem ocupantes de cargos em comissão ou de função de direção ou assessoramento de órgão da administração direta, sociedade de economia mista, empresa pública ou fundação instituída pelo poder público.

405 Ibidem. p. 16.

A segunda e última alteração legislativa foi implementada em 14 de julho de 2000, por meio da Lei 9.983, que promoveu nova ampliação no texto legal, para incluir os concessionários e permissionários em exercício de atividade administrativa, e cujo dispositivo incide sobre todas as hipóteses reguladas pela lei penal, salvo expressa disposição especial. Nestes termos, consolidou-se o seguinte conceito penal de funcionário público:

> Art. 327. Considera-se funcionário público, para os efeitos penais, quem, embora transitoriamente ou sem remuneração, exerce cargo, emprego ou função pública.
>
> § 1º – Equipara-se a funcionário público quem exerce cargo, emprego ou função em entidade paraestatal, e quem trabalha para empresa prestadora de serviço contratada ou conveniada para a execução de atividade típica da Administração Pública. (Incluído pela Lei nº 9.983, de 2000)
>
> § 2º A pena será aumentada da terça parte quando os autores dos crimes previstos neste Capítulo forem ocupantes de cargos em comissão ou de função de direção ou assessoramento de órgão da administração direta, sociedade de economia mista, empresa pública ou fundação instituída pelo poder público. (Incluído pela Lei nº 6.799, de 1980).

A legislação especial também traz definição de funcionário público, a exemplo da Lei 4.737/65 que no § 1º, do art. 283[406], fez constar a refe-

[406] Art. 283. Para os efeitos penais são considerados membros e funcionários da Justiça Eleitoral:
I – os magistrados que, mesmo não exercendo funções eleitorais, estejam presidindo Juntas Apuradoras ou se encontrem no exercício de outra função por designação de Tribunal Eleitoral;
II – Os cidadãos que temporariamente integram órgãos da Justiça Eleitoral;
III – Os cidadãos que hajam sido nomeados para as mesas receptoras ou Juntas Apuradoras;
IV – Os funcionários requisitados pela Justiça Eleitoral.
§ 1º Considera-se funcionário público, para os efeitos penais, além dos indicados no presente artigo, quem, embora transitoriamente ou sem remuneração, exerce cargo, emprego ou função pública.
§ 2º Equipara-se a funcionário público quem exerce cargo, emprego ou função em entidade paraestatal ou em sociedade de economia mista.

rida definição aplicável exclusivamente aos crimes eleitorais. De efeito, a leitura deste dispositivo permite concluir que o art. 327 do Código Penal serviu de referência para o Código Eleitoral, cuja redação diferencia-se pela expressa inclusão dos funcionários públicos equiparados que integram as *sociedades de economia mista* (§ 2º do art. 283).

Com uma redação mais atual, a Lei de 8.666/90 também prevê, em suas disposições gerais, – artigo 84[407] –, o conceito de "servidor público" para os fins da lei de licitação. Conforme será visto no tópico 4.4, a redação deste dispositivo buscou reduzir as dúvidas interpretativas que surgiram da redação inserida no Código Penal, além de empregar o termo "servidor público", tecnicamente mais condizente com a ampla abrangência conceitual objetivada pelo legislador.

Importa destacar ainda que, para fins de classificação dogmática, os crimes designados funcionais se subdividem em próprios e impróprios (ou mistos)[408]. Naqueles chamados de funcionais próprios, a condição

[407] Art. 84. Considera-se servidor público, para os fins desta Lei, aquele que exerce, mesmo que transitoriamente ou sem remuneração, cargo, função ou emprego público.
§ 1º Equipara-se a servidor público, para os fins desta Lei, quem exerce cargo, emprego ou função em entidade paraestatal, assim consideradas, além das fundações, empresas públicas e sociedades de economia mista, as demais entidades sob controle, direto ou indireto, do Poder Público.
§ 2º A pena imposta será acrescida da terça parte, quando os autores dos crimes previstos nesta Lei forem ocupantes de cargo em comissão ou de função de confiança em órgão da Administração direta, autarquia, empresa pública, sociedade de economia mista, fundação pública, ou outra entidade controlada direta ou indiretamente pelo Poder Público. Cf., ainda neste sentido, a redação do art. 85, que assim dispõe: As infrações penais previstas nesta Lei pertinem às licitações e aos contratos celebrados pela União, Estados, Distrito Federal, Municípios, e respectivas autarquias, empresas públicas, sociedades de economia mista, fundações públicas, e quaisquer outras entidades sob seu controle direto ou indireto.

[408] Costa Jr., Paulo José da; Da Costa, Fernando José. **Curso de direito penal**. 12. ed. São Paulo: Saraiva, 2010. p. 877. Neste mesmo sentido, em análise aos "delitos cometidos no exercício da função pública", Von Liszt já estabelecida esta distinção entre os crimes próprios e impróprios. Nas palavras do autor alemão, os crimes próprios só poderiam ser praticados pelos indivíduos que exercem uma função pública, pois representa a violação de normas que só se dirigem a estas pessoas. De outro lado, e no tocante as regras que se destinam a todos e que podem ser violadas por quaisquer pessoas, o crime será impróprio, mas quando violada por quem está investido de uma função pública, ocorrerá também uma violação aos deveres que esta impõe. Neste caso, a qualidade de funcionário público

de funcionário público é elementar do tipo penal, logo, ausente essa qualidade, a conduta será atípica. Por sua vez, nos crimes funcionais impróprios, haverá a desclassificação do crime funcional para fato igualmente criminoso, acaso inexistente a figura do *intraneus*[409].

Tratando-se de agentes políticos, havendo previsão legal, a conduta também poderá ser enquadrada na Lei 1.079/50, como infração político-administrativa, com aplicação de pena de perda do cargo, com inabilitação, até cinco anos, para o exercício de qualquer função pública[410], ou no Decreto-Lei 201/67, se o agente ostentar o cargo de prefeito, cominando-se a pena de reclusão ou de detenção, e sobrevindo condenação definitiva, por qualquer dos crimes definidos neste Decreto, também poderá incidir a penalidade de perda ou inabilitação para o exercício do cargo ou função pública, eletivo ou de nomeação[411].

A imputação de crime funcional, outrossim, não se restringe aos indivíduos que ostentam a condição de funcionário público. Por uma extensão legal, esta também se comunica aos coautores e partícipes do delito, ainda que particulares, nos moldes do artigo 30 do Código Penal. Todavia, ausente esta condição especial, e presentes os pressupostos legais, a conduta pode ser enquadrada em outro tipo penal[412].

A delimitação desta responsabilidade criminal também exige que o particular tenha conhecimento desta condição especial, sob pena de

ou o fato de exercer o autor uma função pública é causa que agrava a pena. (Von Liszt, Franz. *Tratado de direito penal alemão.* Tomo II.Trad. José Hygino Duarte Pereira. Rio de Janeiro: F. Briguiet & C. Editores. 1899. p. 493-494).

409 Assim, exemplifica Noronha: os crimes funcionais próprios "têm como elemento essencial a função pública: sem o exercício desta, o crime não existiria, consoante acontece, v.g., com a corrupção passiva". Já os crimes funcionais impróprios, "podemos dizer, são crimes comuns, qualificados pela qualidade de funcionário público, tal qual se dá com o peculato, que é a apropriação indébita cometida por ele" (Noronha, E. Magalhães. Direito penal. vol. 4. Dos crimes contra a saúde pública a disposições finais. 19. ed. São Paulo: Editora Saraiva, 1992. p. 204).

410 Lei 1.079/50, art. 2º.

411 Decreto-Lei 201/67, §§1º e 2º do art. 1º.

412 Pagliaro, Antonio; Costa Jr., Paulo José da. Dos crimes contra a Administração Pública. São Paulo: Atlas, 2009, p. 25.

configurar erro sobre elemento constitutivo do tipo, com a consequente exclusão do dolo e punição a título de culpa, se existente previsão legal[413].

Nesse panorama, cria-se a possibilidade de os particulares cometerem tais crimes[414], desde que tenham conhecimento da condição pessoal do autor, sob pena de se adotar verdadeira responsabilidade penal objetiva[415].

413 Em melhores palavras, sobre o concurso de pessoas nos crimes funcionais, Bitencourt acrescenta: "se o particular *desconhece* ser o sujeito ativo funcionário público, responde por outro crime, excluindo-se o peculato, pois, nesse aspecto, o terceiro participante incorre em *erro de tipo*, na medida em que essa *condição especial* do autor não entrou na esfera de conhecimento do terceiro que, por isso mesmo, não pode por ela responder. Entendimento diverso levaria à autêntica *responsabilidade objetiva*, proscrita no Direito Penal de um Estado Democrático de Direito (Bitencourt, Cezar Roberto. Tratado de direito penal. Parte especial 5: dos crimes contra a administração pública e dos crimes praticados por prefeitos. 4. ed. São Paulo: Saraiva, 2010, p. 50).

414 Sobre o tema, merecem ser transcritos os comentários de Esther de Figueiredo Ferraz: "Temos para nós que o "coração" do problema relativo à participação do *extraneus* em delito próprio só chega a ser atingido através da análise da natureza mesma das normas pertinentes ao concurso de agentes, feito o necessário destaque da função extensiva que as caracteriza" (Ferraz, Esther de Figueiredo. A co-delinqüência no direito penal brasileiro. São Paulo: Bushatsky, 1976. p. 136).

415 Cf. nesse sentido, Paulo José da Costa Jr. e Fernando José da Costa, para quem é indispensável que o agente atue com dolo e tenha conhecimento da condição de funcionário público do parceiro criminoso. Isso porque, tal qualidade "projeta-se sobre o momento de realização do crime", razão pela qual o dolo deve abrangê-la (Costa Jr., Paulo José da; Da Costa, Fernando José. Curso de direito penal. 12. ed. São Paulo: Saraiva, 2010. p. 877). Em sentido contrário, Esther de Figueiredo observa que: "Ilustrando a hipótese, suponhamos que um dos agentes desconheça a existência de certa circunstância de caráter pessoal, elementar do crime. Um particular, por exemplo, concorre para que um funcionário público pratique o crime de peculato, mas ignora essa qualidade pessoal de seu co-réu. Comete esse *extraneus* um crime de peculato ou, ao contrário, o de apropriação indébita? (...) Assim, a regra da unidade do concurso expressa no artigo 25, aliada à da comunicabilidade das circunstâncias pessoais elementares do crime formulada pelo artigo 26, permite-nos certamente afirmar que, no caso em exame, o particular cometerá igualmente um crime de peculato, não o de apropriação indébita. Mas permanece a questão: a que título responderá ele por esse *plus* se o nosso legislador, ao contrário do italiano, se recusa a admitir haja dado agasalho à responsabilidade sem culpa ou objetiva? E como decidir os casos concretos se, ao invés da rude franqueza com que se houve o código Rocco, preferiu nosso código refugiar-se dentro de uma fórmula nebulosa, cômoda para

Ademais, ao funcionário público que pratica crime comum, com abuso de autoridade, de poder, ou violando dever inerente ao cargo, poderá incidir circunstância agravante prevista no art. 61, II, "f" e "g", do Código Penal, e a perda do cargo, função pública, ou mandato eletivo, como efeito da condenação (art. 92, I[416], do Código Penal).

4.2 Natureza Jurídica do Art. 327 do Código Penal

O pano de fundo, no estabelecimento de balizas para a interpretação do conceito penal de funcionário público, parte também do estudo da natureza deste dispositivo penal.

A problemática que envolve a conceituação da norma jurídica levaria a infinitas proposições[417], mas didaticamente pode ser classificada como uma proposição – imperativa, disciplinadora dos comportamentos simplesmente porque prevê uma sanção –, uma prescrição – também configurada como um dever-ser, mas desde que, levando em consideração uma "vontade institucionalizada", ou, finalmente, como uma comunicação, partindo não apenas da proposição e das partes que se comunicam, mas de todo um "complexo comunicativo"[418].

A preocupação é legítima, uma vez que os valores apresentam o significado concreto, enquanto as normas têm por objetivo tutelar esses valores. Não sem motivos, Miguel Reale Junior tece relevantes indagações acerca do aspecto axiológico das normas. O primeiro questionamento vincula-se ao tipo de norma que admite um significado mutante. Mais

quem a faça mais [sic] inútil para quem se veja obrigado a aplicá-la?" (Ferraz, Esther de Figueiredo. Op. Cit. p. 122-124).

416 Art. 92. São também efeitos da condenação: I – a perda de cargo, função pública ou mandato eletivo: a) quando aplicada pena privativa de liberdade por tempo igual ou superior a um ano, nos crimes praticados com abuso de poder ou violação de dever para com a Administração Pública; (*Incluído pela Lei nº 9.268, de 1º.4.1996*); b) quando for aplicada pena privativa de liberdade por tempo superior a 4 (quatro) anos nos demais casos. (*Incluído pela Lei nº 9.268, de 1º.4.1996*) [...] Parágrafo único – Os efeitos de que trata este artigo não são automáticos, devendo ser motivadamente declarados na sentença. (*Redação dada pela Lei nº 7.209, de 11.7.1984*).

417 Ferraz Jr, Tércio Sampaio. Introdução ao estudo do direito: técnica, decisão, dominação. 7. ed. São Paulo: Atlas, 2013, p. 74. Nas palavras do autor, é zetética, permitindo a investigação de qualquer paradigma.

418 Ibidem. p. 74-75.

à frente, são tratadas as balizas que devem ser estabelecidas dentro da perspectiva axiológica em razão do princípio da legalidade[419].

Para o autor, o problema na aplicação do direito está intimamente relacionado com a axiologia material, isto é, pelo valor que fundamenta o sentido da norma. Logo, é necessária e admissível a interpretação evolutiva da norma penal, desde que preservadas a reserva legal e a taxatividade.

Para além disso, malgrado o direito, como um todo, apresente-se como um conjunto de normas e regras positivadas que emanam do Estado, cujas características[420] são mantidas como pilares para os especializados ramos do direito – tais como, generalidade, abstração, bilateralidade, coercibilidade, imperatividade, irrefragabilidade[421] –, não há que se desconsiderar a existência de regras próprias de cada segmento que são definidas pelos Códigos diversos e igualmente pela Constituição Federal.

No que se refere à norma penal, atribui-se como missão geral a definição de crimes (preceito primário), o balizamento das sanções penais (preceito secundário) e as condições para a sua aplicação. Nas duas primeiras hipóteses, são denominadas de normas penais incriminadoras, cuja disposição é inserida, em geral, na Parte Especial do Código Penal e nas leis extravagantes. Assim, a norma incriminadora é formada por dois momentos, o da conduta proibida e o da sanção correspondente, tornando-se o que se denomina de "todo incindível" [422]. A sanção depende da conduta incriminadora e ambas formam uma unidade lógica indissolúvel[423].

Por sua vez, às normas que possuem a finalidade de traçar a forma de aplicação e os limites que incidem sobre as normas penais incriminadoras

[419] Reale Júnior, Miguel. Instituições de direito penal. Parte geral. 4. ed. Rio de Janeiro: Forense, 2012, p. 77.

[420] Fragoso, Heleno Cláudio. Lições de direito penal: a nova parte geral. 12. ed. Rio de Janeiro: Forense, 1990, p. 73.

[421] O autor define a irrefragabilidade como uma característica geral das normas jurídicas que consiste na condição de sua inaplicabilidade apenas por meio de outra norma.

[422] Reale Júnior, Miguel. Instituições de direito penal. parte geral. 4. ed. Rio de Janeiro: Forense, 2012, p. 77.

[423] Fragoso, Heleno Cláudio. Op. Cit. p. 75.

são intituladas de norma integrante ou de segundo grau[424]. Essas normas são encontradas, em regra, na Parte Geral do Código Penal.

A depender da função vinculada à aplicação da norma incriminadora, a norma de segundo grau pode ser intitulada de: a) norma de aplicação, que se direciona à fixação de limites válidos para a norma incriminadora – ex. artigos 2º e 5º do CP; b) normas explicativas, que definem conceitos legais para a aplicabilidade dos crimes e sanções – ex. artigo 327 do CP; c) normas diretivas, com a missão de criar princípios que devem ser seguidos por determinada área do direito – ex. artigo 1º do CP ; d) normas interpretativas, cujo objetivo reside no esclarecimento e interpretação de outras normas[425].

Já a lei não incriminadora se subdivide em duas espécies podendo ser classificadas como lei complementar ou lei permissiva. As primeiras servem apenas para esclarecer o conteúdo de outras normas, a exemplo do artigo 327 do Código Penal, cujo papel está intrinsecamente atrelado a tipificação dos crimes praticados por funcionários públicos. As normas permissivas, por fim, tratam das excludentes de ilicitude e culpabilidade.

Essas breves considerações introdutórias permitem estabelecer a natureza jurídica do artigo 327 do Código Penal, que pode ser então definido como uma norma penal, integrante ou de segundo grau, explicativa que, excepcionalmente, situa-se na Parte Especial do Estatuto Criminal, justamente porque tem por escopo único definir conceitos legais para a aplicação dos crimes praticados por funcionário público contra a Administração em Geral (Capítulo I, Título XI do CP)[426].

[424] ANTOLISEI, Francesco. *Manuale di diritto penale. Parte generale. Dodicesima* 12. ed. Milano: Dott. A. Giuffrè Editore, 1991. p. 45.

[425] FRAGOSO, Heleno Cláudio. Op. Cit. p. 73-74.

[426] Vale destacar que o termo "funcionário público" aparece em trinta referências diversas do Código Penal, ora como elemento do tipo, ora como causa de aumento de pena, e até mesmo em referência a exceção da verdade. Nesse sentido: art. 139, parágrafo único – exceção da verdade no crime de difamação; art. 141, II – causa de aumento de pena para os crimes contra honra praticados contra funcionário público, em razão de suas funções; art. 142, III – exclusão dos crimes de injúria ou difamação decorrente de conceito desfavorável emitido por funcionário público, em apreciação ou informação que preste no cumprimento do dever de ofício; art. 149, §1º, I – causa de aumento de pena para o crime de tráfico de pessoas cometido por funcionário público no exercício de suas funções ou a pretexto de

4.3. Direito Comparado

A referência ao Direito Comparado que será feita a seguir incide sobre a definição penal relacionada com o art. 327 do Código Penal brasileiro, pelas legislações penais portuguesa, italiana e alemã, com o objetivo de demonstrar não apenas a problemática que envolve a elaboração e inter-

exercê-las; art. 150, §2º - causa de aumento de pena do crime de violação de domicílio, se o fato é cometido por funcionário público, fora dos casos legais, ou com inobservância das formalidades estabelecidas em lei, ou com abuso de poder; art. 289, §3º - crime de moeda falsa praticado por funcionário público ou diretor, gerente, ou fiscal de banco de emissão que fabrica, emite ou autoriza a fabricação ou sua emissão; art. 295 - petrechos de falsificação - causa de aumento de pena se o agente é funcionário público, e comete o crime prevalecendo-se do cargo; art. 296, §2º - falsificação do selo ou sinal público - causa de aumento de pena se o agente é funcionário público, e comete o crime prevalecendo-se do cargo; art. 297, §1º - falsificação de documento público - causa de aumento de pena se o agente é funcionário público, e comete o crime prevalecendo-se do cargo; art. 299, parágrafo único - falsidade ideológica - causa de aumento de pena se o agente é funcionário público, e comete o crime prevalecendo-se do cargo; art. 311, §2º - adulteração de sinal identificador de veículo automotor - incorre nas mesmas penas o funcionário público que contribui para o licenciamento ou registro do veículo remarcado ou adulterado, fornecendo indevidamente material ou informação oficial (§1º prevê para o agente que comete o crime no exercício da função pública ou em razão dela, o aumento de pena de um terço); art. 311-A , §3º - causa de aumento de pena para o funcionário público que pratica fraude em certames de interesse público; art. 312 - elemento do crime de peculato; art. 327, *caput* - conceito penal de funcionário público e §1º - conceito de funcionário público equiparado; art. 330 - elemento do crime de desobediência; art. 331 - elemento do crime de desacato; art. 332 - elemento do crime de trafico de influência; art. 333 - elemento do crime de corrupção ativa; art. 336 - elemento do crime de inutilização de edital ou de sinal; art. 337-B - "funcionário público estrangeiro " - elemento do crime de corrupção ativa em transação comercial internacional e no parágrafo único - que prevê causa de aumento de pena sem em razão da vantagem ou promessa, o funcionário público retarda ou omite ato de ofício, ou o pratica infringindo dever funcional; art. 337-C - "funcionário público estrangeiro " - elemento do crime de tráfico de influência em transação comercial internacional"; art. 337- D - conceito de "funcionário público estrangeiro", e parágrafo único que dispõe acerca do conceito equiparado de "funcionário público estrangeiro ". Fica a ressalva de que a grande maioria dos crimes que estão inseridos no Capítulo I, intitulado "Dos crimes praticados por funcionário público contra a Administração em geral", não faz constar como elemento do tipo a expressão "funcionário público", mas apenas a palavra "funcionário", a exemplo do crime de peculato culposo (art. 312, §2º), inserção de dados falsos em sistema de informações (art. 313-A), modificação ou alteração não autorizada de sistema de informações (art. 313-B), excesso de exação (art. 316, § 1º), etc.

pretação desse conceito, mas em especial o tratamento legislativo destinado à matéria.

As legislações estrangeiras, assim como a brasileira, partem de um conceito amplo de funcionário público. Conforme se verá, a legislação portuguesa não cria especificações para a sua aplicação ao caso concreto, ao contrário da legislação italiana, que prevê expressamente a incidência deste conceito aos crimes contra a Administração Pública, e o conceito restrito de funcionário aos demais tipos penais referidos pelo Código Penal. Por sua vez, o Código Penal alemão diferencia os dois conceitos e categorias de funcionário – em sentido estrito e em sentido amplo –, aplicando cada uma destas categorias aos tipos penais, enquanto o Direito Penal português não se refere expressamente a essa diferenciação[427].

4.3.1 Código Penal Português: O Conceito Penal de Funcionário para Efeito da Lei Penal (Art. 386 do CP)

O Código Penal português traz, em disposição geral, o conceito de funcionário para fins penais. Prevê o artigo 386[428]:

> Artigo 386.º – Conceito de funcionário
> 1 – Para efeito da lei penal a expressão funcionário abrange:
> a) O funcionário civil;
> b) O agente administrativo; e
> c) Quem, mesmo provisória ou temporariamente, mediante remuneração ou a título gratuito, voluntária ou obrigatoriamente, tiver sido chamado a desempenhar ou a participar no desempenho de uma actividade compreendida na função pública administrativa ou jurisdicional, ou, nas mesmas circunstâncias, desempenhar funções em organismos de utilidade pública ou nelas participar.
> 2 – Ao funcionário são equiparados os gestores, titulares dos órgãos de fiscalização e trabalhadores de empresas públicas, nacionalizadas, de capi-

[427] Cunha, José Manuel Damião. Dirigido por Jorge de Figueiredo Dias. Comentário Conimbricense do Código Penal. parte especial. Tomo III. Artigos 308º a 386º, Coimbra: Coimbra. 2001. p. 819-820.

[428] Livro II – Parte Especial; Título V – Dos Crimes Contra o Estado; Capítulo IV – Dos Crimes Cometidos No Exercício De Funções Públicas; Secção VI – Disposição Geral.

> tais públicos ou com participação maioritária de capital público e ainda de empresas concessionárias de serviços públicos.
> 3 – São ainda equiparados ao funcionário, para efeitos do disposto nos artigos 372.º a 374.º:
> a) Os magistrados, funcionários, agentes e equiparados da União Europeia, independentemente da nacionalidade e residência;
> b) Os funcionários nacionais de outros Estados membros da União Europeia, quando a infracção tiver sido cometida, total ou parcialmente, em território português;
> c) Todos os que exerçam funções idênticas às descritas no n.º 1 no âmbito de qualquer organização internacional de direito público de que Portugal seja membro, quando a infracção tiver sido cometida, total ou parcialmente, em território português;
> d) Todos os que exerçam funções no âmbito de procedimentos de resolução extrajudicial de conflitos.
> 4 – A equiparação a funcionário, para efeito da lei penal, de quem desempenhe funções políticas é regulada por lei especial.

Em primeira análise, tem-se que, tal como o Código Penal nacional, o Código Penal português destinou um artigo próprio, ao final do capítulo, para trazer o conceito de funcionário.

Seguiu assim diferente técnica daquela estabelecida pelo Código Criminal português de 1886, que, em seu art. 327º, empregava um conceito básico de "empregado público", e para cada crime incluía agentes equiparados, ora ampliando, ora restringindo o conceito, de acordo com as necessidades de cada tipo penal[429].

[429] Cunha, José Manuel Damião. O conceito de funcionário para efeito de lei penal e a "privatização" da administração pública. Coimbra: Coimbra Editora, 2008. p. 09-10. Cita o autor os seguintes exemplos: "[...] no crime de peculato, alargava-se expressamente a punição a 'quaisquer pessoas que pela autoridade legítima forem constituídas depositários, cobradores ou recebedores.' (§3º, art 313º); no crime de aceitação de interesse particular (art. 317º), alargava-se o conceito àquele que, por comissão ou nomeação legal do empregado público ou da autoridade competente ... e ainda a peritos, partidores nomeados por autoridades públicas, etc. (cf. §§1º e 2º). Ou seja: partindo-se de um conceito básico de 'empregado público', em certos tipos de crime e em função das circunstâncias alargava-se (ou, inversamente, restringia-se) o conceito". (Cunha, José Manuel Damião. Op. Cit. p. 10).

A elaboração de um conceito unitário de funcionário, para fins penais, também é técnica legislativa adotada na Itália, não sendo, contudo, a orientação perfilhada pelo Código Penal espanhol, muito embora no art. 24 a lei penal espanhola traga a definição de "autoridade e funcionário público" [430], definição que é integrada por novas disposições, a depender dos tipos penais, a exemplo do art. 427[431]que amplia a abrangência do conceito quando incidente sobre o crime de corrupção.

O conceito legal trazido pelo Código Penal português se localiza dentro do Capítulo IV, que trata dos crimes cometidos no exercício das funções públicas, fazendo parte do Título V (Crimes contra o Estado), que compreende os crimes contra a autoridade pública (funcionário como vítima do crime), e o crime de abuso de poder (tendo em conta o agente que atua em nome do Estado e pratica nessas condições um crime)[432].

Essa definição integra norma ou tipo penal pregresso, e pressupõe sua valoração a partir do fato criminoso, o que demonstra que a sua disposição legal por si só não acarreta qualquer incriminação[433].

Referido conceito, de acordo com José Manuel Damião da Cunha, designa três elementos: o primeiro se relaciona com o "âmbito funcional da atividade", isto é, a função pública administrativa e jurisdicional; o segundo diz respeito ao "elenco dos agentes" que são incluídos no con-

[430] *Artículo 24. 1. A los efectos penales se reputará autoridad al que por sí solo o como miembro de alguna corporación, tribunal u órgano colegiado tenga mando o ejerza jurisdicción propia. En todo caso, tendrán la consideración de autoridad los miembros del Congreso de los Diputados, del Senado, de las Asambleas Legislativas de las Comunidades Autónomas y del Parlamento Europeo. Se reputará también autoridad a los funcionarios del Ministerio Fiscal. 2. Se considerará funcionario público todo el que por disposición inmediata de la Ley o por elección o por nombramiento de autoridad competente participe en el ejercicio de funciones públicas.*

[431] *Artículo 427. Lo dispuesto en los artículos precedentes será también aplicable cuando los hechos sean imputados o afecten a: a) Cualquier persona que ostente un cargo o empleo legislativo, administrativo o judicial de un país de la Unión Europea o de cualquier otro país extranjero, tanto por nombramiento como por elección. b) Cualquier persona que ejerza una función pública para un país de la Unión Europea o cualquier otro país extranjero, incluido un organismo público o una empresa pública, para la Unión Europea o para otra organización internacional pública. c) Cualquier funcionario o agente de la Unión Europea o de una organización internacional pública.*

[432] Garcia, M. Miguez; Rio, J.M.Castela. Código penal: parte geral e especial. Atualizado com as 31ª a 40ª alterações ao Código Penal. 2.ed. Coimbra: Almedina. 2015. p. 1339.

[433] Idem. p. 1338.

ceito de funcionário, abrangendo aqueles que não realizam de forma permanente ou profissional as funções públicas; por fim, o terceiro elemento se vincula à forma como são desempenhadas as atividades, ou seja, o seu conteúdo[434].

A esse respeito, o n.º 1 do art. 386º traz o que se denomina de conceito estrito de funcionário, abrangendo um conjunto de hipóteses diversas que tem por objetivo alcançar as possíveis atuações administrativas[435].

Nas alíneas *a* e *b*, são incluídos os funcionários denominados de "agentes administrativos", que a qualquer título desempenham uma atividade de interesse coletivo de direito público, sob o comando de órgãos específicos[436].

Na alínea *a*, a referência ao funcionário civil tem por finalidade essencial excluir do âmbito da aplicação deste dispositivo o funcionário militar, que fica condicionado a um regime penal próprio[437]. Compreende assim os funcionários que exercem funções públicas, não integrantes das Forças Armadas ou não militarizados, citando-se, por exemplo, aqueles que desempenham suas funções em institutos públicos[438].

À alínea *c* atribui-se o conceito "alargado" de funcionário, abrangendo o funcionário que não possui vínculo funcional, mas que é convocado para desempenhar ou participar de uma atividade pública administrativa ou jurisdicional, ou mesmo, nessas mesmas condições, realizar atividades em organismos de utilidade pública, incluindo nesse dispositivo não apenas os agentes qualificados – trabalhadores da Administração Pública –, mas também os particulares e os funcionários "de fato", que desempenham suas funções no âmbito delimitado pela norma[439].

[434] Cunha, José Manuel Damião. O conceito de funcionário para efeito de lei penal e a "privatização" da administração pública. Coimbra: Coimbra Editora, 2008. p. 24.

[435] Idem. Dirigido por Jorge de Figueiredo Dias. Comentário Conimbricense do Código Penal. parte especial. Tomo III. Artigos 308º a 386º, Coimbra: Coimbra Editora. 2001. p. 813.

[436] Caetano, Marcello. Manual de direito administrativo. tomo II. 10.ed. 11ª reimp. Coimbra: Almedina. 2013. p. 645.

[437] Cunha, José Manuel Damião. Comentário... Cit. p. 814.

[438] Garcia, M. Miguez; Rio, J.M.Castela. Op. Cit. p. 1341.

[439] Cunha, José Manuel Damião. Dirigido por Jorge de Figueiredo Dias. Comentário Conimbricense do Código Penal. Parte especial. Tomo III. Artigos 308º a 386º, Coimbra:

Assim, como sucede no Código Penal brasileiro, o Código Penal português não traz uma definição para o que se entenda ser "função pública", restando ao Direito Administrativo ou Direito público elencar o seu conceito, que muitas vezes não é exato[440].

Com as ressalvas acima, em termos gerais, por função pública administrativa entende-se "*todo o tipo de atividade realizada por qualquer pessoa dentro do conjunto da denominada Administração directa, autónoma ou indirecta do Estado. Além da Administração direta e autónoma, cabem os institutos públicos*"[441].

Além do termo "função pública", a expressão "organismos de utilidade pública" também confere elasticidade e insegurança, por ausência de definição legal ou uniformidade quanto ao seu significado e abrangência.

Sobre a matéria, há muito entendia-se que o motivo que legitimou a inclusão no conceito de funcionário público daqueles que integram os mencionados organismos, se vinculava à natureza de direito público dessas pessoas coletivas, o que não reflete o quadro atual. Isso porque, hoje, pressupõe-se que são pessoas coletivas de direito privado, o que não importa qualquer modificação, pois o conceito tem por pressuposto o desempenho de função pública ainda que em entidade privada de utilidade pública[442].

Nesse sentido, conclui-se que no art. 386º-1, o agente é considerado funcionário por sua qualificação subjetiva – em decorrência do seu vínculo com um regime legal de função pública –, ou em virtude de uma

Coimbra Editora. 2001. p. 813-814. São citados como exemplo os jurados, árbitros em processo de arbitragem e processo administrativos, além dos indivíduos requisitados para exercer funções administrativas, e aqueles que atuam como auxiliares em órgãos da Administração da Justiça (Ibidem. p. 814).

[440] Idem. O conceito de funcionário para efeito de lei penal e a "privatização" da administração pública. Coimbra: Coimbra. 2008. p. 36.

[441] Garcia, M. Miguez; Rio, J.M.Castela. Código penal: parte geral e especial.Atualizado com as 31ª a 40ª alterações ao Código Penal. 2.ed. Coimbra: Almedina. 2015. p. 1343.

[442] Cunha, José Manuel Damião. O conceito... Cit. p. 60-62. Soma-se a esse cenário a "privatização" da Administração Pública e ao que o autor intitula de "destituição" do Direito Penal para a tutela das funções públicas quando efetivadas por entidades não públicas. Nesse sentido, na medida em que a Administração pode optar para a execução de algumas atividades, pelo regime de direito público ou privado, haveria citada destituição quando o "serviço público" for realizado por agentes privados (Ibidem. p. 136).

relação "material-objectiva", no exercício de uma atividade administrativa ou jurisdicional de interesse coletivo[443].

Por outro lado, o art. 386º-2 compreende no conceito de funcionário aqueles que integram o "setor público empresarial do Estado", em oposição ao setor público administrativo que é referido no n.º 1[444].

O regime das empresas públicas é regulamentado pelo Decreto-Lei 260/76, sendo assim consideradas "as empresas criadas pelo Estado, com capitais próprios ou fornecidos por outras entidades públicas", além das empresas nacionalizadas. Por sua vez, são designadas de empresas de capitais públicos, as empresas cujo capital social é integralmente público, mas que possuem regime de direito privado, ao contrário das empresas com participação majoritária de capital público que contempla também capital privado. Por fim, as empresas concessionárias de direito público são empresas privadas que executam serviços públicos, mas que detêm algumas prerrogativas de direito público[445].

Não serão equiparados a funcionários os trabalhadores cuja empresa, ainda que pública ou de capitais majoritariamente públicos, não prestem serviços públicos. Sendo assim, os gestores apenas serão qualificados de gestores públicos quando exercerem suas funções em empresa que atue na execução de serviços públicos[446].

Conclui a doutrina portuguesa que o conceito amplo de funcionário incide apenas sobre os crimes cometidos no exercício das funções públicas, pois a disposição geral em referência se localiza dentro deste capítulo e não na parte geral do Código Penal. Para os demais tipos penais, incide o conceito estrito de funcionário, pois quando pretende que seja aplicado o conceito amplo, faz expressa referência neste sentido, a exemplo dos crimes eleitorais[447].

[443] Idem. Comentário... Conimbricense do Código Penal. Parte especial. Tomo III. Artigos 308º a 386º, Coimbra: Coimbra Editora. 2001. p. 816.

[444] Cunha, José Manuel Damião. Dirigido por Jorge de Figueiredo Dias. Comentário Conimbricense do Código Penal. Parte especial. Tomo III. Artigos 308º a 386º, Coimbra: Coimbra Editora. 2001. p. 816.

[445] Ibidem. p. 817.

[446] Ibidem. p. 819.

[447] Ibidem. p. 821.

O art. 386º-3 do Código Penal, salvo a alínea *c*, foi inserido pela Lei 30/2015, passando a ser equiparados aos funcionários, para fins dos arts. 335º, 372º a 374º, que prevêem, respectivamente, os crimes de tráfico de influência, recebimento indevido de vantagem, corrupção passiva e ativa.

São assim equiparados a funcionários, para efeitos do artigo acima, os magistrados, funcionários, agentes e equiparados de organizações de direito internacional público, independentemente da nacionalidade e residência; os funcionários nacionais de outros Estados, quando a infração tiver sido cometida, total ou parcialmente, em território português; bem como os magistrados e funcionários de tribunais internacionais, desde que Portugal tenha declarado aceitar a competência desses tribunais. Também são equiparados a funcionários todos aqueles que exercem funções no âmbito de procedimento de resolução extrajudicial de conflitos, independentemente da nacionalidade ou residência, quando a infração tiver sido cometida, total ou parcialmente, em território português; além dos jurados e árbitros nacionais de outros Estados, quando a infração tiver sido cometida, total ou parcialmente, em território português.

Extrai-se do exposto a existência de diversos tipos de equiparação de funcionário para fins penais, mas a equiparação para quem exerce funções políticas é regulada por lei especial, conforme prevê o art. 386º-4.

Trata-se, assim, de um conceito amplo, que vem se alargando com as sucessivas mudanças legislativas, abrangendo, para fins penais, todas as atividades executadas com "fins próprios do Estado", compreendendo ainda a função pública administrativa ou jurisdicional[448].

De fato, conforme será apresentado a seguir, o fenômeno da privatização da Administração gerou diversas alterações legislativas e dificuldades interpretativas também na legislação penal italiana e alemã.

4.3.2 Código Penal Italiano: O Conceito de Oficial Público e Encarregado de Serviço Público (Arts. 357 e 358)

A lei penal italiana dispõe em três artigos sobre o conceito dos "oficiais públicos", das "pessoas encarregadas do serviço público" e "pessoas que exercem um serviço de pública necessidade". Assim:

[448] GARCIA, M. Miguez; RIO, J.M.Castela. Código penal: parte geral e especial. Atualizado com as 31ª a 40ª alterações ao Código Penal. 2.ed. Coimbra: Almedina. 2015. p. 1344.

Art. 357 – Conceito de oficial público: Para os efeitos da lei penal, são oficiais públicos todos aqueles os quais exercem uma função pública legislativa, judiciária e administrativa. Pelos mesmos efeitos é pública a função administrativa disciplinada por normas de direito público e atos de autoridades, caracterizadas pela formação e manifestação de vontade da Administração Pública ou pelo seu desenvolvimento por meio de poderes de autoridades ou certificativos[449].

Prevê ainda o art. 358 do Código Penal italiano:

Art. 358 – Conceito sobre a pessoa encarregada do serviço público: Para os efeitos da lei penal, são encarregados do serviço público todos aqueles que, a qualquer título, prestam um serviço público. Como serviço público deve entender-se uma atividade disciplinada nas mesmas formas das funções públicas, mas caracterizadas pela ausência dos poderes típicos desta última, e com a exclusão do desenvolvimento das simples funções de ordem e da prestação de obra meramente material[450].

Por último, preconiza no seu art. 359:

Art. 359 – Conceito de pessoa que exerce um serviço de pública necessidade: Para efeitos da lei penal, são pessoas que exercem um serviço de necessidade

[449] Tradução livre do art. 357 do Código Penal italiano que assim preconiza: Art. 357 – "*Nozione del pubblico ufficiale – Agli effetti della legge penale, sono pubblici ufficiali coloro i quali esercitano una pubblica funzione legislativa, giudiziaria o amministrativa. Agli stessi effetti è pubblica la funzione amministrativa disciplinata da norme di diritto pubblico e da atti autoritativi e caratterizzata dalla formazione e dalla manifestazione della volontà della pubblica amministrazione o dal suo svolgersi per mezzo di poteri autoritativi o certificativi*". *Articolo così sostituito dalla L. 26 aprile 1990, n. 86 e successivamente modificato dall'art. 4, L. 7 febbraio* 1992, n. 181. http://www.juareztavares.com/textos/codigoitaliano.pdf. Acesso em 05/12/2017.

[450] Tradução livre do art. 358 do Código Penal italiano que dispõe em sua redação original: Art. 358 – "*Nozione della persona incaricata di un pubblico servizio – Agli effetti della legge penale, sono incaricati di un pubblico servizio coloro i quali, a qualunque titolo, prestano un pubblico servizio. Per pubblico servizio deve intendersi un'attività disciplinata nelle stesse forme della pubblica funzione, ma caratterizzata dalla mancanza dei poteri tipici di questa ultima, e con esclusione dello svolgimento di semplici mansioni di ordine e della prestazione di opera meramente materiale*". Articolo così sostituito dalla L. 26 aprile 1990, n. 86. http://www.juareztavares.com/textos/codigoitaliano.pdf. Acesso em 05/12/2017.

pública: 1) os particulares que exerçam profissões forenses ou sanitárias, ou outras profissões cujo exercício seja por lei proibido sem uma especial habilitação do Estado, quando como resultado da obra desses o público seja por ele obrigado a valer-se. 2) os particulares que, não exercendo uma função pública, nem prestando um serviço público, cumprem um serviço declarado de necessidade pública por meio de um ato da Administração Pública.

A redação dos dispositivos legais resultou das modificações legislativas implementadas pela Lei 80/1990, que alterou os crimes cometidos por públicos oficiais contra a Administração Pública, além das alterações promovidas pela Lei 181/1992, que tinham como principal objetivo solucionar os problemas práticos decorrentes do antigo conceito de oficial público e encarregado público, que não trazia a diferenciação entre os termos "função pública" e "serviço público", e sua relação com o Direito Administrativo[451].

Referidos dispositivos retratam verdadeira norma de interpretação autêntica, destinada a afastar dúvidas e assegurar uma correta aplicação dos conceitos ao sistema penal[452].

Na atualidade, a primeira definição apresenta dois aspectos distintos, um relacionado com as regras de direito público e atos de autoridade que, conjuntamente, inclinam para a ideia de supremacia, e outro de concepção interna, retratado pela manifestação de vontade da Administra-

[451] Cunha, José Manuel Damião. O conceito de funcionário para efeito de lei penal e a "privatização" da administração pública. Coimbra: Coimbra, 2008. p. 113. Antes da reformulação do conceito em estudo, o oficial público era assim definido: "a) o empregado do Estado ou de qualquer ente público que exercite, permanentemente ou temporariamente, uma função pública legislativa, jurisdicional ou administrativa; b) qualquer pessoa que, permanentemente ou temporariamente, gratuitamente ou com retribuição, voluntariamente ou por obrigação, exercita uma função pública legislativa, administrativa ou jurisdicional." Já o conceito de encarregado de serviço pública compreendia: "a) o empregado do estado ou de um outro ente público que presta permanentemente ou temporariamente, um serviço público; b) qualquer outra pessoa que presta, permanentemente ou temporariamente, gratuitamente ou com retribuição, voluntariamente ou por obrigação, um serviço público" (Ibidem. p. 112).

[452] Benussi, Carlo. *I delitti contro la pubblica amministrazione tomo I. I delitti dei pubblici ufficiali. Seconda edizione.* Milão: Cedam. 2013. p. 57.

ção Pública, cuja atuação se associa aos poderes de supremacia e "eficácia probatória"[453].

Ademais, essa qualificação se encontra vinculada necessariamente ao exercício de uma função pública, aderindo o legislador ao critério objetivo, o que implica dizer que a qualificação da atividade prescinde da natureza do sujeito, sendo necessário analisar em concreto a função desempenhada pelo agente, e se esta apresenta ou não conotações de função pública[454].

Nesse sentido, uma primeira corrente considera que a definição de função pública se atribui ao Direito Administrativo, conforme dispõe o Relatório sobre o projeto do Código Penal, enquanto que outra corrente aponta para a autonomia da definição "penalística", por meio da fórmula "para efeitos da lei penal"[455].

A função legislativa compreende as atividades relacionadas à elaboração das leis, assim como as normas constitucionais, provimentos com força de lei, sendo inserida no Código Penal para eliminar as discussões originadas do Código Zanardelli, relacionadas à responsabilização ou não dos parlamentares pelos delitos contra a Administração Pública. Já a função judiciária abrange não apenas aqueles que desempenham a função jurisdicional, mas também os promotores públicos, além dos indivíduos que exercitam a função administrativa ligadas ao "direito de julgar", como chanceleres, secretários etc. Por fim, a função administrativa é definida como aquela caracterizada pela formação e manifestação da

[453] CUNHA, José Manuel Damião. O conceito de funcionário para efeito de lei penal e a "privatização" da administração pública. Coimbra: Coimbra Editora, 2008. p. 115.

[454] BENUSSI, Carlo. Op. Cit. p. 57. O autor faz referência ainda aos julgados da Corte Suprema a fim de demonstrar a dificuldade conceitual relacionada com a palavra "função pública", propondo que deve ser feita a análise levando em consideração não apenas a natureza da atividade vista de forma geral, mas nos seus singulares aspectos, com enfoque na norma que regula a parte da atividade em cujo contexto foi praticado o crime. Assim sendo, não deve subsistir o entendimento de que as condições necessárias para que uma função seja classificada como pública devem ser extraídas de um conjunto de atribuições legais, "a um sujeito em relação à uma determinada relação e não pela natureza jurídica dos atos singulares por ele realizados". Portanto, o retorno a acepção subjetiva da função pública implicaria no deslocamento ao momento objetivo da qualificação do ente. – tradução livre (Ibidem. p. 59-60).

[455] Ibidem. p. 58.

vontade da Administração Pública por meio dos poderes autorizativos e certificativos[456].

Nesses termos, o conceito de oficial público abrange os oficiais judiciários, o consultor técnico, as testemunhas, os assistentes universitários, os inspetores sanitários dos hospitais, os membros da comissão edilícia, os carteiros, os policiais e os agentes da segurança pública, etc.

Malgrado as alterações realizadas no conceito em estudo, visando a solucionar as dúvidas interpretativas acerca da abrangência dessa definição legal, a função administrativa pública continua sendo alvo de inúmeros debates, sobretudo com a finalidade de construir uma definição apta a diferenciá-la das atividades que são compreendidas pelo conceito de serviços públicos[457].

Da mesma forma, a falta de precisão do conceito de "normas de direito público" e "atos de autoridades" também gera problemas para aplicação do dispositivo[458].

Segundo Benussi, a fórmula usada "normas de direito público" e "atos autorizativos" devem ser entendidos como àquelas "dotadas de autoridade", sendo, portanto, expressões do Poder Púbico, solução interpretativa que melhor se adéqua a "área do público", fornecendo outro elemento de identificação da norma de direito público, mas também para afastar outras perplexidades decorrentes de uma interpretação desvinculada desses termos em estudo[459].

Por sua vez, o conceito de pessoa encarregada de serviço público é atribuído àquelas pessoas que "por qualquer título, prestam um serviço público", além de trazer a definição de serviço público, tido como "atividade disciplinada pelas mesmas formas que a função pública, mas caracterizada pela ausência dos poderes típicos desta última, com exclusão do

[456] BENUSSI, Carlo. *I delitti contro la pubblica amministrazione tomo I. I delitti dei pubblici ufficiali. Seconda edizione.* Milão: Cedam. 2013. p. 60-63.

[457] Disponível em: [http://www.brocardi.it/codice-penale/libro-secondo/titolo-ii/capo-iii/art357.html]. Acesso em 14/06/2017.

[458] Disponível em: [http://www.brocardi.it/codice-penale/libro-secondo/titolo-ii/capo-iii/art357.html]. Acesso em 14/06/2017.

[459] BENUSSI, Carlo. Op. Cit. p. 70-71.

desempenho de simples menções de ordem e de prestação de obra meramente material".

Para a doutrina, trata-se de conceito que inclui uma determinação positiva – "a mesma disciplina que a função pública", e outras duas determinações negativas relacionadas com a "ausência dos poderes típicos" e a exclusão de atos "meramente aplicativos", isto é, desprovidos de "margem de valoração" [460].

São abrangidos pelo conceito os cobradores das sociedades concessionárias de distribuição de gás, os funcionários dos órgãos públicos que prestam a colaboração aos oficiais públicos, nas obras por estes realizadas, o zelador do cemitério, o motorista que conduz carro forte, etc.[461].

Sendo assim, o serviço público se sujeita à mesma disciplina da função pública, mas privada dos poderes típicos, a exemplo dos atos deliberativos que são praticados por autoridades. Trata-se, portanto, de uma definição residual, que abrange todos os que não são definidos como "oficiais públicos", que também não exercem um serviço de necessidade pública (art. 359 do Código Penal)[462].

Nesse sentido, afirma-se tratar de solução "puramente material", cuja responsabilização criminal se vincula à "legitimidade" para o desempenho de funções públicas, o que afasta a imputação pela prática de crimes contra a Administração Pública dos "usurpadores de funções" [463].

Por fim, o art. 359 do Código Penal dispõe sobre o conceito de "pessoa que exerce um serviço de pública necessidade", cuja celeuma reside no estabelecimento de quais profissões a coletividade é obrigada a valer-se legalmente. Pela doutrina são referidas aquelas atividades que obrigatoriamente impõem a contratação de determinado profissional para a pres-

[460] CUNHA, José Manuel Damião. O conceito de funcionário para efeito de lei penal e a "privatização" da administração pública. Coimbra: Coimbra Editora, 2008. p. 115.

[461] Disponível em: [http://www.brocardi.it/codice-penale/libro-secondo/titolo-ii/capo--iii/art358.html]. Acesso em 14/06/2017.

[462] Ibidem.

[463] CUNHA, José Manuel Damião. O conceito de funcionário para efeito de lei penal e a "privatização" da administração pública. Coimbra: Coimbra, 2008. p. 116.

tação de determinado serviço, citando, com exemplo, o engenheiro que irá projetar a construção de um prédio[464].

Ademais, cumpre destacar que esse dispositivo trouxe problemas de "coordenação" com a definição inserta no art. 358 do Código Penal, em especial quanto à linha divisória em relação à natureza do provimento da Administração Pública. Logo, se tratando de concessão, será considerado serviço público, havendo autorização de serviço, será considerado de "utilidade pública"[465].

4.3.3 Código Penal Alemão: "Amtsträger" (§11 do StGB)

> §11. Conceito de pessoas e fatos. (1) Para os fins desta lei considera-se:
> 2. agente público – aquele que, segundo o Direito Alemão (*Amtsträger*):
> a) é servidor público ou magistrado;
> b) encontra-se em outra condição funcional de Direito Público, ou
> c) aquele que está incumbido da realização de uma tarefa da administração pública, perante uma repartição pública ou outro órgão, ou por sua incumbência, independentemente da forma organizacional escolhida para o exercício desta incumbência;
> [...]
> 4. pessoa especialmente comprometida com a administração pública – aquele que, sem ser agente público, está formalmente obrigado, por força de lei, ao escrupuloso desempenho das respectivas incumbências, na medida em que exerce ocupações junto ou desempenha atividades para:
> a) um órgão público ou outra repartição, que realiza tarefas da administração pública, ou
> b) em uma associação ou outra espécie de agremiação, indústria ou empresa, que desempenha tarefas da administração pública, para um órgão público ou outra repartição[466];

[464] Disponível em: [http://www.brocardi.it/codice-penale/libro-secondo/titolo-ii/capo--iii/art359.html]. Acesso em 14/06/2017.

[465] Ibidem.

[466] Decomain, Pedro Roberto. Código penal alemão: tradução, comparação e notas. Porto Alegre-RS: Núbria Fabris, 2014. p. 165-166.

O Código Penal alemão sofreu uma profunda reforma em 1975, na qual se inclui a reformulação do conceito de funcionário, cuja redação foi novamente alterada em 1997, por meio da Lei de combate à corrupção, além do próprio tipo penal correspondente[467].

O conceito de funcionário era disciplinado, originariamente, pelo § 359 do StGB, conceito unitário que assim dispunha:

> [...] por funcionário, no sentido da lei penal deve entender-se todas as pessoas empregadas, de forma permanente, a prazo ou apenas provisoriamente ao serviço da Federação ou em serviço imediato ou imediato de um Estado, sem distinção quanto a terem prestado um juramento ou não, incluindo notários, mas excluindo advogados[468].

A despeito de a jurisprudência tentar apontar soluções, esse conceito foi alvo de inúmeras críticas, propondo-se assim uma interpretação mais restritiva, existindo apenas consenso no tocante à "incompreensão sistemática" e "criminalmente indefensável casuística da jurisprudência", que ampliou ilimitadamente a definição legal[469].

Essa ampla tutela da Administração Pública foi inclusive relatada por Von Liszt em seu Tratado de Direito Penal, sob a justificativa de que quanto maior for a extensão do campo da atividade da Administração Pública, maior e mais variado será o espaço objeto das condutas praticadas contra elas, que deverão ser limitadas por meio da cominação de penas, uma vez que ameaçam, em última instância, o andamento da

467 A respeito das mudanças legislativas, afirma-se que: "[...] a título de juízo provisório e incidental, não se nos afigura que a solução trilhada pelo legislador italiano seja consistente e configura qualquer segurança (como é exigido neste tipo de crimes), pelo que não nos parece configurar-se com uma alternativa válida" (Cunha, José Manuel Damião. O conceito de funcionário para efeito de lei penal e a "privatização" da administração pública. Coimbra: Coimbra Editora, 2008. p. 118).

468 Ibidem. p. 118-119. Consoante o autor, por motivos diversos, a jurisprudência passou a entender que funcionário seria a pessoa que, sem qualquer relação jurídica e pública de serviço, seja chamada por meio de ato jurídico, expresso ou tácito, a prestar serviço para o Estado. (Ibidem. p. 119-120).

469 Ibidem. p. 119-120.

Administração, apresentando-se como uma "infidelidade" que decorre da violação de um dever funcional[470].

Para o autor alemão, funcionário público seria considerado o indivíduo que "em virtude de nomeação do Estado, é chamado a exercer a sua atividade a bem dos fins do Estado (consequentemente sob a autoridade deste) e como órgão do poder público"[471], reconhecendo tratar-se de definição que não esgota a matéria, e complementando com a afirmação de ser irrelevante se designar ou não um serviço imediato ou mediato do Império ou de alguns Estados da Federação, de nomeação definitiva ou não, vitalício ou temporário, com vencimentos fixos ou somente com a percepção de emolumento, ao qual se tenha prestado ou não juramento[472].

As sobreditas dificuldades interpretativas, outrossim, resultaram em uma intervenção legislativa promovida pela Reforma de 1975, com a reformulação do conceito de funcionário, que foi realocado na parte geral do Código Penal, com a finalidade de demonstrar sua aplicabilidade a todos os tipos penais, e não apenas àqueles previstos no capítulo dos crimes contra a função pública[473].

Essa alteração também extinguiu o conceito unitário de funcionário, passando o § 11º do StGB a disciplinar dois conceitos – o do "titular de um ofício" e o conceito relacionado ao "especialmente vinculado para o serviço público"–, cuja aplicação se encontra atrelada à remissão efetivada de cada tipo penal subordinado a essas definições legais[474].

O primeiro conceito – *Amtsträger* – compreende três hipóteses: o do funcionário público, o do agente que detenha relação jurídico-pública,

[470] Von Liszt, Franz. Tratado de direito penal alemão. Tomo II.Trad. José Hygino Duarte Pereira. Rio de Janeiro: F. Briguiet & C. 1899. p. 487- 490.

[471] Ibidem. p. 492.

[472] Ibidem. p. 493.

[473] Cunha, José Manuel Damião. O conceito de funcionário para efeito de lei penal e a "privatização" da administração pública. Coimbra: Coimbra Editora, 2008. p. 120.

[474] Ibidem. p. 121. Essa reforma legislativa também inseriu no Código Penal alemão uma nova causa especial de aumento da pena para os crimes de corrupção ativa e passiva (§335º), contrária aos deveres do serviço, a exemplo do recebimento de vantagem excessiva, a aceitação continuada de vantagens indevidas ou para o membro de bando associado à prática habitual desses crimes.

além dos casos de nomeação, desde que exclusivamente na realização de tarefas da Administração Pública. Os vinculados ao serviço público, cuja obrigação está subordinada a um juramento e à advertência acerca das consequências penais decorrentes da violação de deveres, abrange a colaboração dos particulares e empresas privadas na execução de serviço público[475].

Nesse sentido, se esclarece que a ausência do juramento desencadearia um "exército de funcionários públicos", cuja grande maioria não teria conhecimento das consequências jurídicas decorrentes desta condição, que seria solucionada penalmente pela falta de consciência da ilicitude, além de expor um inseguro cenário a demonstrar o mau funcionamento do sistema jurídico penal[476].

Outro problema interpretativo se relaciona com a abrangência dos "órgãos" e "entidades", anteriormente pressupondo-se a natureza de pessoa jurídica de direito público. Todavia, a privatização da Adminis-

[475] CUNHA, José Manuel Damião. O conceito de funcionário para efeito de lei penal e a "privatização" da administração pública. Coimbra: Coimbra Editora, 2008. p. 125. Sobre a dificuldade interpretativa, informa o autor: "[...] *a doutrina não contesta a necessidade deste acto jurídico público; quer, antes, chamar atenção para o facto de, no caso concreto, o que está em discussão é o tipo e o conteúdo de atividade para que o agente foi 'chamado'. [...] Assim, a única possibilidade de incluir este tipo de agentes, no âmbito subjectivo dos 'crimes de ofício', era exactamente a de ser enquadrado no denominado 'especialmente obrigado ao serviço público'. Só que elemento constitutivo desta qualificação seria exactamente o da necessidade de uma formalização do específico dever que, nos casos em causa não tinha existido, pelo que os agentes foram absolvidos (no caso, do crime de corrupção). A referência a estes casos do direito alemão é, pois, também exemplificativa de alguma dificuldade por parte da doutrina e da jurisprudência em trabalhar com conceitos referentes ao 'funcionário' e aos crimes de "função pública". Como se vê, no caso dos denominados particulares (no sentido obviamente, de não funcionários ou então de não submetidos a uma relação pública de serviço) que intervenham no serviço público, para que possam ser punidos por crimes no âmbito de funções públicas (mais concretamente, por corrupção), além do preenchimento de um elemento material (uma atividade conexa com tarefas de Administração Pública, mas única e exclusivamente esta), devem preencher um elemento formal (exactamente o acto de 'vinculação', de acordo com a lei, acrescido de uma advertência, quanto às consequências penais)*" (Ibidem. p. 128-129).

[476] LENCKNER, Theodor. *Privatisierung der Verwaltung und Abwhal des Strafrechts – Zur Frage der strafrechtlichen Amtsträgereingenschaft am Beispiel der für die Bauverwaltung tätigen privaten Planungsbüros. ZStW, 1994. p. 502* apud CUNHA, José Manuel Damião. O conceito de funcionário para efeito de lei penal e a "privatização" da administração pública. Coimbra: Coimbra Editora, 2008. p. 121.

tração Pública, com a incorporação de entidades privadas, no desempenho das atividades públicas, gerou nova discussão sobre o conceito legal, optando a jurisprudência por reafirmar que, para adequação legal no § 11º do StGB, se faz necessário que essas tarefas sejam desempenhadas por uma pessoa coletiva de direito público ou uma entidade pública. Quanto ao titular de ofício público, abrange ainda aquele que for designado para o desempenho em um órgão ou entidade, por meio de um ato jurídico público, para o exercício de funções públicas em pessoa jurídica pública ou privada, com base predominantemente do Estado[477].

4.4 Funcionário Público: Análise do *Caput* do Art. 327 do Código Penal

Dispõe o *caput* do art. 327: "Considera-se funcionário público, para os efeitos penais, quem, embora transitoriamente ou sem remuneração, exerce cargo, emprego ou função pública".

Conforme mencionado nos parágrafos anteriores, o dispositivo em referência tem por finalidade conceituar elemento que integra a norma incriminadora, o que justifica a sua posição topográfica no final do capítulo que trata dos crimes funcionais, configurando, assim, pressuposto desses delitos, muito embora, conforme sugere Noronha, pudesse figurar na Parte Geral do Código[478], revelando que o conceito de funcionário público aplica-se a todo o diploma, e mesmo a outras leis penais, quando não dispuserem de forma diversa. Relembra ainda o autor que o Código italiano (arts. 357 a 359) adotou a mesma sistemática[479].

Nesse mesmo sentido, não há dúvidas de que o citado dispositivo, por meio da expressão "para fins penais", reproduz a intenção do legislador em fazer incidir essa norma para todas as hipóteses nas quais o Código Penal ou lei especial se refira a um funcionário público, desde que ausente previsão específica aplicável à espécie[480].

[477] Ibidem, p. 130-131.

[478] NORONHA, E. Magalhães. Direito penal. vol. 4. Dos crimes contra a saúde pública a disposições finais. 19. ed. São Paulo: Saraiva, 1992. p. 204.

[479] Ibidem. p. 205.

[480] PAGLIARO, Antonio; e COSTA JÚNIOR, Paulo José. Dos crimes contra a administração pública. 4. ed. São Paulo: Atlas, 2009. p. 14. Cita-se como exemplo o conceito de funcionário público estabelecido pelo Código Eleitoral e pela Lei de Licitações.

Dentro desse contexto traçado pelo artigo 327 do Código Penal, em todas as situações nas quais a lei penal fizer referência ao funcionário público, devem ser utilizadas as condições definidas no sobredito dispositivo, a fim de se aferir se o agente do delito deve ou não ser incluído nessa categoria[481].

Nessas hipóteses, a delimitação da responsabilidade criminal envolve a utilização de diferentes métodos hermenêuticos, seja porque os termos que compõem a norma de natureza explicativa possuem significados equívocos, ora em sentido comum, ora em sentido técnico, – em detrimento da técnica gramatical que se apresenta insuficiente, pois não consegue isoladamente decodificar o texto legal –, seja porque a palavra "funcionário público", para efeitos penais, não encontra parâmetros nos demais regramentos normativos, em especial para o Direito Administrativo, ocasionando uma quebra na unidade e coerência do sistema jurídico.

Não fosse o suficiente, cremos que a interpretação teleológica e a busca pelo melhor sentido norteado pelo "bem comum", ou mesmo a interpretação progressiva, colidem com os pilares do Direito Penal, particularmente com os princípios da taxatividade e reserva legal, pois se atrelam a noções abstratas intrinsecamente associadas ao subjetivismo do intérprete.

Nesse sentido, não se desconsidera que a própria natureza da norma não pode ficar alheia à evolução social, todavia, ao passo que a lei penal versa sobre a restrição de direitos fundamentais, deve necessariamente apresentar atributos que legitimem a intervenção punitiva do Estado. Em outras palavras, a própria essência da norma incriminadora exige parâmetros seguros, por meio do emprego de conceitos claros, sobretudo quando se leva em consideração que a prevenção geral condiciona-se ao prévio conhecimento do direito e dos fatos considerados como crimes.

Nesse contexto ideal de elaboração e aplicação da norma penal, há que se reconhecer que a formulação de um conceito penal de funcionário público vem ocasionando ao longo do tempo problemas diversos.

[481] Ibidem. p. 14.

A esse respeito, traçando um paralelo entre o dispositivo em análise e a ausência[482] de definição penal de funcionário público, antes da entrada

[482] Conforme destacado na introdução deste Capítulo, os demais Códigos Criminais não dedicaram-se a elaboração de um conceito penal de funcionário público, muito embora constasse a designação do sujeito ativo na descrição do tipo penal, ora por meio da palavra "funcionário público", ora com o termo "empregado público", sem qualquer diferenciação. Cf. neste sentido: Código Penal de 1890 – Decreto 847 – crime de prevaricação: art. 207. Commetterá crime de prevaricação o *empregado publico* que, por affeição, odio, contemplação, ou para promover interesse pessoal seu: 1º Julgar, ou proceder, contra litteral disposição de lei; 2º Aconselhar qualquer parte em litigio pendente de sua decisão; 3º Deixar de perder e formar processo aos delinquentes nos casos determinados em lei, e de dar-lhes a nota constitucional de culpa no prazo de vinte e quatro horas; 4º Recusar, ou demorar, a administração da justiça, ou as providencias do officio requisitadas por autoridade competente, ou determinadas por lei; 5º Exceder os prazos estabelecidos em lei para o relatorio e revisão do feito, ou para preferir sentença definitiva ou despacho. Em análise comparativa, cf. a redação elaborada para os dispositivos subsequentes: Art. 208. Commetterão também prevaricação os *funccionarios publicos* que: 1º Fabricarem qualquer auto, escriptura, papel ou assignatura falsa, em materia pertencente ao exercicio de suas funcções; 2º Attestarem como verdadeiros, e feitos em sua presença, factos e declarações não conformes á verdade; omittirem ou alterarem declarações que lhes fossem feitas; 3º Falsificarem copia, certidão, ou publica-forma, de um acto de officio, seja suppondo um original que não existe, seja alterando o original; 4º Attestarem falsamente a identidade, estado das pessoas e outros factos em acto do officio destinado a provar a verdade desses mesmos factos; 5º Cancellarem, ou riscarem, algum de seus livros officiaes; não darem conta de autos, documentos, ou papel que lhes fossem entregues em razão do officio, ou os tirarem de autos, requerimentos ou representações a que estivessem juntos e lhes tivessem ido ás mãos, ou poder, em razão do emprego; 6º Passarem certidão, attestado, ou documento falso, para que alguem seja incluido, ou excluido, do alistamento eleitoral: Penas – de prisão cellular por um a quatro annos, perda do emprego e multa de 200$ a 500$000. Art. 209. Ficarão comprehendidos na disposição do artigo precedente, e serão julgados pela mesma fórma de processo que os *funccionarios publicos,* o advogado ou procurador judicial: 1º Que conluiar-se com a parte adversa e, por qualquer meio doloso, prejudicar a causa confiada ao seu patrocinio; 2º Que, ao mesmo tempo, advogar ou procurar scientemente por ambas as partes; 3º Que solicitar do cliente dinheiro, ou valores, a pretexto de procurar favor de testemunhas, peritos, interpretes, juiz, jurado ou de qualquer autoridade; 4º Que subtrahir, ou extraviar, dolosamente, documentos de qualquer especie, que lhe tenham sido confiados e deixar de restituir autos que houver recebido com vista ou em confiança: Penas – de privação do exercicio da profissão por dous a quatro annos e multa de 200$ a 500$, além das mais em que incorrem pelo mal que causarem – grifamos.

em vigor do Código Criminal de 1940, evidenciando a persistente dificuldade em traçar uma precisa delimitação conceitual, Fernando Mendes de Almeida, em sua obra *Crimes contra a administração pública*, já observava que:

> O artigo 327 procura resolver um dos problemas mais angustiosos com que se defronta o aplicador da lei penal, no regime anterior à promulgação do Código Penal de 1940, ou seja, a extremação do funcionário público para efeito de precisar-se a responsabilidade penal não somente dentro do conceito formal, mas esquematizado nos estatutos de funcionário público da União, Estados e Municípios, como fonte de especiosas, difusa e bulhenta bibliografia nacional e estrangeira, ao tempo em que vigiam o Código Penal de 1890 e a Consolidação das Leis Penais, ambas as leis falavam indiferentemente em autoridade, funcionário, empregado, emprêgo público, sem que houvesse até então as lindes de conceito formal administrativo de funcionário e de conceito penal. Isto causava embaraço, sempre que, cometido um delito substancialmente qualificado entre os delitos funcionais, se verificava que, em face da lei, o sujeito ativo não era reputado funcionário público[483].

Diante desse cenário acima relatado, decidiu-se por incluir na redação do Código de 1940 uma definição exclusivamente penal[484] que, seguindo o modelo de outras legislações, estabeleceu uma fórmula "autônoma e alargada de funcionário"[485], extrapolando a definição conferida pelo Direito Administrativo, dispensando os requisitos da remuneração e permanência para a sua configuração.

[483] Almeida, Fernando Henrique Mendes de. Dos crimes contra a administração pública. São Paulo: Saraiva, 1955. p. 156.

[484] Na Exposição de Motivos da Parte Especial do Código Penal destacou-se a inclusão de um conceito autônomo, para efeitos penais, de funcionário público e de funcionário público equiparado: "85. O artigo 327 do projeto fixa, para os efeitos penais, a noção de funcionário público: 'Considera-se funcionário público, para os efeitos penais, quem, embora transitoriamente ou sem remuneração, exerce cargo, emprego ou função pública'. Ao funcionário público é equiparado o empregado de entidades paraestatais".

[485] Da Costa, Álvaro Mayrink. Direito penal. Parte especial. vol. 7. 6. ed. Rio de Janeiro: Forense, 2011. p. 176.

Ao que tudo indica, portanto, o Código Penal optou por um sistema unitário, para incluir no conceito de funcionário público todos os *agentes públicos*, "desde os representantes dos três Poderes da República até o mais humilde servidor", o que se extrai da análise conjunta dos termos "cargo, emprego e função pública", permanente ou não, voluntário ou obrigatório, gratuito ou remunerado[486].

A título exemplificativo, Luiz Régis Prado dispõe que a extensa definição abrange igualmente os cargos eletivos, nomeados, contratos ou situações de fato, excluindo-se apenas a hipótese de usurpação de função pública[487].

Adotou-se, em suma, definição que exige para a sua caracterização tão-somente o exercício profissional ou permanente da função pública[488]. Significa dizer que "a mais episódica relação que uma pessoa tenha com a função pública pode, em face do Código Penal, surgir como base para uma incriminação nos arts. 312 a 326"[489].

Não por outra razão, chegou-se a uma genérica definição de função pública tida como "o complexo de pensamento, vontade e ação, como atributos da autoridade", incluindo-se os que exercem atividades nos poderes legislativo, executivo e judiciário, cujo conceito não se restringe à definição de funcionário público estabelecido pelos correspondentes estatutos. É dizer, assim, que em cotejo com a lei penal, o termo funcionário público não ficaria restrito àquele definido pela lei administrativa, "*mas também por todo aquele que, pelos seus cometimentos, entra em contacto com um interesse publicístico de contornos nítidos*"[490].

Para além disso, o contexto gerado pelo legislador, ao elaborar o conceito de funcionário público, permite concluir que se enfatizou a *atividade*, e não a condição de servidor público[491].

[486] Prado, Luiz Régis. Curso de Direito Penal Brasileiro. vol. 3, 9. ed. São Paulo: Revista dos Tribunais, 2013. p. 654.

[487] Ibidem. p. 654.

[488] Bitencourt, Direito penal das licitações. São Paulo: Editora Saraiva, 2012. p. 105.

[489] Almeida, Fernando Henrique Mendes de. Dos crimes contra a administração pública. São Paulo: Saraiva, 1955. p. 158.

[490] Ibidem. p. 158.

[491] Casolato, Roberto Wagner Battochio. A doutrina, a jurisprudência e o art. 327, do Código Penal. Revista Brasileira de Ciências Criminais – 22. p. 90.

Esta amplitude atribuída ao artigo 327 é justificada pela intenção do legislador penal de incrementar o combate à corrupção e fraudes diversas, reforçando assim "a moralização dos comportamentos administrativos"[492].

Entendeu-se, assim, que o conceito estrito de funcionário público, de caráter administrativo, seria incompatível com a tutela penal da Administração Pública, preservando-a assim de eventuais violações praticadas pelos próprios servidores[493].

Sobre a problemática que reveste tal conceituação, Ana Maria Babette Bajer Fernandes sublinha que o artigo 327 do Código Penal possui dois "pontos nevrálgicos", as expressões "função pública" e "entidade paraestatal" (§1º do art. 327 do Código Penal), elementos normativos do tipo que confere elasticidade ao conceito de funcionário público[494].

Reforçando a necessidade de serem estabelecidos limites claros ao conceito penal de funcionário público, conclui a autora que, na hipótese de a interpretação jurídica buscar auxílio no Direito Administrativo, o conceito reproduzirá ilimitadas situações de fato, diante de um Estado que se realiza por intermédio de uma estrutura administrativa que se ampliou em demasia[495].

Nesse inseguro panorama, quanto às dificuldades de se estudar os delitos funcionais e estabelecer o conceito penal de funcionário público, Vicente Greco Filho aponta que:

> [...] a tortuosa definição de funcionário público (art. 327 do Código Penal), que leis posteriores, ao contrário de esclarecerem o conceito, trouxeram maior confusão, como o §1º do artigo com redação dada pela Lei nº 9.983/2000, que reintroduziu a ideia de atividade típica do Estado, concepção abandonada há cerca de um século porque ninguém sabe qual seja[496].

[492] DA COSTA, Álvaro Mayrink. Direito penal. Parte especial. vol. 7. 6. ed. Rio de Janeiro: Forense, 2011. p. 178.
[493] CASOLATO, Roberto Wagner Battochio. Op. Cit. p. 91.
[494] FERNANDES, Ana Maria Babette Bajer. Conceito de funcionário público no direito penal. *Justitia*. SP/SP, n. 98, p. 34.
[495] Ibidem. p. 34.
[496] Cf. Prefácio in CRESPO, Marcelo Xavier de Freitas (Coord.). Crimes contra a Administração Pública: Aspectos Polêmicos. São Paulo: Quartier Latin, 2010.

Dentre outros fatores que conferem aridez à análise dos crimes funcionais, o renomado autor refere-se ainda à dinâmica da Administração Pública, em seu enfoque estrutural e orgânico, ao passo que se encontra em constante transformação aliada às inúmeras "entidades híbridas ou, pelo menos, mal definidas", ensejadoras de dúvidas quanto a compreenderem ou não, no campo penal, a Administração Pública[497].

O quadro acima apresentado entremostra, em superficial desenlace, que a delimitação do conceito de funcionário público para o fim de se estabelecer segura responsabilização criminal foi e é tema de vetusta discussão jurídico-penal, notadamente em virtude da constante evolução do Direito Administrativo e da legislação criminal.

Registre-se, uma vez mais, a diretriz de que a construção do tipo penal deve observar o princípio da legalidade e seus corolários[498], como meio de contenção do arbítrio estatal aos contornos da lei, de modo a estabelecer precisamente o comportamento que está sendo incriminado, sob pena de violação da "pedra angular"[499] do Direito Penal.

Nessa mesma perspectiva, enfatiza-se, sobretudo, a observância do princípio da determinação taxativa[500], e proibição de *analogia in malam partem*, com o emprego de linguagem rigorosa e uniforme, que não enseje dúvidas sobre a subsunção do fato à norma.

Por fim, forçoso reconhecer que nesse cenário, aliado à insegura definição das normas penais, prosperam os movimentos em busca da mitigação de garantias penais, o que reclama a elaboração de um conceito claro para estabelecer quais os critérios e sujeitos estão enquadrados na norma disposta no artigo 327 do Código Penal.

Desenvolvidas as linhas gerais ao estudo dogmático do dispositivo em referência, serão trabalhados a seguir os termos inerentes à conceituação do funcionário público para o direito penal.

[497] Ibidem.

[498] Toledo, Francisco de Assis Toledo. Princípios básicos de direito penal. 5. ed. São Paulo, Saraiva, 2000. p. 22.

[499] Busato, Paulo César. Fundamentos para um direito penal democrático. 4. ed. São Paulo: Atlas, 2013. p. 145.

[500] Luisi, Luiz. Os Princípios Constitucionais Penais. 2. ed. Porto Alegre: Sergio Antonio Fabris, 2003. p. 24.

4.4.1 Funcionários Públicos, Agentes Públicos e Servidores Públicos

Os vocábulos "funcionário público", "agente público" e "servidor público" há muito provocam controvérsias.

Ao primeiro deles – *funcionário público* –, pode-se atribuir duas definições: uma *lato sensu*, formulada pelo Código Penal – que inclui todo aquele que exerce cargo, emprego ou função; outra estatutária, mais restrita. Na última hipótese, seguindo os Estatutos da União, Estados e Municípios, tem-se que "funcionário público é a pessoa legalmente investida em cargo público"[501]. É dizer, estatutariamente, funcionário público é apenas "a pessoa legalmente investida em cargo público"[502].

Tal distinção é esclarecida por meio de um panorama evolutivo que demonstra que, até o advento da Constituição Federal de 1988, de uma forma geral, se fazia alusão ao termo "funcionário público" para referir-se a toda pessoa física que exercia atividades na Administração Pública, ou seja, aquele que desempenhava função pública.

Não se pode olvidar, portanto, que antes da Constituição Federal de 1988, e em textos menos recentes, empregava-se com mais frequência o termo "funcionário público", a quem se conferia sentido amplo[503]. Esse cenário, ao que tudo indica, deu origem ao artigo 327 do Código Penal.

Todavia, em um contexto mais recente, para todas as demais áreas jurídicas, o mesmo termo passou a ser admitido em uma conceituação mais restrita, tido como o indivíduo que foi nomeado, tomou posse e encontra-se desempenhando uma função pública.

Portanto, somente após o cumprimento destes três pressupostos, será considerada pessoa legalmente investida em cargo público[504]. Nestes mesmos termos, vale frisar a observação de Cretella Júnior no sentido de que, além destas três etapas, exige-se até mesmo "a cerimônia formal e solene da investidura" para ser válida esta designação[505].

[501] Cretella Júnior, José. Manual de direito administrativo. 2. ed. Rio de Janeiro: Forense, 1979. p. 205.
[502] Ibidem. p. 02.
[503] Medauar, Odete. Direito administrativo moderno. 19. ed. São Paulo: Revista dos Tribunais, 2015. p. 320.
[504] Cretella Júnior, José. Manual de direito administrativo. 2. ed. Rio de Janeiro: Forense, 1979. p. 206.
[505] Ibidem. p. 206.

Por sua vez, o segundo termo – *agente público* –, tecnicamente, possui maior extensão, e designa o "material humano"[506] que realiza serviços e obras da União, Estados-Membros, Distrito Federal, Municípios e da Administração Indireta. Nessa acepção, compreende a "massa de pessoas físicas que, sob variados vínculos e algumas vezes sem qualquer liame, prestam serviços à Administração Pública ou realizam atividades de sua responsabilidade"[507].

Em um panorama ampliado, abrange inclusive as pessoas físicas que não possuem vínculo jurídico com a Administração Pública, mas prestam os serviços reservados a ela[508]. Nesse sentido, Diogenes Gasparini aponta que todos os indivíduos que possuírem ou não qualquer vínculo jurídico, e que prestarem serviços para a Administração Pública ou sob sua responsabilidade, serão considerados *agentes públicos*. E exemplifica o autor[509]:

> A noção alcança, em razão da sua abrangência, o Presidente da República, os Governadores dos Estados-Membros e do Distrito Federal, os Prefeitos, os Ministros, os Secretários de Estado e de Município, os Senadores, os Deputados estaduais e federais, os Vereadores, os servidores públicos civis (da Administração Pública direta, autárquica e fundacional pública), os servidores governamentais (das sociedades de economia mista, empresa pública

[506] Nesse cenário, vale salientar que o vocábulo agente público atua como órgão do Estado, manifestando assim sua vontade, o que retrata a adoção da teoria originariamente desenvolvida por Otto Gierke, que abrange tanto o exercício das atividades administrativas executadas pelos três Poderes, como as entidades que integram a Administração Indireta (Justen Filho, Marçal. Curso de Direito Administrativo. 9. ed. São Paulo: Revista dos Tribunais, 2013. p. 873.) Em síntese, prevalece a vontade objetiva da lei e não a subjetiva do agente, sob pena de caracterizar o desvio de finalidade (Nohara, Irene Patrícia. Direito administrativo. 6. ed. São Paulo: Atlas, 2016. p. 666).

[507] Gasparini, Diogenes. Direito administrativo. 17. ed. atualizada por Fabrício Motta. São Paulo: Saraiva, 2012. p. 191. Nesse mesmo sentido, Carvalho Filho define como agentes públicos o grupo de pessoas que realizam uma função pública como preposto do Estado, a qualquer título, remunerada ou não, definitiva ou transitória, política ou jurídica (Carvalho Filho, José dos Santos. Manual de direito administrativo. 30. ed. São Paulo: Atlas, 2016. p. 619).

[508] Gasparini, Diogenes. Op. Cit. p. 191.

[509] Ibidem. p. 191-192.

e fundações privadas), os delegados de serviços públicos (concessionários, permissionários e autorizatários), os requisitados, (mesários, escrutinadores e jurados), os temporários (admitidos nos termos do inciso IX do art. 37 da CF), os gestores de negócios públicos (os que assumem o serviço público em razão do abandono de seus responsáveis), os delegados de função ou ofício público (tabeliães, titulares de serventias públicas, diretores de faculdades particulares), os contratados no regime da locação civil e os militares.

Seguindo essa mesma perspectiva, extrai-se do art. 2º da Lei nº 8.429/92, que dispõe sobre as sanções aplicáveis aos agentes públicos, nos casos de enriquecimento ilícito no exercício de mandato, cargo, emprego ou função na Administração Pública Direta, Indireta ou fundacional, a seguinte conceituação de agente público:

> Art. 2º Reputa-se agente público, para os efeitos desta lei, todo aquele que exerce, ainda que transitoriamente ou sem remuneração, por eleição, nomeação, designação, contratação ou qualquer outra forma de investidura ou vínculo, mandato, cargo, emprego ou função nas entidades mencionadas no artigo anterior[510].

Dessa definição legal permite-se elaborar duas considerações: a primeira evidencia que a legislação passou a adotar o termo agente público para designar todos aqueles que de algum modo, com ou sem vínculo, desempenham uma atividade reservada à Administração Pública; a

[510] Art. 1º Os atos de improbidade praticados por qualquer agente público, servidor ou não, contra a administração direta, indireta ou fundacional de qualquer dos Poderes da União, dos Estados, do Distrito Federal, dos Municípios, de Território, de empresa incorporada ao patrimônio público ou de entidade para cuja criação ou custeio o erário haja concorrido ou concorra com mais de cinqüenta por cento do patrimônio ou da receita anual, serão punidos na forma desta lei.
Parágrafo único. Estão também sujeitos às penalidades desta lei os atos de improbidade praticados contra o patrimônio de entidade que receba subvenção, benefício ou incentivo, fiscal ou creditício, de órgão público bem como daquelas para cuja criação ou custeio o erário haja concorrido ou concorra com menos de cinqüenta por cento do patrimônio ou da receita anual, limitando-se, nestes casos, a sanção patrimonial à repercussão do ilícito sobre a contribuição dos cofres públicos.

segunda comprova que o temo funcionário público não é sinônimo de agente público.

Nesse sentido, acerca do significado de agente público previsto na Lei de Improbidade Administrativa, Carvalho Filho destaca que, malgrado apresente redundâncias, sobredita conceituação reproduz fielmente o alcance que os estudiosos conferem ao termo, compreendendo assim todos os agentes da União, Estados, Distrito Federal e Municípios e respectivos Poderes dos entes federativos[511].

Diante de tão abrangente conceituação, são reconhecidos os seguintes grupamentos de agentes públicos, levando-se em consideração, para tanto, os fatores de semelhança entre si[512]: a) os *agentes políticos*, que se caracterizam por possuírem "funções de direção e orientação" previstas pela Constituição da República, em regra, de caráter temporário, decorrente de mandatos eletivos, v.g. Presidente, Governador, Prefeito, Ministros e Secretários e membros do Poder Legislativo; b) *agentes particulares colaboradores*, que embora sejam particulares, realizam funções de natureza pública, com ou sem remuneração, de forma temporária ou permanente, constituindo, por vezes, um *munus* público, v.g., jurados, mesários, titulares de ofícios de notas e de registro não oficializados (art. 236, CF) e os concessionários e permissionários de serviços públicos; c) *servidores*

[511] Carvalho Filho, José dos Santos. Manual de direito administrativo. 30. ed. São Paulo: Atlas, 2016. p. 619. E conclui o autor: "Com tão amplo significado, desde as mais altas autoridades da República, como os Chefes do Executivo e os membros do Poder Legislativo, até os servidores que executam as mais humildes tarefas, todos se qualificam como agentes públicos, vinculados que estão aos mais diversos órgãos estatais" (Ibidem. p. 619-620).

[512] Lúcia Valle Figueiredo, apoiada na antiga classificação adotada por Celso Antônio Bandeira de Mello, reproduz a seguinte subdivisão dos agentes públicos, dentro de um critério relacionado ao vínculo de dependência com o Estado: (i) agentes políticos; (ii) agentes públicos com regime especial: membros do Poder Judiciário, Ministério Público, Tribunal de Contas, regidos por legislação própria (iii) funcionários: todos os que ocupam cargos efetivos ou em comissão; (iv) servidores: atuam na Administração Direta, autarquias e fundações e aqueles que exercem função pública, sem ocupar um cargo, incluindo-se nessa categoria os empregados das empresas estatais e das fundações privadas, os empregados públicos contratados por tempo determinado, os estabilizados pela CF de 1967 e art. 19 das Disposições Transitórias da CF de 1988 e, por fim, os servidores militares (Figueiredo, Lúcia Valle. Curso de Direito Administrativo. 2. ed. São Paulo: Malheiros, 1995. p. 383-384).

públicos (também denominados de agentes administrativos ou funcionários públicos), que possuem com o Estado uma relação permanente de trabalho[513]. Di Pietro inclui ainda nesse rol os militares[514].

Assim sendo, pode-se afirmar que, ao contrário do que dispõe o Código Penal, a palavra "funcionário público" não designa todo o espectro de pessoas que praticam uma atividade administrativa, mas apenas retrata uma espécie do gênero "agente público" [515].

Conclui-se, ainda, que a palavra "*funcionário público*" é sinônimo de "*servidor público*".

Nesse sentido, destaca-se que a seção I, do Capítulo VII[516] da Constituição Federal, contém disposições gerais a serem seguidas por todas

[513] CARVALHO FILHO, José dos Santos. Manual de direito administrativo. 30. ed. São Paulo: Atlas, 2016. p. 622-623. A esse respeito, dispõe ainda o autor sobre a equivocada utilização dos termos "agente administrativo" e "funcionário público". Com relação ao primeiro, "diz menos do que o sentido que se deve emprestar à expressão *servidores públicos*", sobretudo diante das funções diversas da atividade administrativa realizada por diversos servidores públicos. Em especial, acerca do termo *funcionário público,* é inadequado tanto porque o vocábulo já foi banido da Constituição e, sobretudo pois tem sentido mais restrito, designando-se outrora apenas os servidores estatutários que integravam a Administração Direta, ao contrário dos servidores públicos que integram também as autarquias, fundações públicas autárquicas, sob qualquer regime funcional. (Ibidem. p. 622-623).

[514] Segundo a autora, o Capítulo VII da CF/88, concernente à Administração Pública, na seção III, trata dos militares dos Estados, Distrito Federal e dos Territórios. Nesse ponto, cabe observar que, até a Emenda Constitucional n.º 18/98, falava-se em "servidores militares". Referida emenda excluiu, no tocante aos militares, o vocábulo "servidores", que passaram a ser incluídos na categoria de agentes públicos. Em verdade, não há distinção no vínculo que os servidores civis e militares possuem com o Estado, o que não se aplica ao regime jurídico que é distinto entre as categorias. Compreende a categoria dos militares os membros das Polícias Militares, Corpos de Bombeiros dos Estados, Distrito Federal e Territórios (art. 42, CF) e os membros das Forças Armadas (art. 142, CF). (DI PIETRO, Maria Sylvia Zanella. *Direito administrativo.* 29. ed. Rio de Janeiro: Forense, 2016. p. 652-653).

[515] Ainda quanto à classe dos servidores públicos, estes podem ser classificados de estatutários, empregados públicos e servidores temporários.

[516] A Constituição Federal é o principal alicerce normativo dos servidores públicos. No Capítulo VII – Da Administração Pública – traz na primeira seção disposições gerais nos artigos 37 e 38; na segunda, em seus artigos 39 a 41, elenca regras aplicáveis aos *servidores públicos,* tais como o sistema remuneratório, concessão de aposentadoria e regime previdenciário; por fim, na terceira seção, trata dos militares dos Estados, Distrito Federal e Territórios. Com efeito, sobre a matéria, destacam-se ainda as alterações implementadas

as pessoas que prestam serviços, quer na Administração Direta, quer na Indireta. Em complemento, na seção II deste mesmo capítulo são elencados dispositivos que regulam apenas as pessoas, com vínculo empregatício, que prestam serviços para a Administração Direta, autarquias e fundações de direito privado, denominados de "*Servidores Públicos Civis*", posteriormente modificado pela Emenda Constitucional 18/98[517] para nominá-los apenas de "*Servidores Públicos*"[518].

Com efeito, uma análise comparativa com a Constituição Federal de 1967 demonstra o recorrente uso do termo "funcionário público" à época, que, aos poucos, foi sendo substituída pelas legislações mais recentes que passaram a fazer uso da palavra "servidor público"[519].

Nesse contexto geral, permite-se afirmar ainda que essa mesma palavra é utilizada tanto em sentido amplo, para compreender todas as pessoas físicas com vínculo empregatício que exercem atividades na Administração Direta e Indireta, mas também em sentido restrito, excluindo-

pelas Emendas Constitucionais n.º 19/98, 20/98, 41/2003, 47/2005, 88/2015. Por fim, as normas constitucionais e outras diversas que regulam o regime jurídico dos servidores públicos encontram-se nos chamados "Estatutos", que reúnem leis e preceitos para cada esfera administrativa, v.g., a Lei n.º 8.112/90, designada de Estatuto dos Servidores Públicos Civis da União.

[517] Emenda Constitucional n.º 18 de 05 de fevereiro de 1998 – Dispõe sobre o regime constitucional dos militares – Art. 2º. A seção II do Capítulo VII do Título III da Constituição passa a denominar-se "Dos Servidores Públicos" e a Seção III do Capítulo VII do Título III da Constituição Federal passa a denominar-se "Dos Militares dos Estados, do Distrito Federal e dos Territórios" [...].

[518] CF/1988 – Capítulo VII – Da Administração Pública; Seção II – *Dos Servidores Públicos* – Art. 39. A União, os Estados, o Distrito Federal e os Municípios instituirão, no âmbito de sua competência, regime jurídico único e planos de carreira para os servidores da administração pública direta, das autarquias e das fundações públicas.

[519] CF/1967 – Capítulo VII – Seção VII – *Dos Funcionários Públicos* – Art. 95 – Os cargos públicos são acessíveis a todos os brasileiros, preenchidos os requisitos que a lei estabelecer. § 1º – A nomeação para cargo público exige aprovação prévia em concurso público de provas ou de provas e títulos. § 2º – Prescinde de concurso a nomeação para cargos em comissão, declarados em lei, de livre nomeação e exoneração. § 3º – Serão providos somente por brasileiros natos os cargos da carreira de Diplomata, os de Embaixador e outros previstos nesta Constituição.

-se, nessa hipótese, aqueles que prestam serviços às pessoas jurídicas de direito privado[520].

Diante dos esclarecimentos acima apresentados, particularmente em razão da amplitude conceitual pretendida pelo legislador, e sua intenção de abranger todos aqueles que exercem atividade na Administração Pública, conclui-se que, tecnicamente, o artigo 327 do Código Penal traz o conceito de "agente público"[521].

Nesse sentido, Vicente Greco Filho e João Daniel Rassi confirmam o equívoco do termo em questão para afirmar que o emprego da expressão "funcionário público", no artigo 327 do Código Penal, correlaciona-se à classificação de *agente público*, consoante a atual doutrina de direito administrativo[522].

A esse respeito, cabe expressar a, talvez, simplista, mas incômoda adoção de conceitos diversos para cada ramo do direito, sobretudo ao rememorarmos que a divisão por áreas de atuação justifica-se para uma melhor estruturação e compreensão da matéria. Ao final, o Direito é um só sistema, que se pressupõe lógico e coerente, razão pela qual reclama uma identidade conceitual dos institutos por ele regulados, para o fim de trazer tranquilidade e segurança para a aplicação da lei.

Demais disso, forçoso convir que, ao tempo da elaboração do Código Penal, justificava-se o emprego do termo "funcionário público", todavia, não há que se desconsiderar que a alteração efetivada pela Lei 9.983/2000 – para ampliar ainda mais este conceito penal –, deixou de substituir o *nomen iuris* por termo técnico e atual, mantendo assim uma designação que não corresponde ao seu verdadeiro significado.

Não por outra razão, sobressaem os dizeres de Cretella Júnior sobre o conceito em estudo, ressaltando o célebre administrativista que "às vezes, há interesse em jogar com a definição ampla de funcionário público;

520 Di Pietro, Maria Sylvia Zanella. Direito administrativo. 29. ed. Rio de Janeiro: Forense, 2016. p. 651.

521 Gomes, Eloy Ojea. Lei n.º 9.437/97: Quem é servidor público? Boletim IBCCrim, São Paulo, n. 70, p. 7, setembro de 1998.

522 Greco Filho, Vicente; Rassi, João Daniel. O combate à corrupção e comentários à lei de responsabilidade de pessoas jurídicas: lei n. 12.846, de 1º de agosto de 2013 – atualizado de acordo com o Decreto n. 8.420, de 18 de março de 2015. São Paulo: Saraiva, 2015. p. 121.

outras vezes há interesse em jogar com a definição estrita de funcionário público, tudo dependendo do ângulo em que se coloca o jurista"[523].

4.4.2 Cargo, Emprego e Função Pública

Em seu *caput*, o artigo 327 do Código Penal vincula a condição de funcionário público ao exercício de um cargo, emprego ou função pública.

Na lei, a definição de "*cargo*" é trazida pelo artigo 3º da Lei 8.112/90, que dispõe ser "o conjunto de atribuições e responsabilidades previstas na estrutura organizacional que devem ser cometidas a um servidor". Prevê o parágrafo único do mesmo dispositivo que "os cargos públicos são criados por lei, com denominação própria e vencimento pago pelos cofres públicos, para provimento em caráter efetivo ou em comissão".

Na esfera dogmática, segundo Odete Medauar, a palavra tem o seguinte significado:

> [...] o conjunto de atribuições e responsabilidades, criado por lei em número determinado, com nome certo e remuneração especificada por meio de símbolos numéricos e/ou alfabéticos. Todo cargo implica o exercício de função pública. O ato administrativo que atribui, a uma pessoa, exercício inicial de um cargo é a nomeação[524].

Em complemento as essas considerações, consoante o artigo 41 da Constituição Federal, os cargos públicos para provimento em caráter efetivo, em virtude de concurso público, após três anos, conferem estabilidade ao seu exercício. Por outro lado, por serem de livre provimento, os cargos em comissão não conferem estabilidade aos seus ocupantes, permitindo-se que sejam afastados por conveniência da autoridade nomeante[525].

Já o *emprego público* predispõe-se à existência de vínculo contratual regido pela Consolidação das Leis do Trabalho. Esse regime jurídico

[523] CRETELLA JÚNIOR, José. Manual de direito administrativo. 2. ed. Rio de Janeiro: Forense, 1979. p. 206.

[524] MEDAUAR, Odete. Direito administrativo moderno. 19. ed. São Paulo: Revista dos Tribunais, 2015. p. 321.

[525] NOHARA, Irene Patrícia. Direito administrativo. 6. ed. São Paulo: Atlas, 2016. p. 672-673.

de direito privado é obrigatório para as sociedades de economia mista, empresas públicas e suas subsidiárias que exploram atividade econômica de produção ou comercialização de bens ou de prestação de serviços, em observância ao artigo 173, § 1º, II[526], da Constituição da República. Não compreendem assim as pessoas físicas que atuam na Administração Direta, nas autarquias e fundações públicas[527].

Em linhas gerais, essas unidades de atribuições distinguem-se pelo vínculo que liga o servidor ao Estado: o ocupante de cargo público possui um vínculo estatutário, enquanto o emprego público tem vínculo contratual regido pela CLT[528].

Por fim, quanto ao termo "*função pública*", não há dúvidas de que foi inserido no art. 327 do Código Penal com a finalidade de conferir abrangência e elasticidade ao conceito em estudo. Isso porque possui definição pouco precisa, abrangendo, em sentido amplo e pouco técnico, não ape-

[526] Art. 173. Ressalvados os casos previstos nesta Constituição, a exploração direta de atividade econômica pelo Estado só será permitida quando necessária aos imperativos da segurança nacional ou a relevante interesse coletivo, conforme definidos em lei.
§ 1º A lei estabelecerá o estatuto jurídico da empresa pública, da sociedade de economia mista e de suas subsidiárias que explorem atividade econômica de produção ou comercialização de bens ou de prestação de serviços, dispondo sobre: (*Redação dada pela Emenda Constitucional nº 19, de 1998*)
[...]
II – a sujeição ao regime jurídico próprio das empresas privadas, inclusive quanto aos direitos e obrigações civis, comerciais, trabalhistas e tributários; (*Incluído pela Emenda Constitucional n.º 19, de 1998*).

[527] A Emenda Constitucional n.º 19/98 tentou ampliar a contratação por emprego público para a Administração Direta, autarquias e fundações. Todavia, restaurou-se com efeitos "ex nunc", a redação original do "caput" do artigo 39 da ADIC 2135-4/DF, de 2.8.2007, decorrente de inconstitucionalidade formal por ausência de quórum. E ainda, não obstante a referida normatização, a "a Justiça do Trabalho tem Súmula (390, do TST, de 2005) que não questiona o regime celetista no âmbito público e que, ainda, *reconhece* estabilidade para os empregados de entes da Administração Direta, autárquica e fundacional pública, negando a mesma prerrogativa aos trabalhadores das empresas públicas e sociedades de economia mista". Cf. nesse sentido, NOHARA, Irene Patrícia. Op. Cit. p. 673.

[528] DI PIETRO, Maria Sylvia Zanella. Direito administrativo. 29. ed. Rio de Janeiro: Forense, 2016. p. 663.

nas a função administrativa, disciplinada no Capítulo VII da Constituição da República, mas igualmente as funções legislativas e jurisdicionais[529].

Neste sentido, cumpre destacar que o Direito Administrativo elenca somente duas espécies de funções: a função de confiança (artigo 37, V, da Constituição Federal) e a função dos contratados por tempo determinado para a execução de atividade excepcional de interesse público, de natureza temporária (Lei n.º 8.745/93 e alterações da Lei n.º 9.849/99 e Lei n.º 10.667/03)[530].

Por outro lado, para a esfera penal, a palavra "função pública" não possui o mesmo sentido conferido pela seara administrativista, sendo utilizada de forma residual, para designar uma atribuição que não corresponde nem a um cargo nem a um emprego público.

Em linhas gerais, de forma ampliativa, maneja-se o fluído termo para incluir no conceito penal de funcionário público todos os indivíduos que, a despeito de não possuírem cargo ou emprego, exercem atividades perante a Administração Pública.

4.4.3 Critério Adotado para uma Delimitação Conceitual de Funcionário Público para Efeitos Penais – A Acepção Orgânica da Administração Pública

Conforme adiantado nos capítulos introdutórios, a definição do termo "administração pública" é certamente o ponto principal para demarcar com maior rigor a interpretação do conceito penal de funcionário público[531].

Sem descurar-se de outros critérios, objetivando estreitar o conceito penal de funcionário público – e, consequentemente, a responsabilização criminal nos delitos funcionais –, o estudo do Direito Administrativo, mormente a conceituação da "Administração Pública", foi o primeiro método utilizado em face da problemática proposta no presente plano

[529] Ibidem. p. 651.

[530] NOHARA, Irene Patrícia. Direito administrativo. 6. ed. São Paulo: Atlas, 2016. p. 675.

[531] RASSI, João Daniel. Administração Pública na acepção orgânica e o conceito penal de funcionário público – Contributo para o estudo do art. 327 do Código Penal Brasileiro. In: CRESPO, Marcelo Xavier de Freitas (Coord.). Crimes contra a Administração Pública: Aspectos Polêmicos. São Paulo: Quartier Latin, 2010. p. 14.

de pesquisa. É inclusive a partir dessa premissa que será eleito o critério que permite delimitar o conceito penal de funcionário público.

Sob esse enfoque, como visto, em uma *acepção orgânica*, a Administração Pública, grafada com a letra maiúscula, compreende "o conjunto de pessoas públicas e privadas, e de órgãos que exercitam atividade administrativa"[532].

Em uma *acepção funcional*, referida expressão reproduz "o conjunto dos bens e direitos necessários ao desempenho da função administrativa"[533]. A questão cinge-se então ao "tipo de atividade desenvolvida" [534].

Em termos objetivos, a previsão legal contida no artigo 327 do Código Penal não se relaciona propriamente com a *qualidade* de funcionário público, mas pelo *fato* de que no exercício da função pública, permanente ou temporária, remunerada ou gratuita, profissional ou não, interinamente ou *per accidens*, comete-se o crime funcional[535].

Muito embora o sobredito dispositivo relacione o conceito de funcionário público ao exercício de uma função pública, ou seja, ao *conceito funcional* da Administração, sobrepõe-se à escolha do legislador as diretrizes gerais do Direito Penal, com destaque ao princípio da legalidade em todos os seus aspectos, exigindo-se assim o estabelecimento de limites precisos para a aplicação da lei penal, garantindo a certeza e isonomia do direito.

[532] Justen Filho, Marçal. Curso de Direito Administrativo. 9. ed. São Paulo: Revista dos Tribunais, 2013. p. 266.

[533] Ibidem. p. 266. Ainda sobre o tema: Maria Sylvia Zanella Di Pietro, citando Fernando Andrade de Oliveira, elenca três critérios para se alcançar a definição do termo: subjetivo ("conjunto de órgãos e pessoas jurídicas"); objetivo ("atividade concreta e imediata dos interesses públicos"); e formal ("manifestação do Poder Público decomposta em atos jurídico-administrativos dotados da propriedade da autoexecutoriedade, ainda que de caráter provisório) (Di Pietro, Maria Sylvia Zanella. Direito administrativo. 26. ed. São Paulo: Atlas, 2013, p. 47).

[534] Rassi, João Daniel. Administração Pública na acepção orgânica e o conceito penal de funcionário público – Contributo para o estudo do art. 327 do Código Penal Brasileiro. In: Crespo, Marcelo Xavier de Freitas (Coord.). Crimes contra a Administração Pública: Aspectos Polêmicos. São Paulo: Quartier Latin, 2010. p. 16.

[535] Hungria, Nelson. Comentários ao Código Penal. Vol. IX. 2. ed. Rio de Janeiro: Forense, 1959. p. 398.

Revestido dessa garantia constitucional, deve-se levar também em consideração a ampliação das funções atribuídas à Administração Pública, com o advento da Constituição Federal de 1988, e a delegação de serviços públicos para as empresas privadas[536].

Nesse mesmo sentido, em decorrência desse cenário de alargamento das funções públicas, ampliaram-se consequentemente os bens jurídicos a serem tutelados pela norma penal[537].

Bem lembra Babette Bajer Fernandes que à época, na qual foi elaborado o artigo 327 do Código Penal, não se previa a descomedida expansão da estrutura administrativa[538].

Não sem motivo, fica a nítida impressão de que a "abertura elástica" da expressão "função pública[539]" compreende infinitas situações de fato, o que, relacionada à interpretação do conceito de funcionário público, gera resultado funesto para o campo penal[540].

Por conseguinte, a junção do crescimento burocrático aliada à instável definição de "função pública" gerou, em curto espaço temporal, vasto grupo de pessoas que se enquadraram no conceito penal de funcionário público[541].

Para além da ameaça ao princípio da taxatividade, outro ponto deve ser observado e relaciona-se à inaceitável vinculação da norma penal à incerta acepção objetiva da Administração Pública.

Tal conclusão, frise-se, é referendada pela abalizada opinião do Professor Vicente Greco Filho, ao advertir que "é tão amplo o conceito fun-

[536] Greco Filho, Vicente; Rassi, João Daniel. O combate à corrupção e comentários à lei de responsabilidade de pessoas jurídicas: lei n. 12.846, de 1º de agosto de 2013 – atualizado de acordo com o Decreto n. 8.420, de 18 de março de 2015. São Paulo: Saraiva, 2015. p. 121.

[537] Rassi, João Daniel. Op. Cit. p. 14.

[538] Fernandes, Ana Maria Babette Bajer. Conceito de funcionário público no direito penal. ***Justitia***. SP/SP, n. 98. p. 34.

[539] Para a doutrinadora, ao lado da "entidade paraestatal", o termo "função pública" é considerado "ponto nevrálgico" pois, tratando-se de um dos elementos normativos do tipo, compreende infinitas situações de fato, gerando assim graves consequências quando o alargamento do aparato administrativo relaciona-se com o Código Penal (Ibidem. p. 34).

[540] Ibidem. p. 34.

[541] Ibidem. p. 34.

cional adotado pela legislação repressiva que chega a extrapolar o próprio conceito administrativo que o informa"[542].

E reforça o ilustre autor que tal fato "fica evidente quando se sabe que, para o direito administrativo, o conceito de administração pública em sentido funcional exclui as atividades dos órgãos governamentais superiores e as funções políticas"[543].

Logo, inobstante se reconheça que o legislador penal acolheu o conceito funcional da Administração Pública[544], diante da extensão e fluidez conferidas pela norma penal a esse critério, o que impede o estabelecimento de balizas claras e seguras, incompatíveis com a aplicação da norma penal, propõe-se a adoção do conceito orgânico da Administração Pública para fins de restringir o alcance do artigo 327 do Código Penal[545].

Neste sentido, propõe-se limitar o abstrato significado conferido ao termo "função pública", por meio da adoção do critério orgânico, pois permite identificar não apenas os órgãos e pessoas jurídicas a quem se outorga a realização de serviços públicos, mas ainda sua localização na estrutura administrativa[546]. Tal visualização fica assim facilmente aferível por meio do organograma da Administração Pública.

Nessa perspectiva, pode-se infirmar que não estão incluídos no conceito penal de funcionário público aqueles que exercem um "múnus"

542 Greco Filho, Vicente; Rassi, João Daniel. O combate à corrupção e comentários à lei de responsabilidade de pessoas jurídicas: lei n. 12.846, de 1º de agosto de 2013 – atualizado de acordo com o Decreto n. 8.420, de 18 de março de 2015. São Paulo: Saraiva, 2015. p. 122.

543 Ibidem. p. 122.

544 Cf. a respeito Souza, Luciano Anderson de. Crimes contra a administração pública. São Paulo: Thomson Reuters Brasil, 2018, p. 70: "Sendo assim, o conceito penal de funcionário público, de viés funcional, não meramente formal, nada mais é do que a regra exegética identificadora de crimes próprios ou delimitadora de outros consectários, não circunscritos à exata condição de servidor." E ainda:

545 Nesse sentido: Ibidem. p. 121. E ainda: Rassi, João Daniel. Administração Pública na acepção orgânica e o conceito penal de funcionário público – Contributo para o estudo do art. 327 do Código Penal Brasileiro. In: Crespo, Marcelo Xavier de Freitas (Coord.). Crimes contra a Administração Pública: Aspectos Polêmicos. São Paulo: Quartier Latin, 2010. p. 14.

546 Greco Filho, Vicente; Rassi, João Daniel. O combate à corrupção e comentários à lei de responsabilidade de pessoas jurídicas: lei n. 12.846, de 1º de agosto de 2013 – atualizado de acordo com o Decreto n. 8.420, de 18 de março de 2015. São Paulo: Saraiva, 2015. p. 122.

público, tais como os curadores e tutores dativos, os inventariantes judiciais e o administrador judicial da falência[547], justamente porque não se encontram dentro da estrutura administrativa e, portanto, não exercem função pública[548].

[547] Da Costa, Álvaro Mayrink. Direito penal. Parte especial. vol. 7. 6. ed. Rio de Janeiro: Forense, 2011. p. 178.

[548] Quanto aos advogados dativos, o STJ já decidiu que não são considerados funcionários públicos para fins penais, uma vez que não exercem função pública. A esse respeito: "RHC - PENAL - FUNCIONARIO PÚBLICO - ADVOGADO - O CÓDIGO PENAL REELABOROU O CONCEITO DE - FUNCIONARIO PÚBLICO (ART. 327). COMPREENDE QUEM, EMBORA TRANSITORIAMENTE OU SEM REMUNERAÇÃO, EXERCE CARGO, EMPREGO OU FUNÇÃO PÚBLICA. CARGO E LUGAR E CONJUNTO DE ATRIBUIÇÕES CONFIADAS PELA ADMINISTRAÇÃO A UMA PESSOA FISICA, QUE ATUA EM NOME DO ESTADO. EMPREGO E VÍNCULO DE ALGUEM COM O ESTADO, REGIDO PELAS LEIS TRABALHISTAS. FUNÇÃO PÚBLICA, POR SEU TURNO, ATIVIDADE DE ORGÃO PÚBLICO QUE REALIZA FIM DE INTERESSE DO ESTADO. A ADVOCACIA NÃO É ATIVIDADE DO ESTADO. AO CONTRÁRIO, PRIVADA. LIVRE E O SEU EXERCICIO, NOS TERMOS DO ESTATUTO DO ADVOGADO. A ADVOCACIA NÃO SE CONFUNDE COM A - DEFENSORIA PÚBLICA. ESTA E INSTITUIÇÃO ESSENCIAL A FUNÇÃO JURISDICIONAL DO ESTADO, INCUMBINDO A ORIENTAÇÃO JURIDICA E A DEFESA, EM TODOS OS GRAUS, DOS NECESSITADOS, NA FORMA DO ART. 5., LXXXIV (CONST. ART. 134). O DEFENSOR PÚBLICO, AO CONTRÁRIO DO ADVOGADO EXERCE - FUNÇÃO PÚBLICA. O ADVOGADO, DESIGNADO PARA EXERCER A DEFESA DE ALGUM, EXERCE - "MUNUS PUBLICUM" (LEI N. 8.906, 14.07.1994, ART. 2., PARÁGRAFO 2.). ASSIM, NÃO EXERCENDO - FUNÇÃO PÚBLICA NÃO É - FUNCIONARIO PÚBLICO - PARA OS EFEITOS PENAIS." (STJ - RHC: 3900 SP 1994/0027399-1, Relator Ministro Luiz Vicente Cernicchiaro, Data de Julgamento: 12/09/1994, T6 - SEXTA TURMA, Data de Publicação: DJ 03.04.1995 p. 8148). E ainda: "RECURSO DE HABEAS CORPUS. DEFENSOR DATIVO. POSTERIORIDADE. COBRANÇA. HONORÁRIOS. CONDUTA ATÍPICA. FUNCIONÁRIO PÚBLICO. 1. O defensor dativo, ao contrário do integrante da Defensoria Pública (art. 5º, inciso LXXXIV c/c art. 134 da CF), não exerce função pública, mas somente munus publicum, razão pela qual a sua conduta, referente à cobrança indevida de honorários, não pode ser enquadrada como ato de funcionário público, refugindo ao âmbito do Direito Penal. 2. Recurso provido". (RHC 8.856/RS, Rel. Ministro Fernando Gonçalves, Sexta Turma, julgado em 16/12/1999, DJ 21/02/2000, p. 188); "PENAL E PROCESSUAL PENAL. RECURSO ORDINÁRIO DE HABEAS CORPUS. CONCUSSÃO. DEFENSOR DATIVO. POSTERIOR COBRANÇA DE HONORÁRIOS. ATÍPICA. I - A advocacia, mesmo em se tratando de designação para a defesa de alguém, pode ser munus publicum (Lei nº 8.906/94, art. 2, 2º), mas

A par da adoção do critério orgânico, em complemento, propõe-se o resgate dos critérios que limitam a aplicação da lei penal – retratados do

não é, ao contrário da Defensoria Pública (art. 5º, inciso LXXXIV c/c o art. 134 da Carta Magna), função pública (Precedente). II – Configura matéria extrapenal, a posterior e indevida cobrança de honorários acerca de serviços prestados como defensor dativo. Recurso provido." (RHC 8.706/SC, Rel. Ministro Felix Fischer, QUINTA TURMA, julgado em 28/09/1999, DJ 18/10/1999, p. 239). Mais recentemente, em sentido contrário, o STJ vem entendendo que o advogado dativo exerce função pública, seja porque sua função relaciona-se a garantia da ampla defesa, seja porque é pago pelos cofres públicos. Nesse sentido: RECURSO ORDINÁRIO EM HABEAS CORPUS. CONCUSSÃO (ARTIGO 316 DO CÓDIGO PENAL). DEFENSOR DATIVO. ATIPICIDADE DA CONDUTA. DESEMPENHO DE FUNÇÃO PÚBLICA. ENQUADRAMENTO NO ARTIGO 327 DO CÓDIGO PENAL. CONSTRANGIMENTO ILEGAL NÃO CARACTERIZADO. DESPROVIMENTO DO RECURSO. 1. De acordo com o artigo 134 da Constituição Federal, a defesa em juízo das pessoas necessitadas é incumbência da Defensoria Pública, considerada instituição essencial à função jurisdicional do Estado. Trata-se, portanto, de função eminentemente pública, pois destinada à garantir a ampla defesa constitucionalmente prevista em favor de todos os acusados em processo penal, independentemente da capacidade financeira de contratação de um profissional habilitado. 2. Embora não sejam servidores públicos propriamente ditos, pois não são membros da Defensoria Pública, os advogados dativos, nomeados para exercer a defesa de acusado necessitado nos locais onde o referido órgão não se encontra instituído, são considerados funcionários públicos para fins penais, nos termos do artigo 327 do Código Penal Doutrina. 3. Tendo o recorrente, na qualidade de advogado dativo, exigido para si vantagem indevida da vítima, impossível considerar a sua conduta atípica como pretendido no reclamo. 4. A simples ausência de juntada aos autos da nota promissória que comprovaria a exigência indevida feita pelo recorrente não conduz à falta de justa causa para a persecução criminal, uma vez que o referido documento pode ser anexado ao processo até a conclusão da instrução criminal, sem prejuízo de que a materialidade delitiva seja comprovada por outros meios de prova admitidos. 5. Recurso improvido. (STJ – RHC: 33133 SC 2012/0118062-1, Relator: Ministro Jorge Mussi, Data de Julgamento: 21/05/2013, T5 – QUINTA TURMA, Data de Publicação: DJe 05/06/2013). E ainda: "A defesa técnica aduz que advogado dativo não se equipara a funcionário público. A tese defensiva igualmente não se justifica. Não há Defensoria Pública instalada nesta Subseção Judiciária, de tal sorte que são nomeados advogados para exercer essa função pública. Malgrado os advogados dativos não exerçam cargo público ou emprego público, é forçoso reconhecer que os advogados dativos exercem efetivamente uma função de natureza pública, razão pela qual são equiparados a funcionários públicos, para fins penais, nos moldes do "caput" do artigo 327 do Código Penal. (STJ – HC: 326874 MS 2015/0138714-1, Relator: Ministro Reynaldo Soares da Fonseca, Data de Publicação: DJ 22/06/2015). Seguindo o entendimento do STJ, a Tese 246 do Ministério Público do capítulo 2 –, com a finalidade de impedir injustos ataques aos direitos e liberdades no campo criminal, abraçando, com primazia, os princípios da taxatividade e vedação da analogia *in malam partem*, além dos métodos hermenêuticos para, persistindo a dúvida interpretativa sobre o verdadeiro sentido da norma, prevalecer o resultado que leva à interpretação restritiva da norma penal[549].

4.5 Funcionário Público por Equiparação: Análise do § 1º do Art. 327 do Código Penal

Visando à melhor compreensão contextual e cronológica do tema, rememora-se que a redação original do artigo 327 contava com um parágrafo único[550], que preceituava ser funcionário público, para efeitos penais, aquele que exercesse cargo, emprego ou função em *entidade paraestatal*. Com o advento da Lei 6.799 de 23 de junho de 1980[551], referida disposição legal passou a ser disciplinada pelo parágrafo primeiro do sobredito dispositivo penal.

Estado de São Paulo – Setor de Recursos Extraordinários e Especiais Criminais: "CRIME CONTRA A ADMINISTRAÇÃO PÚBLICA. ADVOGADO QUE EXERCE ASSISTÊNCIA JUDICIÁRIA. CONVÊNIO CELEBRADO COM PODER PÚBLICO. FUNCIONÁRIO PÚBLICO. O advogado que, por força de convênio celebrado com o Poder Público, atua de forma remunerada em defesa dos beneficiários da Justiça Gratuita, enquadra-se no conceito de funcionário público para fins penais. (D.O.E., 04/10/06, p. 045)".

549 A esse respeito, Ana Maria Babette Bajer Fernandes sustenta que a interpretação progressiva do artigo 327 do Código Penal confere ao dispositivo "abrangência monstruosa". Buscando solucionar essa questão, aponta como únicas alternativas a aplicação da interpretação restritiva e a interpretação judicial (FERNANDES, Ana Maria Babette Bajer. Conceito de funcionário público no direito penal. *Justitia*. SP/SP, n. 98. p. 34-35).

550 Redação original do artigo 327 do CP: Art. 327 – Considera-se funcionário público, para os efeitos penais, quem, embora transitoriamente ou sem remuneração, exerce cargo, emprego ou função pública. Parágrafo único. Equipara-se a funcionário público quem exerce cargo, emprego ou função em entidade paraestatal.

551 A Lei 6.799/1980 dispõe sobre causa de especial aumento de pena, quanto aos crimes contra a Administração Pública, praticados por ocupantes de cargos em comissão da administração direta e indireta. Foi sancionada pelo ex-Presidente da República, João Figueiredo, em 23 de junho de 1980 e publicada no D.O.U. de 24 de junho de 1980, entrando em vigor na data da sua publicação, nos termos do seu artigo 9º.

Tal readequação se fez necessária diante da inserção da causa especial de aumento de pena, quanto aos crimes contra a Administração Pública, praticados por ocupantes de cargos em comissão da Administração Direta e Indireta, que passou a ser expressamente prevista no parágrafo segundo do artigo 327 do Estatuto Criminal.

Nesses termos, até então, a celeuma interpretativa concentrava-se na conceituação de "entidade paraestatal" e se o termo compreendia as sociedades de economia mista e as empresas públicas.

Posteriormente, com o advento da Lei 9.983 de 14 de julho de 2000, ampliou-se a equiparação conferida ao conceito penal, para considerar funcionário público, além daqueles que exercem cargo, emprego ou função em entidade paraestatal, também os que trabalham para empresa prestadora de serviço contratada ou conveniada para a execução de atividade típica da Administração Pública.

Nesse quadro acima exposto, com razão, Vicente Greco Filho afirma que, a despeito da sucessão de leis penais que buscaram delimitar o conceito penal de funcionário público, em verdade, agravou-se a problemática. Como exemplo, cita o autor a reintrodução da "ideia de atividade típica do Estado", no § 1º do artigo 327 do Código Penal, concepção elidida justamente em virtude da ausência de segura definição[552].

Apresentadas as considerações gerais sobre a matéria, no tocante ao conceito equiparado de funcionário público, serão analisados, nos tópicos seguintes, os dois elementos que compõem este dispositivo – a "entidade paraestatal" e a "função típica da Administração Pública" – particularmente porque a estes são atribuídos os problemas interpretativos para a aplicação desta norma penal.

4.5.1 Conceito de "Entidade Paraestatal"

O Brasil importou o vocábulo "paraestatal" do termo italiano "paraestatale", extraído das legislações fascistas de 1924 e 1926[553]. Em seu sentido léxico, significa "aquele que caminha lado ao lado com o Estado"[554].

[552] Cf. Prefácio.In: Crespo, Marcelo Xavier de Freitas (Coord.). Crimes contra a Administração Pública: Aspectos Polêmicos. São Paulo: Quartier Latin, 2010.

[553] Cretella Júnior, José. Manual de direito administrativo. 2. ed. Rio de Janeiro: Forense, 1979. p. 70. Esclarecendo a origem da desordenada intelecção que paira sobre a

Em que pese o extenso lapso temporal desde a primeira utilização desse termo na legislação brasileira, ainda na atualidade sua definição é imprecisa.

Em um primeiro aspecto, por "paraestatalizar", atribui-se o processo de transformação em ente paraestatal, quem tem como ponto de partida o Estado e como ponto de chegada a entidade paraestatal. Trata-se, em verdade, de processo descentralizante pelo qual o Estado atribui às entidades paralelas funções que eram de sua execução[555].

No campo do Direito Administrativo, José Cretella Júnior explica que as entidades paraestatais consistem em *pessoas jurídicas de direito público,* distinguindo-se das autarquias apenas em razão do grau de vinculação com o ente federativo que lhe deu origem. Os entes paraestatais, segundo o autor, teriam maior vínculo com a pessoa jurídica pública, enquanto que as autarquias ostentam vinculação menor[556].

Em resumo, se diferenciam das autarquias apenas em virtude dos fortes vínculos burocráticos que possuem com a pessoa jurídica "maior", regra geral, compreendendo "cargos criados e providos como os das demais repartições do Estado, âmbito de ação coincidente com o do território do Estado e participando amplamente do *jus imperri*"[557].

Neste mesmo sentido, Miguel Reale afasta a concepção que atribui à denominação "paraestatais" para as sociedades de economia mista e fundações. Logo, consoante o autor, procede o entendimento daqueles que

expressão na doutrina italiana, Celso Antônio Bandeira de Mello discorre sobre a incerteza do significado atribuído aos entes paraestatais, em um primeiro momento, atribuindo-lhe a característica de "tertium genus", não configurando nem pessoa de direito público, nem privado. Posteriormente, atrelou-se o termo às autarquias de caráter não corporativo, e mais à frente as "autarquias com atuação em todo o território nacional". E resume que, na Itália, a única concordância doutrinária, ao que parece, é de que se trata de pessoa de direito público (MELLO, Celso Antônio Bandeira. Curso de Direito Administrativo. 32. ed., São Paulo: Malheiros Editores. 2015. p. 161).

554 CRETELLA JÚNIOR, José. Op. Cit. p. 80. Em complemento, informa o autor que a expressão "entiparaestatali" foi utilizada pela primeira vez no Decreto 1.825/1924, cujo objeto tratava do contrato de emprego privado.

555 Ibidem. p. 105.

556 Ibidem. p. 107-108.

557 CAVALCANTI, Themistocles Brandão. O funcionário público e o seu regime jurídico. tomo II. Rio de Janeiro: Editor Borsoi, 1958.

consideram entidades paraestatais os entes autárquicos, que atuam como se fosse o próprio Estado, e que detêm menor autonomia, ao ponto de seus servidores serem funcionários públicos[558].

Em sentido semelhante, para Themístocles Cavalcanti, as entidades paraestatais são entes autárquicos com reduzida subordinação ao Estado[559].

Não obstante as considerações acima aparentemente reproduzirem um sentido unívoco ao vocábulo, a querela ao redor do significado e abrangência deste termo está longe de ser solucionada e vai além do interesse dogmático.

Isso porque surgem outras definições diametralmente opostas daquelas acima referidas, a exemplo do entendimento esboçado por Hely Lopes Meirelles, para quem as entidades paraestatais são definidas como *pessoas jurídicas de direito privado*[560].

Em sentido totalmente diverso, e após discorrer sobre o caótico panorama que reveste o significado do termo "paraestatal", Carvalho Filho sustenta que a expressão deveria compreender os entes da *Administração Indireta* e os *serviços sociais autônomos*[561].

Ainda quanto à imprecisa definição do termo, a moderna doutrina administrativista afirma que as entidades paraestatais estão associadas ao *terceiro setor*. Relembra-se, inclusive, que até a edição do Decreto-

[558] Reale, Miguel. Direito administrativo. São Paulo: Forense, 1969. p. 21-22.

[559] Cretella Júnior, José. Op. Cit. p. 141.

[560] Meirelles, Hely Lopes. Direito administrativo brasileiro. São Paulo: Malheiros, 2003. p. 362. No mesmo sentido, Celso Antonio Bandeira de Mello, para quem o termo designa sujeitos não estatais, que desempenham atividades do Estado, mas não exclusivamente deste. São assim colaboradores a quem se delega o poder de império ao conceder tributo em favor deles, a exemplo dos serviços sociais autônomos (Mello, Celso Antônio Bandeira. Curso de Direito Administrativo. 32. ed. São Paulo: Malheiros, 2015. p. 163).

[561] Carvalho Filho, José dos Santos. Manual de direito administrativo. 30. ed. São Paulo: Atlas, 2016. p. 492. Explica o autor que as autarquias também não poderiam ser excluídas da categoria das paraestatais, pois, ou a pessoa é designada de estatal, integrante do próprio Estado, a exemplo dos entes federativos, ou será qualificada de paraestatal, em virtude da sua colaboração direta com o Estado decorrente de vínculo jurídico (Ibidem. p. 492). Em sentido contrário, contudo, já se decidiu que os serviços sociais autônomos não integram a Administração Direta ou Indireta (STJ, REsp 766.796/RJ, rel. Min. Luiz Fux, DJ 06/03/2006).

-lei 200/67[562], a expressão designava genericamente todos os entes que compõem a estrutura da Administração Indireta. Todavia, na atualidade, entende-se que as paraestatais não integram nem a Administração Direta, nem a Administração Indireta, pela falta de vínculo com a estrutura estatal[563].

Compõem, assim, o terceiro setor, desempenhando atividades de interesse público, a exemplo das corporações profissionais – que possuem personalidade jurídica de direito público – e dos serviços sociais autônomos[564].

Da mesma forma que na seara administrativa, no campo criminal, a definição de entidade paraestatal atrelada à natureza jurídica das autarquias também está longe de ser unânime, e se relaciona essencialmente à doutrina inspiradora do Estatuto Criminal de 1940, época em que inexistiam as múltiplas entidades que hoje compõem a Administração Indireta[565].

[562] O Decreto-Lei 200/67 – que dispõe sobre a organização da Administração Federal e estabelece diretrizes para a Reforma Administrativa – , fez constar em seu art. 4º: A Administração Federal compreende: I – A Administração Direta, que se constitui dos serviços integrados na estrutura administrativa da Presidência da República e dos Ministérios; II – *A Administração Indireta, que compreende as seguintes categorias de entidades, dotadas de personalidade jurídica própria:a) Autarquias; b) Emprêsas Públicas; c) Sociedades de Economia Mista. d) fundações públicas. (Incluído pela Lei nº 7.596, de 1987)*

[563] Nohara, Irene Patrícia. Direito administrativo. 6. ed. São Paulo: Atlas. 2016. p. 652.

[564] Nohara, Irene Patrícia. Direito administrativo. 6. ed. São Paulo: Atlas. 2016. p. 652. Nesse mesmo sentido, Justen Filho emprega entidade paraestatal como sinônimo de serviço social autônomo, traçando a seguinte definição: "é uma pessoa jurídica de direito privado criado por lei para, atuando sem submissão à Administração Pública, promover o atendimento de necessidades assistenciais e educacionais de certas atividades ou categorias profissionais, que arcam com sua manutenção mediante contribuições compulsórias" (Justen Filho, Marçal. Curso de Direito Administrativo. 9. ed. São Paulo: Revista dos Tribunais, 2013. p. 322).

[565] Di Pietro, Maria Sylvia Zanella. Direito administrativo. 26. ed. São Paulo: Atlas, 2013, p. 552. A esse respeito, esclarece a autoria, *in verbis*: provavelmente foi essa a doutrina que inspirou o legislador do Código Penal (Decreto-lei n.º 2848, de 7-12-40) quando, no artigo 327, equiparou o funcionário público, para fins penais, quem exerce cargo, emprego ou função em entidade paraestatal. Àquela época, certamente, não havia a multiplicidade de entidades que hoje compõem a chamada Administração Indireta.

A contenda sobre as diferenças terminológicas é tamanha que a doutrina especializada há muito vem sustentando que "a denominação paraestatal tem sido tão desvirtuada e usada em acepções tão diversas que, na realidade, inúmeras vezes, dá a impressão de ter apenas *valor terminológico* e não *valor jurídico*"[566].

Nesse mesmo campo das imprecisões, com perniciosos gravames para a aplicação da norma penal, Carvalho Filho tece a seguinte crítica a respeito da utilização da palavra: "vários são os sentidos que leis, doutrinadores e tribunais têm emprestado à expressão, o que não só deixa dúvidas ao intérprete quando com ela se depara, como também imprime indesejável imprecisão jurídica que nada contribui para a ciência do Direito"[567]. E bem conclui o autor ao afirmar que essa profunda divergência quanto ao real significado do termo leva o estudioso a não usá-la, uma vez que não possui qualquer precisão jurídica, destacando que com muito mais razão, a lei não deveria empregar o termo, a exemplo do §1º do artigo 327 do Código Penal[568].

Em resumo, e não por outra razão, para a doutrina em geral, o parágrafo primeiro do art. 327 é um dispositivo penal "altamente defeituoso"[569].

A esse respeito, cumpre apontar, essencialmente, a falta de precisão na técnica legislativa como a principal responsável pela insegurança jurídica na aplicação da norma. Certamente, o emprego de termos destituídos de imprecisões conceituais e normativas afastaria grande parte dos problemas gerados ao operador do direito.

Apresentados os contornos que envolvem o tema, a questão a ser solucionada cinge-se assim a decidir se a equiparação prevista no parágrafo primeiro do artigo 327 deve ser limitada aos funcionários das autarquias ou se deve alcançar igualmente os demais entes que compõem o indefinido conceito de entidade paraestatal.

566 Cretella Júnior, José. Manual de direito administrativo. 2. ed. Rio de Janeiro: Forense, 1979. p. 70 (grifo no original).

567 Carvalho Filho, José dos Santos. Manual de direito administrativo. 30. ed. São Paulo: Atlas, 2016. p. 491.

568 Ibidem. p. 491.

569 Pagliaro, Antonio; Costa Júnior, Paulo José. Dos crimes contra a administração pública. 4. ed. São Paulo: Atlas, 2009. p. 22.

Adotando uma interpretação progressiva[570] para a definição dos entes paraestatais, privilegia-se a interpretação integradora da norma penal, cuja premissa atinente à definição de funcionário público busca alargar a tutela penal da Administração Pública, instituindo conceito mais extenso que o Direito Administrativo. Nesse mesmo contexto, devem ser superadas as dificuldades do ramo administrativo em traçar segura definição

[570] Nesse sentido, cf. recente julgado proferido pelo STJ, reconhecendo o afastamento literal do dispositivo penal em prevalência da "interpretação que corresponda ao espírito da lei". EDcl no REsp 1385916-PR, Rel. Min. Rogério Schietti, DJe 25/02/2015:A interpretação construída pela doutrina e jurisprudência, necessária que foi para a conformação do aludido conceito no âmbito penal, não pode ser agora olvidada mediante a literalidade estanque da majorante, para afastar o devido alcance do § 2º do art. 327 do CP a todos que a norma quis abarcar como funcionário público, sob pena de negar-se o claro objetivo do conjunto normativo. Vale dizer, por força da compreensão erigida, à imagem e semelhança da equiparação ao conceito de funcionário público, tal qual os moldes do disposto ao art. 327 do CP – com contribuição, repisa-se, do próprio § 2º –, admite-se, em matéria penal, em casos estritamente necessários, uma interpretação que corresponda ao espírito da norma. 4. Releva-se notar que não resvala em *analogia in malam partem* o recrudescimento da pena àqueles que desempenham seu ofício nos entes autárquicos, que, em razão do posto de alta responsabilidade, locupletaram-se às custas da Administração, porquanto ocupantes de cargo em comissão ou de chefia ou assessoramento, quando a eles – e sobretudo a eles – cabiam zelar pela coisa pública. E isso se constata não só a partir da evolução legislativa adrede trazida, mas também pelos inúmeros instrumentos normativos de combate à corrupção de que o Estado lança à mão, ano após ano, e cuja busca permanente na defesa do erário, bem como no proporcional apenamento desses agentes que mancham a carreira pública, devem ser levados em consideração pelo magistrado na interpretação da norma penal, quando da apuração dessas condutas que, infelizmente, ainda grassam em nosso país. 5. O abandono à interpretação literal – e em tudo isolada – da norma penal guarda sua necessidade para hipótese como a dos autos, em que a ora recorrida, quando ocupava cargo de chefia e de direção, em concurso com outras três pessoas, durante 12 anos, desviou, por 78 vezes, a vultosa quantia de R$ 1.649.143,05, do fundo do Instituto de Previdência do Estado do Paraná – IPE, numerário que se torna mais significativo quando se constata o rombo de fundo previdenciário, cujo desfalque tem reflexos diretos na aposentadoria e na saúde de seus beneficiários. 6. Recurso especial provido, para restabelecer a pena cominada em 1º grau, com a causa de aumento do § 2º do art. 327 do Código Penal.

das paraestatais, acolhendo igualmente conceito mais amplo para efeitos penais[571].

Ainda para legitimar a interpretação extensiva do termo, como paralelo, emprega-se como amparo legal a disposição expressa no artigo 84 da Lei 8.666/93, na qual se incluíram como sinônimo de entidades paraestatais as sociedades de economia mista, empresas públicas, fundações e autarquias.

A esse respeito, em sua obra *Dos crimes da lei de licitações,* Greco Filho relaciona o artigo 84 da lei licitatória à redefinição de servidor público, conferindo-lhe a abrangência já estabelecida para o artigo 327 do Código Penal[572].

No entanto, à míngua da adoção de um conceito único para se definir as paraestatais – o que por si, na dogmática penal, gera calorosa discussão –, com a entrada em vigor da Lei 6.799/80, revigorou-se o debate, em virtude da inclusão do parágrafo segundo no art. 327 do Código Penal, que passou a dispor sobre causa de aumento de pena aos autores dos crimes previstos neste Capítulo, quando forem ocupantes de cargos em comissão ou de função de direção ou assessoramento de órgão da administração direta, sociedade de economia mista, empresa pública ou fundação instituída pelo poder público.

A alteração legislativa, em evidência, passou então a ser empregada como alicerce para ampliar a definição original do termo "paraestatal", sob o argumento de que a legislação penal, acolhendo "sentido jurídico próprio"[573], passou a hospedar nessa mesma expressão não apenas as autarquias, mas igualmente as sociedades de economia mista, as empresas públicas e fundações.

Consentindo com o entendimento que preza pela ampla abrangência do termo "entidades paraestatais", o Supremo Tribunal Federal já

[571] Rassi, João Daniel. Administração Pública na acepção orgânica e o conceito penal de funcionário público – Contributo para o estudo do art. 327 do Código Penal Brasileiro. In: Crespo, Marcelo Xavier de Freitas (Coord.). Crimes contra a Administração Pública: Aspectos Polêmicos. São Paulo: Quartier Latin, 2010. p. 24.

[572] Greco Filho, Vicente. Dos crimes da Lei de Licitação. 2. ed. São Paulo: Saraiva, 2007. p. 25.

[573] Casolato, Roberto Wagner Battochio. A doutrina, a jurisprudência e o art. 327, do Código Penal. Revista Brasileira de Ciências Criminais– 22. p. 96.

se manifestou no sentido de que, nessa expressão, podem ser incluídas todas as entidades integrantes do terceiro setor, os serviços sociais autônomos, os entes de apoio, as organizações sociais e as organizações de sociedade civil de interesse público[574].

Ainda que respeitáveis tais posicionamentos, merecedores de encômios, parece acertada a escolha que busca privilegiar os princípios que norteiam o direito penal e proíbem o emprego da analogia *in malam partem*.

Nesse prisma, como se verá, na doutrina criminal, prevaleceu, à época, o posicionamento mais restrito, para se considerar apenas os funcionários integrantes das autarquias como funcionários públicos para fins penais[575].

[574] STF, Medida Cautelar no HC 125.086-DF, Rel. Min. Celso de Mello, DJe 26/11/2014. Destaca-se na referida decisão o entendimento de que a ampla equiparação justifica-se diante do objetivo final do legislador que consiste na proteção do patrimônio público: "O magistério da doutrina, tendo presentes as características que tipificam as entidades de direito privado como Organizações Sociais, orienta-se no sentido de conferir-lhes a condição de entes paraestatais, o que legitimaria a qualificação de seus dirigentes como funcionários públicos para efeitos penais, tendo em vista o conceito amplo que deriva da norma consubstanciada no art. 327 do Código Penal." Para tanto, colaciona o seguinte excerto extraído da obra de Maria Silvia Zanella di Pietro (Direito Administrativo, p. 551/554, item 11.2, 2012, Atlas): "No que diz respeito à responsabilidade dos empregados de tais entidades, vale lembrar que o artigo 327, § 1º, do Código Penal privilegiou o direito público, quando equiparou ao funcionário público, para fins penais, os empregados que ocupam cargo, função ou emprego em entidade paraestatal; nesse caso, ficam evidentes as razões que inspiraram o legislador: a natureza da atividade de interesse público desempenhada por tais entidades e a utilização maior ou menor de recursos oriundos dos cofres públicos. Como se verifica, o que levou o legislador a equiparar os empregados de todas essas entidades aos agentes públicos, para fins de responsabilidade, foi o fato de administrarem bens oriundos dos cofres públicos. Não houve preocupação com a natureza da entidade, que é pessoa jurídica de direito privado instituída por particulares. O grande objetivo foi o de proteger o patrimônio público por elas administrado".

[575] Nesse sentido, malgrado retrate posição precedente à Lei 6.799/80, confirmando a vinculação do termo entidade paraestatal às autarquias, HUNGRIA discorreu: "Assim, em face do Código, funcionário público não é apenas o que serve à administração direta do Estado, senão também o empregado de entidades paraestatais (autarquias que gravitam na órbita da União, Estados-membros ou Municípios), não passando estas, em última análise, de desdobramentos ou descentralizações da administração pública ou estatal" (HUNGRIA, Nelson. Comentários ao Código Penal. Vol. IX. 2. ed. Rio de Janeiro: Forense,

A esse respeito, Luiz Regis Prado relembra que a norma penal deve ser interpretada de forma restritiva no tocante à expressão "funcionário público". Tal conclusão justifica-se na medida em que a ampliação do tipo levaria à equivocada interpretação de que todos, ou quase todos, seriam enquadrados no dispositivo legal em estudo[576].

Nessa linha de pensamento, em artigo específico sobre o tema, Babette Fernandes adverte sobre o aumento da interferência estatal sobre o indivíduo, com o risco de "deformação do direito", a depender de determinadas situações políticas. Em casos assim, tem-se como indicação a interpretação restritiva, que deve se sobrepor para favorecer os acusados[577].

A jurisprudência da época igualmente acompanhava o entendimento, no sentido de que os funcionários das empresas públicas não eram funcionários públicos para fins penais[578].

Malgrado a adoção de termos imprecisos para a conceituação penal do funcionário público, extrai-se ainda do contexto histórico acima reproduzido que a equiparação do sujeito ativo nos crimes funcionais sempre esteve presente no artigo 327 do Código Penal, todavia, cremos que a interpretação conferida ao funcionário público equiparado não pode associar-se ao dinâmico crescimento da estrutura administrativa.

Reconhece-se, assim, que a ausência de uniformidade na interpretação dessa norma reflete a evolução do direito administrativo[579]. Muito se deve ao crescimento da estrutura administrativa o que exigiu a ela-

1959. p. 400-401). Referendando esse posicionamento, já tratando do parágrafo primeiro do artigo 327, NORONHA destacou: "Têm-se em vista, aqui, órgãos descentralizados da administração pública, dotados de personalidade jurídica toda própria: refere-se a lei às autarquias" (NORONHA, E. Magalhães. Direito penal. vol. 4. Dos crimes contra a saúde pública a disposições finais. 19. ed. São Paulo: Editora Saraiva, 1992. p. 206).

576 PRADO, Luiz Regis. Curso de direito penal brasileiro. vol. 3. Parte especial – arts. 250 a 359-H. 9. ed. São Paulo: Revista dos Tribunais. 2013. p. 659.

577 FERNANDES, Ana Maria Babette Bajer. Conceito de funcionário público no direito penal. *Justitia*. SP/SP, n. 98. p. 33-34.

578 TJSP, HC 126.025; RF 257/291; RF 159/345; RT 472/388; RT 378/181.

579 RASSI, João Daniel. Administração Pública na acepção orgânica e o conceito penal de funcionário público – Contributo para o estudo do art. 327 do Código Penal Brasileiro. In: CRESPO, Marcelo Xavier de Freitas (Coord.). Crimes contra a Administração Pública: Aspectos Polêmicos. São Paulo: Quartier Latin, 2010. p. 14.

boração de novos institutos e conceitos, buscando acompanhar os novos tempos, com especial destaque ao movimento de desestatização.

No quadro acima apresentado, o aspecto cronológico no qual foi elaborado o artigo 327 do Código Penal parece conduzir ao entendimento de que, ao dispor sobre o termo "entidades paraestatais", o legislador de 1940 assemelhou a expressão às entidades autárquicas.

Dessa forma, não há que se descurar do momento histórico no qual se insere a elaboração da norma penal, como bem exemplifica Ana Maria Babette Bajer Fernandes, ao tratar da definição de funcionário público para fins penais:

> A admissão da progressiva elasticidade do tipo, captando as novas situações concretizadas pelo aparecimento de centenas de sociedades de economia mista e outras empresas de direito privado nas quais o poder público (federal, estadual ou municipal) participe na qualidade de acionista implicará em autêntica regressão a momento histórico há muito ultrapassado, caracterizando uma regressão. É só lembrar, para justificar a afirmativa, o tempo em que as relações povo-Estado se processavam diretamente, ligando-se intimamente o súdito ao senhor feudal[580].

Referendando essa diretiva, não há que se permitir a interpretação progressiva do dispositivo penal, que ficaria "dimensionado", ao ponto de violar o princípio da taxatividade e irretroatividade da lei penal, ao passo que fatos novos[581] não previstos pelo legislador seriam acoplados à norma penal[582].

[580] FERNANDES, Ana Maria Babette Bajer. Conceito de funcionário público no direito penal. *Justitia*. SP/SP, n. 98. p. 34.

[581] Ao tratar do artigo 327 do CP com enfoque na impossibilidade de ser aplicada a interpretação progressiva, a autora traz como exemplo a sociedade de economia mista tida como "verdadeiras criações posteriores" que traem o princípio da reserva legal (Ibidem. p. 34).

[582] Em sentido contrário, Roberto Wagner Battoquio Casolato sustenta que não se trata de "alargar" a definição das paraestatais, e sim "dar à expressão o seu efetivo significado". Para tanto, remete o leitor ao estudo do artigo 84 da Lei 8.666/93 e seu parágrafo primeiro que equipara o servidor público, para fins da lei de licitação, quem exerce cargo, emprego ou função em entidade paraestatal, considerada, além das fundações, empresas públicas e sociedades de economia mista, as demais entidades sob o controle, direto ou indireto,

Nesse sentido, ainda partindo do momento da elaboração da lei penal, e mesmo após o advento da Lei 6.799/80 que incluiu o parágrafo segundo ao dispositivo em estudo, perdurou por pouco tempo o entendimento de que o conceito de funcionário público, para fins penais, incluía apenas os servidores que realizam serviços para a Administração Direta e Autárquica[583], excluindo-se, portanto, dos entes paraestatais, as fundações, sociedades de economia mista, e empresas públicas.

Sempre traçando um paralelo entre os entes da Administração Pública e as autarquias, incluem-se no citado conceito penal os servidores contratados no regime celetista, também denominados de empregados públicos, uma vez que efetivam seus serviços nos entes federativos ou autarquias, mediante contrato de trabalho, nos moldes da legislação do trabalho[584].

A esse respeito, após traçar o cenário desordenado quanto à definição das paraestatais, Zanella Di Pietro conclui que os estudiosos que associam a entidade paraestatal à autarquia, buscaram seus fundamentos na doutrina italiana que, originariamente, adotava esse posicionamento, e que possivelmente, incutiu a ideia no legislador do Código Penal ao elaborar o art. 327, pois equiparou a funcionário público, para fins penais, quem exerce cargo, emprego ou função em entidade paraestatal. E conclui a autora no sentido de que, naquele cenário, contudo, inexistiam as inúmeras entidades que atualmente integram a Administração Indireta[585].

do Poder Público (Casolato, Roberto Wagner Battochio. A doutrina, a jurisprudência e o art. 327, do Código Penal. Revista Brasileira de Ciências Criminais – 22. p. 89-104.).

583 Pereira, Paulo Cyrillo. Funcionário público: titularidade passiva nos crimes contra a administração pública – equiparação, para fins penais, de servidores das autarquias. *Justitia*. Ano 53, v. 153, p. 21-24, jan./março de 1991. p. 21. E enfatiza o autor que: "Os servidores autárquicos, também chamados impropriamente funcionários autárquicos, são os que exercem cargo ou função nas autarquias, segundo as normas de seu estatuto peculiar ou de seu estatuto comum a todas as autarquias de uma mesma entidade estatal". (Ibidem. p. 22).

584 Ibidem. p. 22.

585 Di Pietro, Maria Sylvia Zanella. Direito administrativo. 29. ed. São Paulo: Forense, 2016. p. 598.

Demais disso, quanto à inclusão da normativa inserta no parágrafo segundo do dispositivo[586], inclinamo-nos ao posicionamento de que em nenhum momento buscou-se alterar o conceito penal de funcionário público, mas tão-somente estabelecer especial aumento da pena para aqueles já qualificados como funcionários públicos que estivessem exercendo cargos em comissão ou função de direção ou assessoramento[587].

Seguindo essa linha dogmática, destaca-se excerto extraído da Justificação do Projeto de Lei 1.066/75, que assim dispôs:

> [...] evidente que a conduta é mais censurável penalmente quanto mais poder esteja nas mãos do *funcionário*, porque maior dever de defendê-lo e de fidelidade ele possui [588].

A contrario sensu, depararíamos com uma proposta legislativa incongruente, diante da falta de coerência em atribuir ao *extraneus*, que exerce funções de assessoramento, pena maior do que ao funcionário público, justamente porque esse, sim, possui "maior dever de fidelidade"[589].

[586] Art. 327, § 2º do CP: A pena será aumentada da terça parte quando os autores dos crimes previstos neste capítulo forem ocupantes de cargos em comissão ou de função de direção ou assessoramento de órgão da administração direta, sociedade de economia mista, empresa pública ou fundação instituída pelo poder público.

[587] BATISTA, Nilo. A empresas de economia mista e o conceito jurídico-penal de funcionário público por equiparação. Fascículos de ciências penais, ano 1, v. 1, n. 0, p. 136-140, dez. 1987. p. 140.

[588] BATISTA, Nilo. A empresas de economia mista e o conceito jurídico-penal de funcionário público por equiparação. Fascículos de ciências penais, ano 1, v. 1, n. 0, p. 136-140, dez. 1987. p. 141.

[589] Ibidem. p. 140. Aliás, em pontual análise, adverte o autor: "A prevalência de opinião contrária – que vê no § 2º uma ampliação do conceito jurídico-penal de funcionário público por equiparação – não deveria funcionar como um sedativo para os tribunais, e sim desafiá-los a repensar as soluções irracionais às quais conduz" (Ibidem. p.142). Cabe ressaltar, todavia, que o Supremo Tribunal Federal sufraga o entendimento de que incide a causa de aumento do §2º do artigo 327 do CP para qualquer pessoa ocupante de cargos em comissão ou de função de direção ou assessoramento de órgão da administração direta, sociedade de economia mista, empresa pública ou fundação instituída pelo poder público. Cf.: STF, AP n.º 396/RO, Tribunal Pleno, Rel. Ministra Carmen Lúcia, DJe de 2804/2011; STF, ARE 688.247 –PR, Rel. Ministro Dias Toffoli, DJe 29/04/2014).

E, retomando os princípios norteadores do direito penal, finaliza o autor, em artigo dedicado ao tema:

> Ora é inconcebível que, caso pretendesse o Projeto de Lei alterar, por ampliação, o conceito jurídico-penal de funcionário público, silenciasse sobre tal objetivo!
> Da mesma forma, inconcebível resolver o eventual lusco-fusco do texto legal contra o princípio da reserva legal, ampliando "indiretamente" a qualidade de autor – que integra a tipicidade nos crimes próprios –, e violando-se assim, também "indiretamente", o princípio da reserva legal[590].

Em que pese todos os argumentos lançados para limitar o termo "entidade paraestatal", forçoso convir que a celeuma que envolve a correta definição desse termo, desde o advento da Lei. 9.983 de 14 de julho de 2000, perdeu relevância, ao estender-se a equiparação de funcionário público a todos aqueles que trabalham para empresa prestadora de serviço, contratada ou conveniada para a execução de atividade típica da administração pública, incluindo-se assim aqueles que trabalham nas empresas privadas executando serviço próprio do Estado[591].

Sendo assim, com a inclusão no § 1º do art. 327 produzida pela Lei 9.983/2000, promoveu-se nova ampliação ao conceito penal de funcionário público, que passou a abranger também os funcionários das empresas privadas em exercício de serviço próprio do Estado, ponto que será explorado em tópico destinado exclusivamente à problemática que envolve a definição da "atividade típica da Administração Pública".

[590] Ibidem. p. 141. Ainda sobre a análise do Projeto de Lei 1.066/75, emerge do veto presidencial emanado por meio da Mensagem n. 86 de 1980-CN o seguinte conteúdo que revela que a alteração legislativa não teve por objetivo alargar o codificado conceito de funcionário público: "Diversamente do art. 1º que, dentro da melhor técnica, inclui no contexto do Código Penal, sem prejudicar a sistematização da matéria codificada, disposição de mérito inquestionável, os artigos 2º e 7º cuidam de estabelecer, extravagantemente, rito especialíssimo". (05/08/80, p. 1680).

[591] O inciso I do art. 15 da Lei 8.212/1991 define ser empresa "a firma individual ou sociedade que assume o risco de atividade econômica urbana ou rural, com fins lucrativos ou não, bem como os órgãos e entidade da Administração Pública direta, indireta e fundacional".

4.5.2 A "Atividade Típica" da Administração Pública

A expressão "atividade típica da administração" foi inserida no § 1º do artigo 327 do Código Penal, com a entrada em vigor da Lei 9.983/00, malgrado a ausência de definição precisa conferida pela legislação administrativa.

Recorde-se, outrossim, que sobredita lei tem origem no Projeto de Lei 2.848/99, cujo objetivo precípuo era incluir no Código Penal os "crimes contra a previdência social"[592].

Quanto ao § 1º do artigo 327 do Código Penal, foi elaborada originalmente a seguinte redação: "Equipara-se a funcionário público quem exerce cargo, emprego ou função em entidade paraestatal, e quem trabalha para empresa prestadora de serviço contratada ou conveniada para a execução de atividade típica da previdência social".

Todavia, a lei foi aprovada com mudanças para constar que seriam equiparados a funcionário público os empregados das empresas prestadoras de serviço contratadas ou conveniadas para a execução de atividade típica da Administração Pública, alargando-se mais uma vez o codificado conceito penal[593].

Nesse cenário de mudanças legislativas, com o conhecimento interdisciplinar que sempre marcou o autor, e antevendo a celeuma que seria gerada pela mencionada alteração na lei penal, Greco Filho advertiu que:

> Não há dúvida que a mudança no texto original (de "atividade típica da previdência", para "atividade típica da administração pública"), suscitou maiores dificuldades na delimitação do conceito inserido no art. 327. Como saber, então, o que exatamente consiste *atividade típica da administração pública*[594]? [grifo no original]

Reconhecendo a dificuldade em conceituar a "atividade típica", a doutrina passou a associar a indefinição do termo à natureza dinâmica

[592] Greco Filho, Vicente; Rassi, João Daniel. O combate à corrupção e comentários à lei de responsabilidade de pessoas jurídicas: lei n. 12.846, de 1º de agosto de 2013 – atualizado de acordo com o Decreto n. 8.420, de 18 de março de 2015. São Paulo: Saraiva, 2015. p. 127.

[593] Ibidem. p. 127.

[594] Ibidem. p. 127.

da Administração, aliada à sua abrangência e heterogeneidade[595], desaguando na conclusão de que, com o passar do tempo, esta função foi concebida de forma diversa entre os Estados. Em outras palavras, afirma-se que tal conceito decorre não apenas da "lógica e razão", mas ainda da "evolução histórica e de razões de ordem política[596]".

De fato, há que se considerar que a definição de função administrativa dilatou-se ao longo do tempo, sobretudo com o advento do Estado Social, o que necessariamente reclama uma readequação interpretativa do dispositivo legal em estudo.

Não há dúvidas, porém, de que o emprego da indefinida terminologia acentuou a dificuldade interpretativa que envolve o conceito penal de funcionário público.

Enfrentando a imprecisa definição do termo utilizado pelo Código Penal, no âmbito do direito administrativo, Carvalho Filho relembra que a organização político-administrativa da República do Brasil admite três Poderes políticos na Constituição Federal. Essa tripartição de Poderes é estabelecida também para os Estados-membros, mas não para os Municípios que não possuem em sua estrutura orgânica o Poder Judiciário, vigorando, nessa hipótese, a bipartição de Poderes[597].

Dentro dessa repartição estrutural, a cada um dos Poderes é atribuída uma função típica, que retrata, em outras palavras, a atividade natural para o qual foi instituído cada um dos Poderes. Logo, na simples, mas precisa definição do renomado autor, são consideradas típicas as funções legislativa, administrativa e jurisdicional, quando outorgadas aos Poderes Legislativo, Executivo e Judiciário[598].

Ainda na seara do Direito Administrativo, em 1900, difundia-se a classificação italiana, elaborado por Orlando na sua obra *Primo trattato di diritto amministrativo italiano*, que distinguia a função administrativa em atividade jurídica e atividade social. Na atividade jurídica, incluíam-se a

[595] JUSTEN FILHO, Marçal. Curso de Direito Administrativo. 9. ed. São Paulo: Revista dos Tribunais, 2013. p. 120.

[596] Ibidem. p. 120.

[597] CARVALHO FILHO, José dos Santos. Manual de direito administrativo. 30. ed. São Paulo: Atlas, 2016. p. 480.

[598] Ibidem. p. 480.

organização da Administração, a polícia, a desapropriação e a proteção dos indivíduos frente aos atos administrativos. Em suma, tinha por finalidade precípua harmonizar os direitos individuais e o interesse público. Por sua vez, a atividade social da Administração Pública tinha por objetivo assegurar o bem-estar coletivo e seu progresso social[599].

Dentre as tipologias que buscam classificar as atividades da Administração Pública, destaca-se ainda a classificação de Jordana de Pozas[600], para quem tais atividades subdividem-se em três as modalidades administrativas: polícia, serviço público e fomento.

No Direito Administrativo nacional, contudo, ganha relevo a classificação proposta por Diogo de Figueiredo Moreira Neto[601], que aponta cinco atividades típicas do Estado: o poder de polícia, os serviços públicos, o ordenamento econômico, o ordenamento social, e o fomento. O primeiro é definido como "atividade que restringe e subordina as liberdades e direitos individuais visando garantir o bem-estar e a convivência social".

Compreende, em verdade, as atividades estatais que buscam impedir que condutas de agentes particulares ameacem ou lesionem interesses coletivos, citando-se, como exemplo, a higiene, a ordem pública, os costumes, a disciplina de produção e mercado, e as atividades econômicas que dependem de autorização[602].

Ainda no tocante ao poder de polícia, vale trazer à tona discussão quanto à possibilidade ou não dessa atividade estatal ser delegada à iniciativa privada. Sobre a matéria, o Supremo Tribunal Federal, em julgamento da ADI 1717/DF[603], teve a oportunidade de colocar um ponto

[599] MEDAUAR, Odete. Direito administrativo moderno. 19. ed. rev. e atual. São Paulo: Revista dos Tribunais. 2015. p. 130.

[600] *Ensayo de una teoría de fomento em el derecho administrativo* in MEDAUAR, Odete. Direito administrativo moderno. 19. ed. São Paulo: Revista dos Tribunais, 2015. p. 131.

[601] MOREIRA NETO, Diogo de Figueiredo. Curso de direito administrativo, 16. ed. São Paulo: Forense, 2014, p. 134-135.

[602] NOHARA, Irene Patrícia. Direito administrativo. 6. ed. São Paulo: Atlas, 2016. p. 160.

[603] ADI 1717 MC / DF, Rel. Min. Sydney Sanches, DJ 28/03/2003. Referido julgamento foi assim ementado: "DIREITO CONSTITUCIONAL E ADMINISTRATIVO. AÇÃO DIRETA DE INCONSTITUCIONALIDADE DO ART. 58 E SEUS PARÁGRAFOS DA LEI FEDERAL Nº 9.649, DE 27.05.1998, QUE TRATAM DOS SERVIÇOS DE FISCALI-

final[604] na controvérsia, acolhendo o entendimento de que, tratando-se de atividade típica da Administração Pública, não é permitida a delegação do poder de polícia.

No mesmo sentido, sequencialmente, a Lei 11.079/04, que institui normas gerais para licitação e contratação de parceria público-privada no âmbito da administração pública, em seu art. 4º, III, expressamente proibiu a delegação do poder de polícia, bem como de outras ativida-

ZAÇÃO DE PROFISSÕES REGULAMENTADAS. 1. Está prejudicada a Ação, no ponto em que impugna o parágrafo 3º do art. 58 da Lei nº 9.649, de 27.05.1988, em face do texto originário do art. 39 da C.F. de 1988. É que esse texto originário foi inteiramente modificado pelo novo art. 39 da Constituição, com a redação que lhe foi dada pela E.C. nº 19, de 04.06.1988. E, segundo a jurisprudência da Corte, o controle concentrado de constitucionalidade, mediante a Ação Direta, é feito em face do texto constitucional em vigor e não do que vigorava anteriormente. 2. Quanto ao restante alegado na inicial, nos aditamentos e nas informações, a Ação não está prejudicada e por isso o requerimento de medida cautelar é examinado. 3. No que concerne à alegada falta dos requisitos da relevância e da urgência da Medida Provisória (que deu origem à Lei em questão), exigidos no art. 62 da Constituição, o Supremo Tribunal Federal somente a tem por caracterizada quando neste objetivamente evidenciada. E não quando dependa de uma avaliação subjetiva, estritamente política, mediante critérios de oportunidade e conveniência, esta confiada aos Poderes Executivo e Legislativo, que têm melhores condições que o Judiciário para uma conclusão a respeito. 4. Quanto ao mais, porém, as considerações da inicial e do aditamento de fls. 123/125 levam ao reconhecimento da plausibilidade jurídica da Ação, satisfeito, assim, o primeiro requisito para a concessão da medida cautelar ("fumus boni iuris"). *Com efeito, não parece possível, a um primeiro exame, em face do ordenamento constitucional, mediante a interpretação conjugada dos artigos 5o, XIII, 22, XVI, 21, XXIV, 70, parágrafo único, 149 e 175 da C.F., a delegação, a uma entidade privada, de atividade típica de Estado, que abrange até poder de polícia, de tributar e de punir, no que tange ao exercício de atividades profissionais.* 5. Precedente: M.S. nº 22.643. 6. Também está presente o requisito do "periculum in mora", pois a ruptura do sistema atual e a implantação do novo, trazido pela Lei impugnada, pode acarretar graves transtornos à Administração Pública e ao próprio exercício das profissões regulamentadas, em face do ordenamento constitucional em vigor. 7. Ação prejudicada, quanto ao parágrafo 3o do art. 58 da Lei nº 9.649, de 27.05.1998. 8. Medida Cautelar deferida, por maioria de votos, para suspensão da eficácia do "caput" e demais parágrafos do mesmo artigo, até o julgamento final da Ação." [grifamos]

604 Ainda assim, em sentido contrário, Celso Antônio Bandeira de Mello frisa que é possível a delegação ou transferência do poder de polícia por meio de contrato de prestação (Mello, Celso Antônio Bandeira. Curso de Direito Administrativo. 30. ed. São Paulo: Malheiros Editores, 2013. p. 826).

des exclusivas do Estado, a exemplo da atividade de regulação e a função jurisdicional[605].

Por sua vez, no tocante à segunda atividade típica – os *serviços públicos* –, expressão fluída que permite a inclusão de atividades diversas do Estado, em termos gerais, pode ser definida como a "atividade estatal de caráter prestacional", atribuindo à Administração Pública concretizar de forma direta ou indireta as necessidades coletivas[606].

Especificamente quanto aos serviços públicos, Masagão os define como serviços essenciais do Estado, aos quais não se permite a concessão ou delegação, sobretudo porque a execução desses serviços "deu nascimento ao próprio Estado, e este perecerá se os não cumprir por si próprio"[607].

Para o autor, o serviço público divide-se em duas categorias: a) os serviços vinculados à atividade essencial do Estado, nos quais se incluem o exercício da polícia preventiva e a defesa externa da nação; e b) os serviços vinculados à atividade facultativa dos Estados, a exemplo do "equilíbrio da população com o território, a instrução pública, a educação do povo, a saúde pública, o fomento da economia, etc." [608].

Já por *ordenamento econômico*, tem-se como a "função de caráter disciplinativo ou substitutivo das atividades privadas do campo da economia, isto é, nos processos de produção, circulação e consumo das riquezas"[609]. Não se confunde assim com a atividade de ordenamento social que impõe a atuação do Estado no campo da saúde, educação, trabalho e previdência social[610]. Como se verá, tal atividade é incluída como um dos serviços públicos.

Por fim, o *fomento*, também intitulado de "atividade propulsora", tem por finalidade colocar ao alcance da iniciativa privada de interesse coletivo, todos os meios materiais e humanos, buscando assim o desenvol-

[605] NOHARA, Irene Patrícia. Direito administrativo. 6. ed. São Paulo: Atlas. 2016. p. 164.
[606] Ibidem. p. 466.
[607] MASAGÃO, Mário. Curso de direito administrativo. 4.ed. São Paulo: Revista dos Tribunais. 1968. p. 255.
[608] Ibidem. p. 254.
[609] MEDAUAR, Odete. Direito administrativo moderno. 19. ed. São Paulo: Revista dos Tribunais. 2015. p. 130.
[610] Ibidem. p. 130.

vimento econômico e sociocultural[611]. Para Medauar, consiste no estímulo a condutas e atuação dos particulares, despidas de mecanismos de coação[612].

Ainda no tocante aos desdobramentos das atividades administrativas, retomamos a clássica tipologia adotada por Zanella De Pietro, já referida no tópico sobre a concepção orgânica e funcional da Administração Pública –, cuja classificação atribui ao Estado o desempenho das seguintes atividades: intervenção na economia, exercício do poder de polícia, a realização dos serviços públicos e o fomento das atividades de interesse público[613].

Transpondo a expressão para o campo do Direito Penal, Prado esclarece que o alcance da função administrativa, embora tipicamente relacione-se com o Poder Executivo, é atipicamente realizada pelos Poderes Legislativo e Judiciário, no tocante à sua estrutura e desempenho[614].

Ainda na tentativa de conferir limites claros à definição do termo "atividade típica da administração pública", na doutrina penal, traçou-se definição atrelada ao exercício direto da atividade do Estado, ou por meio de delegação, restringindo-se aos serviços que suprem as necessidades coletivas, não relacionadas à atividade privada[615].

611 MEDAUAR, Odete. Direito administrativo moderno. 19. ed. São Paulo: Revista dos Tribunais. 2015. p. 130-131.

612 Ibidem. p. 132.

613 DI PIETRO, Maria Sylvia Zanella. Direito administrativo. 28. ed. São Paulo: Atlas, 2015. p. 87. Ressalva-se ainda uma quinta modalidade de função administrativa apontada por Marçal Justen Filho: a regulação econômico-social, para quem se trata de "atividade estatal de intervenção indireta sobre a conduta dos sujeitos públicos e privados, de modo permanente e sistemático, para implementar as políticas de governo" (JUSTEN FILHO, Marçal. Curso de direito administrativo. 9 ed. São Paulo: Revista dos Tribunais, 2013. p. 265).

614 PRADO, Luiz Regis. Curso de direito penal brasileiro. vol. 3. Parte especial – arts. 250 a 359-H. 9. ed. São Paulo: Revista dos Tribunais. 2013. p. 519.

615 Cf. MIRABETE, para quem "Na ausência de definição legal do que seja 'atividade típica' da Administração Pública deve-se considerar como toda atividade material que a lei atribui ao Estado para que exerça diretamente ou por meio de seus delegados, com o objetivo de satisfazer concretamente às necessidades coletivas, sob regime jurídico total ou parcialmente público". (MIRABETE, Júlio Fabbrini; FABBRINI, Renato N. Manual de direito penal, vol. 3: parte especial. arts. 235 a 361 do CP. 27. ed. São Paulo: Atlas, 2013. p. 260).

Sob esse enfoque terminológico, são consideradas atividades típicas do Estado a coleta de lixo, o fornecimento de energia elétrica e iluminação pública, os serviços médicos e hospitalares, a telefonia, os transportes, a segurança, contratadas ou conveniadas com a União, Estados ou Municípios[616].

Inclui-se ainda nesse conceito a atividade designada de prestacional, na qual se inserem o serviço de água e esgoto, limpeza de ruas e assistência social; a atividade limitadora de direitos, a exemplo da desapropriação e polícia das construções; a atividade fiscalizadora de tributos, do trabalho, do trânsito e vigilância sanitária; a atividade tributária de lançamento e arrecadação de tributos; as atividades punitivas ou sancionadoras de interdição de atividade e demissão, voltada aos particulares e servidores, etc.[617].

Relembre-se, uma vez mais, que a definição penal de funcionário público encontra-se alicerçada no tipo de atividade que é exercida pelo sujeito que pratica o crime funcional. Aplicando essa premissa para o conceito equiparado, é possível concluir que os funcionários das sociedades de economia mista, de empresas públicas e das fundações instituídas pelo poder público, serão assim considerados tão-somente quando praticarem crimes contra a administração pública, durante o desempenho de uma atividade não privada[618].

Não obstante todos os esclarecimentos voltados a uma interpretação clara e segura da expressão em destaque, chega-se inevitavelmente à conclusão de que, malgrado os parâmetros referidos orientem o operador do direito a seguir determinada linha intelectiva, admissível até certo ponto na seara administrativa, não estabelecem, é certo, um limite preciso para a aplicação da lei penal.

Diante dessa premissa inabalável, como forma de resguardar o princípio da taxatividade, acolhemos, uma vez mais, o conceito orgânico da

[616] Ibidem. p. 260.

[617] Cf. rol de atividades em MEDAUAR, Odete. Direito administrativo moderno. 19. ed. São Paulo: Revista dos Tribunais. 2015. p. 131-132.

[618] Nesse sentido, cf. PAGLIARO, Antonio; COSTA JÚNIOR, Paulo José. Dos crimes contra a administração pública. 4. ed. São Paulo: Atlas, 2009. p. 918.

Administração Pública, nos moldes preceituados por Greco Filho[619], uma vez que mais se compatibiliza com a legalidade estrita, premissa máxima do Direito Penal.

Tal acepção – empregada tanto para o termo "função pública", como para a "atividade típica" da administração pública – conduz a uma interpretação restritiva ao relacioná-los a uma unidade de atribuições visualizada no organograma da Administração Pública[620].

É certo, assim, que a incidência dessa concreta orientação dogmática, leva ao entendimento de que são considerados funcionários públicos equiparados os empregados das empresas terceirizadas, apenas se ocuparem posição de "atividade correspondente àquela prevista no órgão ou pessoa jurídica de direito público contratante, ocupada por um servidor público"[621].

Cria-se, dessa forma, um complemento balizador claro, que afasta a definição abstrata e indeterminada da norma penal, pois delimita a abrangência do preceito incriminador. Para tanto, basta a análise dos órgãos que compõem a estrutura da Administração Pública.

Nesse quadro acima desenvolvido, o conceito penal codificado incidirá sobre os empregados das empresas conveniadas ou contratadas tão--somente se, no organograma da Administração Pública, for encontrada função equivalente às suas atividades[622].

[619] GRECO FILHO, Vicente; RASSI, João Daniel. O combate à corrupção e comentários à lei de responsabilidade de pessoas jurídicas: lei n. 12.846, de 1º de agosto de 2013 – atualizado de acordo com o Decreto n. 8.420, de 18 de março de 2015. São Paulo: Saraiva, 2015. p. 127-128.

[620] RASSI, João Daniel. Administração Pública na acepção orgânica e o conceito penal de funcionário público – Contributo para o estudo do art. 327 do Código Penal Brasileiro. In: CRESPO, Marcelo Xavier de Freitas (Coord.). Crimes contra a Administração Pública: Aspectos Polêmicos. São Paulo: Quartier Latin, 2010. p. 31.

[621] GRECO FILHO, Vicente; RASSI, João Daniel. O combate à corrupção e comentários à lei de responsabilidade de pessoas jurídicas: lei n. 12.846, de 1º de agosto de 2013 – atualizado de acordo com o Decreto n. 8.420, de 18 de março de 2015. São Paulo: Saraiva, 2015. p. 128.

[622] Ibidem. p. 128. Nessa linha intelectiva, o STJ já decidiu que o médico de hospital particular que participa do Sistema Único de Saúde é considerado funcionário público equiparado. Cf.: "Recurso Especial. Direito Constitucional e Penal. Conceito de funcionário público e equiparação. Art. 327, "caput" e § 1º, Código Penal. Médicos e administradores de hospitais particulares participantes do sistema único de saúde. Enquadramento. Nos

Portanto, não sendo localizada na estrutura administrativa função compatível àquela atribuída aos seus servidores, não estará configurado o crime funcional[623].

4.6 A Aplicação Sistemática do Conceito Penal de Funcionário Público

Outro aspecto a ser abordado no tocante ao artigo 327 do Código diz respeito ao seu alcance normativo e à possibilidade ou não de os funcionários públicos equiparados figurarem no polo ativo e passivo dos crimes funcionais. Não há, todavia, consenso sobre a matéria.

Uma primeira corrente doutrinária sustenta que a equiparação prevista no §2º do artigo 327 do Código Penal é limitada, conquanto se relaciona apenas aos crimes praticados por funcionários públicos contra a Administração e para o funcionário autor do delito[624].

termos da nova redação atribuída ao § 1º do art. 327 do Código Penal, "equipara-se a funcionário público quem exerce cargo, emprego ou função em entidade paraestatal, e quem trabalha para empresa prestadora de serviço contratada ou conveniada para a execução de atividade típica da Administração Pública." Os médicos e administradores de hospitais particulares participantes do sistema único de saúde exercem atividades típicas da Administração Pública, mediante contrato de direito público ou convênio, nos termos do § 1º do art. 199 da Constituição da República, equiparando-se, pois, a funcionário público para fins penais, nos termos do § 1º do art. 327 do Código Penal. Recurso especial provido. " (REsp: 331055 RS 2001/0091863-7, Rel. Ministro Paulo Medina, Data de Julgamento: 26/06/2003, T6 – SEXTA TURMA, Data de Publicação: DJ 25.08.2003 p. 377). Ressalva-se, contudo, a incidência do princípio da anterioridade penal para abarcar apenas os fatos praticados após a publicação da Lei Lei 9.983/00. Neste sentido: CONCUSSÃO. HOSPITAL PARTICULAR CONVENIADO COM O SUS. EQUIPARAÇÃO ESTABELECIDA PELO ART. 327 DO CP NA REDAÇÃO DA LEI 9.983/00. 1. A equiparação em questão somente produz efeitos em relação a fatos típicos ocorridos posteriormente ao advento da Lei 9.983/00. Normas que encerram ficção jurídica, equiparando cidadãos, hão de ser interpretadas de forma estrita. Precedente: HC 83.830. 2. Habeas corpus deferido para trancar a ação penal. (STF – HC: 87227 RS, Relator: ELLEN GRACIE, Data de Julgamento: 21/03/2006, Segunda Turma, Data de Publicação: DJ 20-04-2006)

[623] Ibidem. p. 128.

[624] Perfilham essa corrente dogmática: Noronha, E. Magalhães. Direito penal. vol. 4. Dos crimes contra a saúde pública a disposições finais. 19. ed. São Paulo: Editora Saraiva, 1992. p. 208 (já se manifestou o autor, anteriormente, pela possibilidade de o dispositivo alcançar também os sujeitos passivos); Hungria, Comentários ao Código Penal. Vol. IX.

Nessa linha doutrinária, emerge o argumento de que a localização do citado dispositivo legal entremostra a vontade do legislador de limitar essa equiparação, que não pode ser empregada como norma geral[625].

Em sentido contrário, posicionando-se pela aplicação da norma também ao funcionário público que figurar como sujeito passivo, pontua-se que mencionado conceito também deve se estender às hipóteses que o beneficiam, em face de sua condição de funcionário público "próprio ou por equiparação", tal como "uma moeda que tem dois lados"[626].

Pontua ainda a corrente ampliativa que o artigo 327 possui comando geral, malgrado incluído no Capítulo I do Título XI do Código Penal, razão pela qual incide sobre todas as hipóteses evidenciadas pelo Código Penal e mesmo sobre aquelas não contempladas por esse Estatuto[627].

Nesse ponto, pertinente trazer a lume o contexto perfilhado por este trabalho. Como dito nas primeiras linhas desse estudo, seriam trilhados os caminhos que conduziriam à observância dos princípios norteadores do Direito Penal, com ênfase especial no princípio da taxatividade da lei penal.

Nesse panorama, e com o devido respeito e acatamento ao posicionamento contrário, cremos que a interpretação que restringe o alcance do artigo 327, fazendo-o incidir apenas sobre o sujeito ativo do delito funcional, prestigia os princípios do Direito Penal e a hermenêutica jurídica.

Tal posição justifica-se, em primeiro lugar, pela própria posição topográfica do dispositivo dentro do Capítulo I. Certamente, se assim não

2. ed. Rio de Janeiro: Forense, 1959. p. 401; Prado, Luiz Regis. Curso de direito penal brasileiro. vol. 3. Parte especial – arts. 250 a 359-H. 9 ed. São Paulo: Revista dos Tribunais. 2013. p. 658; Pereira, Paulo Cyrillo. Funcionário público: titularidade passiva nos crimes contra a administração pública – equiparação, para fins penais, de servidores das autarquias. *Justitia*. Ano 53, v. 153, jan./março de 1991. p. 24.

625 Prado, Luiz Regis. Curso de direito penal brasileiro. vol. 3. Parte especial – arts. 250 a 359-H. 9. ed. São Paulo: Revista dos Tribunais, 2013. p. 658. No mesmo sentido: Nelson Hungria, Magalhães Noronha e Celso Delmanto.

626 Bitencourt, Cézar Roberto. Tratado de Direito Penal. Parte 5. 4. ed. São Paulo: Saraiva, 2010, p. 185.

627 Idem. Direito Penal das Licitações. São Paulo: Saraiva, 2013. p. 105.

fosse, o legislador penal teria inserido a disposição como norma geral do Título XI[628].

Dessa maneira, permite-se afirmar que, se a intenção da lei fosse prolongar a definição de funcionário público também aos casos em que ele figura como sujeito passivo do crime, não teria incluído essa disposição somente no Capítulo destinado aos crimes praticados por funcionários públicos contra a administração em geral, mas no capítulo subsequente, que cuida dos crimes praticados pelos particulares contra a administração[629].

Para além disso, retomamos novamente a premissa segundo à qual a norma penal deve ser interpretada restritivamente, vedando-se ainda a analogia *in malam partem*[630], diante do princípio da legalidade do crime e da pena.

Em outras palavras, inserido em um cenário de dúvidas interpretativas, prudente a adoção de regras que preservam a indivíduo da crescente interferência estatal[631].

[628] Nesse sentido, cf. PRADO, Luiz Regis. Curso de direito penal brasileiro. vol. 3. Parte especial – arts. 250 a 359-H. 9. ed. São Paulo: Revista dos Tribunais, 2013. p. 654.

[629] PEREIRA, Paulo Cyrillo. Funcionário público: titularidade passiva nos crimes contra a administração pública – equiparação, para fins penais, de servidores das autarquias. *Justitia*. Ano 53, v. 153, p. 21-24, jan/março de 1991. p. 24.

[630] Na hipótese, fica a ressalva de que sequer entende-se que há lacuna legal, o que permitiria a aplicação desse método de autointegração da lei. Filiamos, assim, o entendimento de que a regra legal tem caráter definitivo, o que comportaria, em caso de dúvida interpretativa, alcance restritivo por se tratar de norma penal. Sobre o tema, nos reportamos ao entendimento de Noronha para quem infringe-se o princípio da legalidade quando não se permite determinar a abrangência da norma penal, possibilitando-se com isso o arbítrio do julgador (MIRABETTE, Julio Fabbrini; FABBRINI, Renato N. Manual de direito penal. v. 1. parte geral, arts. 1º a 120 do CP. 29. ed. São Paulo: Atlas, 2013. p. 40).

[631] Não obstante, o STJ já se manifestou no sentido de que o artigo 327 do CP aplica-se ao sujeito passivo do desacato, sob o argumento de que o conceito de funcionário público é amplo e, portanto, aplicável a todo o Código Penal. Cf. Recurso Ordinário em Habeas Corpus n. 10.015-RS, Rel. Min. Felix Fischer, DJ 26/03/2001: PENAL. RECURSO ORDINÁRIO EM HABEAS CORPUS. TRANCAMENTO DA AÇÃO. FUNCIONÁRIO PÚBLICO. ART. 327 DO CP. I – Havendo mandado judicial em que consta o nome de oficial de justiça ad hoc, não é possível afirmar que a vítima não estivesse exercendo função pública. II – O artigo 327 do Código Penal se aplica ao sujeito passivo do desacato (Precedente). Recurso desprovido.

Não sem razão, na espécie, tratando-se de dispositivo penal de extremado rigor punitivo, impõe sejam afastados os posicionamentos imoderados, sob pena de aleijamento do Direito Penal, sobretudo quando o rigorismo punitivo torna-se pertinente em momentos políticos específicos[632].

Nessa mesma linha de raciocínio, Paulo José da Costa Júnior enfatiza o posicionamento que preza pela interpretação restritiva do dispositivo penal, relacionando-o apenas ao primeiro capítulo do Título XI, isto é, tão-somente aos crimes praticados por funcionários públicos contra a administração em geral[633]. E complementa o autor, no sentido de que a aplicação sistemática da equiparação somente tem lugar para o autor do delito. É dizer, quem ofende as pessoas indicadas no dispositivo legal não incorre no crime de desacato, mas sim em delito contra a honra[634].

E, nas palavras do autor, referida equiparação e causa de aumento de pena encontram-se limitadas às pessoas relacionadas no dispositivo penal, não abrangendo, deste modo, os funcionários das sociedades de economia mista, empresa pública ou fundação instituída pelo poder público, porquanto não podem ser definidos como funcionários públicos perante a lei penal[635].

632 A esse respeito, em vívido artigo sobre a matéria, condizente com a atualidade, Ana Maria Babbete Bajer Fernandes nos relembra que: "A crescente interferência do Estado na área reservada ao particular merece a resistência do jurista consciente. O risco certo de se admitir o gigantismo é a própria deformação do Direito. Este, olhado globalmente, é um conjunto de normas que infelizmente se deformam de acordo com o momento político. Reside nisto, por certo, a maior parte da responsabilidade no campo prático. A interpretação restritiva dos tipos, com o consequente favorecimento dos réus, é regra que no caso tem específica indicação" (FERNANDES, Ana Maria Babette Bajer. Conceito de funcionário público no direito penal. *Justitia*. SP/SP, n. 98. p. 35).

633 COSTA JR, Paulo José; DA COSTA, Fernando José. Código Penal Comentado. 10. ed. São Paulo: Saraiva, 2011. p. 920.

634 Ibidem. p. 920.

635 Ibidem. p. 920.

4.7 Funcionário Público Estrangeiro: Análise do Art. 337-D do Código Penal

4.7.1 Premissas Gerais

Em seu artigo 4º, inciso IX, a Constituição Federal brasileira dispõe a respeito da "cooperação entre os povos para o progresso da humanidade", cujas premissas repousam na cooperação internacional visando à solução dos problemas de natureza econômica, social, cultural e humanitária[636].

Nesse cenário, aderindo à política de combate a corrupção internacional, o Brasil ratificou a Convenção sobre o Combate à Corrupção de Funcionários Públicos Estrangeiros em Transações Comerciais, assinada em 17 de dezembro de 1997.

A formalização dessa Convenção nasceu de um conjunto de esforços de combate a atos de corrupção. Em verdade, são citados inicialmente a reação da OCDE – Organização para Cooperação e Desenvolvimento Econômico –, o Departamento Americano, Ministros das Relações Exteriores, a Interpol, a Comissão Europeia e a elaboração de lei proveniente das Ilhas Seychelles, que garantia imunidade penal àqueles que investissem mais de 10 milhões de dólares no país ("Economia *Development Act*").

Após as autoridades internacionais anunciarem que todas as transações financeiras que lá se originassem, ou passassem, seriam investigadas, a lei foi revogada antes mesmo de entrar em vigor.

Outro caso relatado relaciona-se ao escândalo das propinas pagas pela *Lockheed Aircraft Corporation* nos anos 70, empresa responsável pela produção e venda de aeronaves, mísseis e embarcações. Durante o período em que foi auxiliada financeiramente pelo Governo Americano, descobriu-se o pagamento de 22 milhões de dólares para funcionários de Governos estrangeiros nos anos de 1950 e 1970, como meio para garantir ou manter os contratos para venda de aeronaves.

O caso em referência serviu para expor uma brecha no ordenamento repressivo anticorrupção, ao passo que inexistia a tipificação de tal conduta no ordenamento jurídico americano, o que levou à ausência de responsabilização criminal dos responsáveis envolvidos no escândalo.

[636] SILVA, José Afonso da. Comentário contextual à Constituição. 8.ed. São Paulo: Malheiros, 2011. p. 54.

Nesse contexto, surge a FCPA – *Foreigner Corrupt Practice Act* – em 1977, como consequência do caso Watergate, trazendo assim severas sanções a pessoas jurídicas ou cidadãos americanos que subornassem funcionários públicos estrangeiros ou partidos políticos, com o objetivo de obter ou manter negócios no exterior[637].

Introduz-se ainda a ideia de combate ao suborno nos demais países, com ênfase no continente europeu, onde era comum essa prática, em grande parte decorrente dos negócios que as empresas norte-americanas perdiam em razão da vedação do suborno internacional, que impossibilitava a competição em igualdade de condições com os outros países.

Todavia, dúvidas quanto ao prejuízo resultante da corrupção para a sociedade e a crença de que essa apenas realocaria a riqueza em outras mãos, fez com que a ideia de combate ao suborno não avançasse nos demais países.

A situação modificou-se com a publicação do trabalho "Corrupção: Um estudo em economia política" de Susan Rose-Ackerman (1978), no qual se negava a premissa quanto à inocuidade da corrupção, provando-se que a distribuição das riquezas promovidas pela corrupção é ineficiente e que reduz os lucros dos investimentos.

Nos anos seguintes, reinicia-se nos Estados Unidos da América a campanha anticorrupção, buscando um acordo internacional, que é aprovado apenas em 1994.

Já em 1997 é aprovada a Convenção sobre o Combate da Corrupção de Funcionários Públicos Estrangeiros em Transações Comerciais Internas, que entrou em vigor em 1999.

No Brasil, o primeiro passo para o combate internacional à corrupção veio com a aprovação da sobredita Convenção, por meio do Decreto Legislativo 125/2000.

Posteriormente, a Lei 10.467/2002 inseriu no Capítulo II-A do Código Penal os crimes praticados por particular contra a Administração Pública Estrangeira, disciplinando ainda, em seu artigo 337-D, o conceito penal de funcionário público estrangeiro.

[637] PRADO, Luiz Regis. Curso de direito penal brasileiro. vol. 3. parte especial – arts. 250 a 359-H. 9. ed. São Paulo: Revista dos Tribunais. 2013. p. 747.

O Brasil ratificou ainda as Convenções da OEA e ONU sobre a matéria e, em 1996, passou a ser signatário da Convenção Interamericana contra a corrupção, primeiro ato normativo a tratar internacionalmente de medidas preventivas e coercitivas contra a corrupção.

4.7.2 Conceito Penal de Funcionário Público Estrangeiro

Como visto acima, o conceito penal de funcionário público estrangeiro foi inserido no artigo 337-D do Código Penal, pelo Decreto 3.678/2000, por meio da Lei 10.467/2002, utilizando como paralelo o conceito penal de funcionário público nacional.

Prevê o sobredito artigo penal:

> Art. 337-D. Considera-se funcionário público estrangeiro, para os efeitos penais, quem, ainda que transitoriamente ou sem remuneração, exerce cargo, emprego ou função pública em entidades estatais ou em representações diplomáticas de país estrangeiro. (Incluído pela Lei n.º 10.467, de 11.6.2002)
>
> Parágrafo único. Equipara-se a funcionário público estrangeiro quem exerce cargo, emprego ou função em empresas controladas, diretamente ou indiretamente, pelo Poder Público de país estrangeiro ou em organizações públicas internacionais. (Incluído pela Lei n.º 10.467, de 11.6.2002)

Referido dispositivo visa a dar aplicabilidade aos crimes que versam sobre a prática de corrupção ativa em transação comercial internacional (artigo 337-B), e o tráfico de influência em transação comercial internacional (artigo 337-C).

Quanto à inserção dos referidos tipos penais, cumpre destacar, inicialmente, as críticas sobre a equivocada posição topográfica de ambos os delitos, mormente porque incluídos no Capítulo dos crimes contra a Administração, muito embora as infrações penais não atinjam a Administração Pública brasileira[638].

[638] Nesse sentido, Bitencourt esclarece que o crime não alcança a Administração Pública nacional, considerando-se que o funcionário corrupto ou corrompido é estrangeiro, estranho assim aos quadros da Administração brasileira (BITENCOURT, Cezar Roberto. Tratado

Afasta-se, igualmente, a tutela da Administração Pública estrangeira[639], simplesmente pela impossibilidade jurídica de fazê-lo, sob pena de esbarrar na soberania da Nação alienígena.

Logo, predomina o entendimento de que o bem jurídico tutelado nesses tipos penais é a boa-fé, a regularidade, a lealdade, a moralidade, a transparência e equidade do comércio internacional[640].

Tutela-se assim, de forma mediata, a Administração Pública estrangeira e indiretamente a Administração Pública nacional, mas com a finalidade precípua de reprimir os atos de corrupção dos funcionários públicos estrangeiros no âmbito das transações comerciais internacionais[641].

de direito penal. Parte especial 5: dos crimes contra a administração pública e dos crimes praticados por prefeitos. 9. ed. São Paulo: Saraiva, 2015. p. 305-306).

639 Sobre o tema, nos reportamos a observação de que o Projeto de Lei 4.143 – Poder Executivo, que deu origem a Lei 10.467/2002, recebeu parecer contrário da Comissão de Constituição e Justiça e de Redação, em razão do bem jurídico tutelado. A fim de não incidir no equívoco de incluir no Titulo XI – Dos Crimes contra a Administração Pública – capítulo que tutela a Administração Estrangeira, propôs-se a criação do Título XII, intitulado "Dos crimes previstos em atos internacionais", que não foi aprovado. Cf.: Greco Filho, Vicente; Rassi, João Daniel. O combate à corrupção e comentários à lei de responsabilidade de pessoas jurídicas: lei n. 12.846, de 1º de agosto de 2013 – atualizado de acordo com o Decreto n. 8.420, de 18 de março de 2015. São Paulo: Saraiva, 2015. p. 131; Rassi, João Daniel. Administração Pública na acepção orgânica e o conceito penal de funcionário público – Contributo para o estudo do art. 327 do Código Penal Brasileiro. In: Crespo, Marcelo Xavier de Freitas (Coord.). Crimes contra a Administração Pública: Aspectos Polêmicos. São Paulo: Quartier Latin, 2010. p. 30.

640 Bitencourt, Cezar Roberto. Tratado de direito penal. Parte especial 5: dos crimes contra a administração pública e dos crimes praticados por prefeitos. 9. ed. São Paulo: Saraiva, 2015. p. 305. Cf. ainda: Da Costa, Álvaro Mayrink. Direito penal. parte especial. vol. 7. 6. ed. Rio de Janeiro: Forense, 2011. p. 297. Em esclarecedora passagem de sua obra, acerca do bem jurídico tutelado pelos crimes de corrupção ativa transnacional, traçando um paralelo com o crime de corrupção ativa, Regis Prado informa que embora tenham pontos em comum, "só se identificam sob a ótica daquele que observa o ato do ponto de vista do funcionário corrompido". Isso porque, o suborno internacional não é tipificado pelo Estado ao qual o funcionário público está vinculado, mas pelo Estado onde se encontra a empresa de origem ou o particular que comete o crime de corrupção ativa. (Prado, Luiz Regis. Curso de direito penal brasileiro. vol. 3. parte especial – arts. 250 a 359-H. 9ª edição. São Paulo: Revista dos Tribunais. 2013. p. 754).

641 Da Costa, Álvaro Mayrink. Op. Cit. p. 297.

No tocante aos elementos que compõem o artigo 337-D, o termo "funcionário público estrangeiro", para o Direito Internacional Público, pode ser definido como "aqueles que são acreditados pelo governo de um Estado, perante o governo de outro, para representarem os seus direitos e interesses"[642].

Para a Convenção em referência, considera-se funcionário público estrangeiro (artigo 1.4, *a*):

> [...] qualquer pessoa responsável por cargo legislativo, administrativo ou jurídico de um país estrangeiro, seja ela nomeada ou eleita; qualquer pessoa que exerça função pública para um país estrangeiro, inclusive para representação ou empresa pública; e qualquer funcionário ou representante de organização pública internacional.

Destaca-se, contudo, a ressalva pontual de que, a definição supra não pode ser utilizada para fins penais[643].

Muito semelhante à definição do artigo 327 do Código Penal, considera-se, para fins penais, funcionário público estrangeiro, "quem ainda que transitoriamente ou sem remuneração, exerce cargo, emprego ou função pública em entidades estatais ou em representações diplomáticas de país estrangeiro".

Acerca da definição de "cargo", "emprego" e "função pública", nos reportamos ao tópico 4.4.2, uma vez que reproduz os termos empregados para a elaboração do funcionário público nacional, cujos sentidos equiparam-se.

Todavia, inova o dispositivo em questão ao incluir as entidades estatais na formulação do conceito penal, tidas como pessoas jurídicas de direito

[642] RESEK, Francisco. Direito internacional público: curso elementar. 16.ed. São Paulo: Saraiva, 2016. p. 292.

[643] Adverte Delmanto *et alii*, que o conceito de funcionário público estrangeiro estabelecido pela Convenção sobre o Combate da Corrupção de Funcionários Públicos Estrangeiros em Transações comerciais internas não pode ser usada para fins penais, sobre pena de violar o princípio da legalidade (DELMANTO, Celso; et. alii. Código penal comentado. 8.ed. São Paulo: Saraiva, 2010. p. 982).

público, integrantes da Administração Pública estrangeira, revestidas de poderes políticos, jurídicos[644] e administrativos[645].

Como não poderia ser diferente, o conceito abrange ainda os funcionários das representações diplomáticas estrangeiras, isto é, todo aquele que exerce cargo, emprego ou função pública em corpo diplomático de um país[646].

Em complemento ao referido conceito, são incluídos na expressão "representações diplomáticas estrangeiras", além do conjunto de agentes diplomáticos nacionais, o "pessoal técnico administrativo", como, por exemplo, as secretárias e criptógrafos[647].

Ainda no tocante aos elementos que integram o dispositivo em análise, e consoante a Convenção sobre o Combate à Corrupção de Funcionários Públicos Estrangeiros, considera-se "País estrangeiro"[648] todos os níveis e subdivisões de governo, ou seja, tanto o ente federal, estadual como o municipal.

Nos moldes do conceito penal de funcionário público, e com o claro objetivo de ampliar o alcance do artigo 337-D, em seu parágrafo único, encontra-se inserida a equiparação de funcionário público estrangeiro, para incluir "quem exerce cargo, emprego ou função em empresas controladas, diretamente ou indiretamente, pelo Poder Público de país estrangeiro ou em organizações públicas internacionais", a exemplo da Organização das Nações Unidas, a Organização Mundial da Saúde, o Fundo Monetário Internacional, dentre outros organismos internacionais[649].

644 Excluindo os poderes jurídicos, Mayrink da Costa refere-se apenas aos poderes políticos e administrativos da entidade pública (Da Costa, Álvaro Mayrink. Direito penal. Parte especial. vol. 7. 6ª ed. Rio de Janeiro: Forense, 2011. p. 310).

645 Bitencourt, Cezar Roberto. Tratado de direito penal. Parte especial 5: dos crimes contra a administração pública e dos crimes praticados por prefeitos. 9. ed. São Paulo: Saraiva, 2015. p. 312.

646 Ibidem. p. 312.

647 Prado, Luiz Regis. Curso de direito penal brasileiro. vol. 3. Parte especial – arts. 250 a 359-H. 9. ed. São Paulo: Revista dos Tribunais. 2013. p. 756.

648 "1.4. Para o propósito da presente Convenção: [...] b) 'país estrangeiro' inclui todos os níveis e subdivisões de governo, do federal ao municipal;"

649 Bitencourt, Cezar Roberto. Tratado de direito penal. Parte especial 5: dos crimes contra a administração pública e dos crimes praticados por prefeitos. 9. ed. São Paulo: Saraiva, 2015. p. 312.

A esse respeito, por empresas controladas designam-se as empresas públicas ou governamentais, incluindo-se as sociedades civis, comerciais e as sociedades de economia mista[650].

Por sua vez, as organizações públicas internacionais são definidas como "associações de Estados, estabelecidas por tratados, que possuem uma constituição e órgãos comuns e têm personalidade distinta de seus membros"[651].

Superadas as noções gerais sobre o conceito codificado de funcionário público estrangeiro, passa-se a análise dos critérios que norteiam o termo "função pública", inserida no artigo 337-D do Código Penal, para se perquirir, em resumo, se a norma penal incriminadora estaria se referindo a função pública brasileira ou a estrangeira[652].

[650] Da Costa, Álvaro Mayrink. Direito penal. Parte especial. vol. 7. 6. ed. Rio de Janeiro: Forense, 2011. p. 310.

[651] Prado, Luiz Regis. Curso de direito penal brasileiro. vol. 3. Parte especial – arts. 250 a 359-H. 9ª edição. São Paulo: Revista dos Tribunais. 2013. p. 757.

[652] PENAL. PROCESSUAL PENAL. CONFLITO DE COMPETÊNCIA. ARTIGO 337-B, DO CP. CRIME À DISTÂNCIA. ART. 6º, CP. COMPETÊNCIA DO JUÍZO FEDERAL DO LOCAL DO ÚLTIMO ATO DE EXECUÇÃO NO BRASIL. ARTIGO 70, § 1º, CPP. INQUÉRITO POLICIAL EM CURSO. PRINCÍPIO DA "PERPETUATIO JURISDICTIONIS" QUE NÃO SE APLICA. CONFLITO JULGADO IMPROCEDENTE. 1- No caso, o crime teria ocorrido na modalidade de "dar" vantagem indevida que, diferentemente das condutas de "prometer" e "oferecer" (delitos formais), configura crime material, consumando-se com a efetiva entrega da vantagem ilícita (US$ 181.316,00) ao funcionário público estrangeiro. 2- Embora o crime, em tese praticado, tenha se consumado em território iraquiano, não há dúvida de que os atos de execução se iniciaram no Brasil, de onde foi remetido o dinheiro. Trata-se, pois, de hipótese de "crime à distância", ao qual se aplica o artigo 6º, do Código Penal. E até que um "modus operandi" diverso fique evidenciado nos autos, presume-se que os valores tenham partido da sede da empresa brasileira investigada. 3- Nos termos do artigo 70, § 1º, do Código de Processo Penal, se, iniciada a execução no território nacional, a infração se consumar fora dele, a competência será determinada pelo lugar em que tiver sido praticado, no Brasil, o último ato de execução. Considerando que a empresa brasileira investigada possui sede no município de Mogi das Cruzes/SP, deve ser declarado competente o Juízo Federal com jurisdição sobre referido município. 4- O Conselho da Justiça Federal, com o fim de organizar o serviço de prestação jurisdicional na Seção Judiciária do Estado de São Paulo, editou o Provimento nº 330, em 10.05.11, excluindo o município de Mogi das Cruzes/SP da jurisdição da 19ª Subseção – Guarulhos/SP, e implantou a 1ª Vara Federal do município de Mogi das Cruzes/SP, com competência mista. 5- No presente caso, ainda não foi sequer oferecida a denúncia, sendo que o Minis-

Pouco se fala sobre o assunto, quer na esfera doutrinária, quer na esfera judicial, prevalecendo a ideia de que a lei tratou da função pública estrangeira.

Nesse sentido, a Convenção Interamericana contra a Corrupção[653], em seu artigo 1º, traz a seguinte definição de função pública: "toda atividade, temporária ou permanente, remunerada ou honorária realizada por uma pessoa física em nome do Estado ou a serviço do Estado ou de suas entidades, em qualquer de seus níveis hierárquicos".

Tratando-se, contudo, de lei penal interpretativa, de força cogente, para fins penais, vale o conceito contido no artigo 337-D do Código Penal.

Para tanto, impõe-se a adoção de limites para a aplicação da norma penal, sobretudo quando pairam dúvida relacionadas à sua aplicação pelo operador do direito que, em quadros de incerteza jurídica, deve aplicar restritivamente a lei incriminadora.

Sublinha-se, ainda, o fato de que a norma penal não tem por objetivo a tutela da Administração Pública nacional ou estrangeira, mas a lisura e boa-fé das transações comerciais internacionais. Não obstante, apresenta-se válida a orientação quanto à equivalência da função estrangeira a uma das atividades previstas no organograma da Administração Pública.

tério Público Federal requereu diligências a serem efetuadas pela autoridade policial. E se não há ação penal instaurada, o princípio da "perpetuatio jurisdictionis" (art. 87, CPC, c.c. art. 3º, CPP) não justifica a manutenção do feito no Juízo incompetente, ainda que este já tenha determinado a quebra dos sigilos bancário e fiscal. 6- Verifica-se, também, que foi determinada a quebra dos sigilos bancário e fiscal da empresa e de seu Diretor à época dos fatos que, nos termos da ficha cadastral da JUCESP, possui domicílio no município de Mogi das Cruzes/SP. Nos termos do artigo 72, do Código de Processo Penal, não sendo conhecido o lugar da infração, a competência regular-se-á pelo domicílio ou residência do réu, como critério subsidiário. 7- Conflito de competência julgado improcedente para declarar competente o Juízo Federal da 1ª Vara de Mogi das Cruzes /SP.(TRF-3 – CJ: 33250 SP 0033250-19.2011.4.03.0000, Relator: DESEMBARGADOR FEDERAL ANTONIO CEDENHO, Data de Julgamento: 02/08/2012, PRIMEIRA SEÇÃO,)

[653] O Decreto n.º 4410, de 07 de outubro de 2002, promulgou a Convenção Interamericana contra a Corrupção, de 29 de março de 1996.

4.8 O Projeto de Lei nº 236/2012 – O Novo Código Penal e o Conceito de Servidor Público e Servidor Público Estrangeiro (Arts. 282 e 283)

O Projeto de Lei do Senado n.º 236/2012, substituindo o termo "funcionário público", assim dispôs sobre o conceito previsto no art. 327 do Código Penal:

> Servidor público
> Art. 282. Considera-se servidor público quem, embora transitoriamente ou sem remuneração, exerce cargo, emprego, função pública ou mandato eletivo.
> § 1º Equipara-se a servidor público quem exerce cargo, emprego ou função em autarquia, empresa pública e sociedade de economia mista e quem trabalha para empresa prestadora de serviço contratada ou conveniada para a execução de atividade típica da Administração Pública ou dos Poderes Legislativo e Judiciário.
> § 2º Equipara-se também a servidor público o responsável de organização da sociedade civil ou não-governamental, no manejo de recursos públicos.
> § 3º O conceito de servidor público aplica-se tanto ao sujeito ativo quanto ao sujeito passivo dos crimes.
>
> Servidor público estrangeiro
> Art. 283. Considera-se servidor público estrangeiro, para os efeitos penais, quem, ainda que transitoriamente ou sem remuneração, exerce cargo, emprego ou função pública em entidades estatais ou em representações diplomáticas de país estrangeiro.
> Parágrafo único. Equipara-se a servidor público estrangeiro quem exerce cargo, emprego ou função em empresas controladas, diretamente ou indiretamente, pelo Poder Público de país estrangeiro ou em organizações públicas internacionais.

Sob o enfoque conferido ao conceito penal de funcionário público, permite-se afirmar que o PLS n.º 236/2012 trouxe significativas alterações em comparação com o atual Código Penal, dentre as quais se incluem as modificações estruturais e terminológicas relacionadas à disciplina dos "Crimes contra a Administração Pública" e o novo conceito de "servidor público".

De uma forma geral, outrossim, o Anteprojeto que tem como objeto a instituição de um novo Código Penal[654], manteve sua divisão interna em Parte Geral (art. 1º ao 120) e Parte Especial (art. 121 ao 541).

Por sua vez, os crimes contra a Administração Pública foram deslocados para o Título X (art. 271 ao 324) da Parte Especial, que passou a contar com as seguintes subdivisões: Capitulo I, que trata apenas do crime de abuso de autoridade; Capítulo II denominado de "Outros crimes contra a Administração Pública"; Capítulo III que manteve o título "Dos Crimes contra a Administração da Justiça"; e, finalmente, o Capítulo IV, que incorporou no texto do Código os crimes contra o sistema de contratações públicas.

Preliminarmente, cumpre trazer as principais alterações relacionadas com o tema, que serão posteriormente analisadas em confronto com as diretrizes desenvolvidas neste estudo.

Nessa perspectiva, vale consignar de pronto que o relatório final da Comissão de juristas responsáveis pela elaboração do Anteprojeto informa que todo o trabalho desenvolvido sobre os crimes contra a Administração tem por finalidade a "tutela do patrimônio público e direito dos administrados"[655].

Para tanto, e dentre outras modificações, optou-se por unificar os capítulos que tratavam dos crimes praticados por funcionários públicos e os crimes praticados por particulares, ao argumento de que a distinção entre crimes próprios e impróprios desconsiderava o fato de que um agente poderia praticar o crime de outro, bem como que essa diretriz tinha em conta a condição permanente do servidor público.

Nesse contexto, promoveu-se inclusive a unificação do crime de corrupção ativa e passiva, e não se destinou capítulo próprio para os crimes praticados por servidores públicos estrangeiros.

[654] Após a realização de audiência pública em 06/11/2017, o PLS n.º 236/2012 encontra-se desde esta data tramitando na Comissão de Constituição, Justiça e Cidadania (Secretaria de Apoio à Comissão de Constituição, Justiça e Cidadania), atribuindo-se a Relatoria atual ao Senador Antonio Anastasia. Disponível em: [https://www25.senado.leg.br/web/atividade/materias/-/materia/106404]. Acesso em: 04/12/2017.

[655] https://www.conjur.com.br/dl/anteprojeto-codigo-penal.pdf. Relatório final do Anteprojeto do Novo Código Penal, p. 368. Acesso em: 04/12/2017.

Extrai-se ainda do citado relatório referência à descriminalização de condutas em virtude da previsão legal de sanções cíveis e administrativas, citando-se, como exemplo, o crime de peculato culposo (§2º do art. 312, do CP), a condescendência criminosa (art. 320 do CP), e o exercício funcional ilegalmente antecipado ou prolongado (art. 324 do CP)[656]. Pontualmente, acerca da descriminalização de determinados crimes funcionais, tivemos a oportunidade de fazer breves considerações às teorias propostas por Silva Sánchez, Hassemer e Eduardo Correia, cujas características gerais fazem frente à expansão do Direito Penal.

Voltando ao relatório do projeto de lei, em particular quanto à reformulação do conceito de "servidor público", a Comissão de Juristas consignou que foi concedida especial atenção, acolhendo-se novo termo por ser mais amplo que a palavra "funcionário público".

Ainda no tocante ao conteúdo do dispositivo penal, esclarece que foram incluídos os titulares de mandato eletivo, bem como se detalhou a definição equiparada para expressamente incluir as autarquias, as empresas públicas e as sociedades de economia mista, bem como aqueles que trabalham para empresas que prestam serviços contratados ou conveniados da Administração Pública, desde que "típicos do Poder Público".

Dedicou ainda um dispositivo próprio para constar expressamente que o conceito se aplica tanto se o servidor for o agente do crime ou o ofendido (§3º, art. 282).

Da mesma forma, para a causa de aumento de pena prevista no §2º do art. 327, formulou-se um artigo autônomo – denominado de disposição comum –, cuja redação é a seguir reproduzida:

> Art. 293. As penas dos crimes previstos nos Capítulos I e II deste Título, praticados por servidor público, serão aumentadas de um terço se o servidor for ocupante de cargo em comissão ou função de direção ou assessoramento.

Por fim, seguindo a diretriz estabelecida pelo atual Código Penal, apresentou um conceito penal próprio para o "servidor público estrangeiro" (art. 283).

[656] Ibidem. p. 367.

Apresentadas as alterações promovidas no tema em questão, passa-se à análise do conceito proposto para o servidor público.

No que se refere à denominação atribuída ao dispositivo, conforme tivemos a oportunidade de expor, o termo "servidor público" não designa tecnicamente o conteúdo e a amplitude conceitual conferida pela lei, cujo significado, em verdade, corresponde à definição de "agente público".

Além disso, cumpre destacar que os servidores públicos compõem uma das espécies do gênero "agente público", ao lado dos agentes políticos e dos agentes particulares colaboradores. Sendo assim, cremos não ser adequada a inclusão dos indivíduos detentores de mandato eletivo na definição de "servidores públicos", particularmente porque ambos representam categorias diversas que integram esse agrupamento maior.

Há que se frisar ainda que parte considerável da doutrina administrativista concebe as expressões "funcionário público" e "servidores públicos" como sinônimos[657].

Portanto, feitas essas considerações, entendemos que, tal como o atual Código Penal, o anteprojeto emprega o termo sem o rigorismo técnico esperado, que, neste ponto, não traz qualquer contribuição para a interpretação do dispositivo penal.

Ademais, e em que pese o entendimento no sentido de que se permite à lei penal a previsão de definição autônoma que dispensa similitude com os demais ramos do Direito, não há que se desconsiderar que a ausência

[657] Neste sentido a classificação adotada por Carvalho Filho (Manual de direito administrativo. 30. ed. São Paulo: Atlas, 2016. p. 622-623) e Maria Sylvia Zanella Di Pietro (Direito administrativo. 29. ed. Rio de Janeiro: Forense, 2016. p. 652-653): Os agentes públicos compreendem (i) os *agentes políticos*, que se caracterizam por possuírem "funções de direção e orientação" previstas pela Constituição da República, em regra, de caráter temporário, decorrente de mandatos eletivos, v.g. Presidente, Governador, Prefeito, Ministros e Secretários e membros do Poder Legislativo; (ii) *agentes particulares colaboradores*, que embora sejam particulares, realizam funções de natureza pública, com ou sem remuneração, de forma temporária ou permanente, constituindo, por vezes, um *munus* público, v.g., jurados, mesários, titulares de ofícios de notas e de registro não oficializados (art. 236, CF) e os concessionários e permissionários de serviços públicos; (iii) *servidores públicos* (também denominados de agentes administrativos ou funcionários públicos), que possuem com o Estado uma relação permanente de trabalho. Di Pietro inclui ainda nesse rol os militares.

de uniformidade conceitual rompe com a unidade lógica do sistema e gera dificuldades interpretativas.

Nessa mesma perspectiva, o dispositivo em apreço se manteve atrelado ao conceito legal a acepção funcional da administração pública, cujo significado é igualmente utilizado em seu sentido "vulgar", sobretudo porque o Direito Administrativo elenca somente duas espécies de funções: a função de confiança (artigo 37, V, da Constituição Federal) e a função dos contratados por tempo determinado para a execução de atividade excepcional de interesse público, de natureza temporária (Lei n.º 8.745/93 e alterações da Lei n.º 9.849/99 e Lei n.º 10.667/03)[658]. Logo, da mesma forma como foi estabelecido no art. 327 do Código Penal, a constante ampliação da estrutura administrativa e das suas funções continuarão resultando em infinitas situações de fato, com funesto resultado interpretativo para o conceito de servidor público[659].

Por outro lado, ainda no tocante à redação conferida ao §1º do artigo 282, a nosso ver, com acerto, foi extraída da definição legal a expressão "entidade paraestatal" que, além de configurar termo desatualizado, não possui significado unívoco, outrora sendo empregado para designar as autarquias[660], as pessoas jurídicas de direito privado[661] ou, até mesmo, o terceiro setor[662]. Em seu lugar, foram elencadas as pessoas jurídicas da Administração Indireta – autarquias, empresa pública e sociedade de economia mista –, que prescindem de grandes esforços interpretativos e possuem segura definição legal[663].

658 NOHARA, Irene Patrícia. Direito administrativo. 6. ed. São Paulo: Atlas, 2016. p. 675.

659 FERNANDES, Ana Maria Babette Bajer. Conceito de funcionário público no direito penal. *Justitia*. SP/SP, n. 98. p. 34.

660 CRETELLA JÚNIOR, José. Manual de direito administrativo. 2. ed. Rio de Janeiro: Forense, 1979. p. 107-108.

661 MEIRELLES, Hely Lopes. Direito administrativo brasileiro. São Paulo: Malheiros, 2003. p. 362.

662 NOHARA, Irene Patrícia. Op. Cit. p. 652; JUSTEN FILHO, Curso de Direito Administrativo. 9. ed. São Paulo: Revista dos Tribunais, 2013. p. 322.

663 Decreto-Lei 200/67 – Art. 5º Para os fins desta lei, considera-se: I – Autarquia – o serviço autônomo, criado por lei, com personalidade jurídica, patrimônio e receita próprios, para executar atividades típicas da Administração Pública, que requeiram, para seu melhor funcionamento, gestão administrativa e financeira descentralizada. II – Emprêsa Pública – a entidade dotada de personalidade jurídica de direito privado, com patrimônio

A despeito disso, foi novamente associado o conceito de servidor público à "atividade típica" desempenhada por empresa prestadora de serviço contratada ou conveniada, cuja definição leva a diferentes classificações na esfera dogmática[664], além de encontrar-se desprovida de definição legal.

Quanto ao § 2º do art. 282, equipara o responsável de organização de sociedade civil ou não-governamental ao servidor público, em referência a uma das espécies de entidades de cooperação – em verdade, denominada de "organização da sociedade civil de interesse público" –, sem precisar, contudo, se a locução "ou não governamental" serve para designar as demais pessoas jurídicas privadas, sem fins lucrativos, que atuam em colaboração com o Estado – serviços sociais autônomos, as organizações sociais, e as fundações de apoio –, ou se somente será equiparado a servidor público quem exercer suas funções no ente referido.

Além disso, possivelmente com o objetivo de solucionar a discussão que envolvia a aplicação sistemática do conceito de funcionário público, e da causa de aumento de pena ao ocupante de cargo em comissão ou função de direção ou assessoramento (§2º do art. 327), foram elaborados dois dispositivos para disciplinar as respectivas matérias.

Neste sentido, no §3º do art. 282, constou previsão expressa que impõe a incidência deste conceito tanto ao sujeito ativo como à vítima. Ademais,

próprio e capital exclusivo da União, criado por lei para a exploração de atividade econômica que o Govêrno seja levado a exercer por fôrça de contingência ou de conveniência administrativa podendo revestir-se de qualquer das formas admitidas em direito. III – Sociedade de Economia Mista – a entidade dotada de personalidade jurídica de direito privado, criada por lei para a exploração de atividade econômica, sob a forma de sociedade anônima, cujas ações com direito a voto pertençam em sua maioria à União ou a entidade da Administração Indireta.

[664] Na clássica tipologia adotada por Di Pietro, atribui-se ao Estado o desempenho das seguintes atividades: intervenção na economia, exercício do poder de polícia, a realização dos serviços públicos e o fomento das atividades de interesse público (Di Pietro, Maria Sylvia Zanella. Direito administrativo. 28 ed. São Paulo: Editora Atlas, 2015. p. 87). Apresentando uma quinta modalidade de função administrativa, Marçal Justen Filho cita a regulação econômico-social, para quem trata-se de "atividade estatal de intervenção indireta sobre a conduta dos sujeitos públicos e privados, de modo permanente e sistemático, para implementar as políticas de governo" (Justen Filho, Marçal. Curso de direito administrativo. 9. ed. São Paulo: Revista dos Tribunais, 2013. p. 265).

nas disposições gerais do Capítulo (art. 293), constou expressamente que mencionada causa de aumento de pena aplica-se a todos os crimes previstos nos Capítulos anteriores (abuso de autoridade e todos os demais crimes contra a Administração Pública), abrangendo ainda todos aqueles que se encontram inseridos na Administração Pública Direta, Indireta e organizações de sociedade civil.

Com destaque, vale notar que a redação que traz o conceito de servidor público deixou de limitar a sua aplicação ao direito penal, conclusão que emerge da análise da norma que não compreende mais a expressão "para fins penais", o que possivelmente é decorrência da codificação dos crimes eleitorais (Capítulo IV do Título X) e licitatórios (Título XI), que possuem dispositivos próprios a respeito (respectivamente, §1º, art. 283 da Lei 4.737/65 e 84 da Lei 8.666/93).

Há que se salientar, contudo, que a despeito do art. 544 do Projeto de Lei expressamente consignar a revogação do conceito de funcionário público para o Código Eleitoral, entre outros dispositivos (arts. 283 a 355), deixou de prever a revogação do conceito de servidor público previsto pela Lei de Licitações (com revogação apenas dos arts. 89 a 100 da Lei 8.666/93), o que implicaria dizer que a norma especial prevaleceria para os crimes licitatórios, afastando-se assim as disposições do art. 282 do Projeto de Lei.

Demais disso, malgrado a elaboração de um conceito legal de servidor público, ao dispor sobre os tipos penais, faz-se ora referência ao novo termo, ora a expressão usual "funcionário", cujo genérico significado não encontra qualquer arrimo legal, e possivelmente desencadeará uma nova crise interpretativa. Nesse sentido, emerge da leitura dos seguintes dispositivos:

> Capítulo II – De outros crimes contra a Administração Pública
>
> Peculato
> Art. 272. Apropriar-se o *servidor público* de dinheiro, valor ou qualquer outro bem móvel, público ou particular, de que tem a posse em razão do cargo, usá-lo indevidamente ou desviá-lo, em proveito próprio ou alheio:
> Pena – prisão, de dois a oito anos.

Parágrafo único. Aplica-se a mesma pena, se o *servidor público*, embora não tendo a posse do dinheiro, valorou bem, o subtrai, concorre para que seja subtraído, ou o obtém mediante fraude, em proveito próprio ou alheio, valendo-se de facilidade que lhe proporciona a qualidade de *funcionário*.

Inserção de dados falsos em sistema de informações
Art. 273. Inserir ou facilitar, o *funcionário* autorizado, a inserção de dados falsos, alterar ou excluir indevidamente dados corretos nos sistemas informatizados ou bancos de dados da Administração Pública com o fim de obter vantagem indevida para si ou para outrem ou para causar dano:
Pena – prisão, de dois a oito anos.

Modificação ou alteração não autorizada de sistema de informações
Art. 274. Modificar ou alterar, o *funcionário*, sistema de informações ou programa de informática sem autorização ou solicitação de autoridade competente, resultando daí dano para a administração pública ou para o administrado.
Pena – prisão, de três meses a dois anos.

Corrupção Passiva
Art. 276. Exigir, solicitar, receber ou aceitar promessa de receber, para si ou para outrem, vantagem indevida, direta ou indiretamente, valendo-se da condição de *servidor público*.
Pena – prisão, de 3 a 8 anos.
§ 1º A pena é aumentada de até um terço, se, em consequência da vantagem ou promessa, o *funcionário* retarda ou deixa de praticar qualquer ato de ofício ou o pratica infringindo dever funcional.
Corrupção ativa
§ 2º Nas mesmas penas do caput e do parágrafo primeiro incorre quem oferece, promete, entrega ou paga a *servidor público*, direta ou indiretamente, vantagem indevida.
Corrupção ativa em transação comercial internacional
§ 3º Nas mesmas penas do caput e do parágrafo primeiro incorre quem oferece, promete, entrega ou paga vantagem indevida para determinar *servidor público estrangeiro* a praticar, omitir ou retardar ato de ofício relacionado à transação comercial internacional.

Enriquecimento ilícito
Art. 277. Adquirir, vender, emprestar, alugar, receber, ceder, utilizar ou usufruir de maneira não eventual de bens ou valores móveis ou imóveis, cujo valor seja incompatível com os rendimentos auferidos pelo *servidor público* em razão de seu cargo ou por outro meio lícito.
Pena – prisão, de um a cinco anos, além da perda dos bens, se o fato não constituir elemento de outro crime mais grave.
Parágrafo único. As penas serão aumentadas de metade a dois terços se a propriedade ou a posse dos bens e valores for atribuída fraudulentamente a terceiras pessoas.

Advocacia administrativa
Art. 279. Patrocinar, direta ou indiretamente, interesse privado perante a administração pública, valendo-se da qualidade de *funcionário:*
Pena – prisão, de um a três meses ou multa.
Parágrafo único. Se o interesse é ilegítimo:
Pena. prisão, de três meses a um ano.

Desobediência
Art. 287. Desobedecer a ordem legal de *servidor público*:
Pena – prisão, de três meses a um ano.

Por fim, da mesma forma que o atual Código Penal, o PLS 236/2012 também dispõe sobre o conceito penal de servidor público estrangeiro, cuja redação é assim reproduzida:

Servidor público estrangeiro
Art. 283. Considera-se servidor público estrangeiro, para os efeitos penais, quem, ainda que transitoriamente ou sem remuneração, exerce cargo, emprego ou função pública em entidades estatais ou em representações diplomáticas de país estrangeiro.
Parágrafo único. Equipara-se a servidor público estrangeiro quem exerce cargo, emprego ou função em empresas controladas, diretamente ou indiretamente, pelo Poder Público de país estrangeiro ou em organizações públicas internacionais.

Nessa hipótese, o Projeto se limitou a substituir a palavra "funcionário público" pela nova expressão, – que, conforme apresentado acima, não confere relevante contribuição interpretativa–, deixando de esclarecer, ademais, se a função pública referida no texto legal designa a função pública brasileira ou a estrangeira, mantendo intocada a celeuma já retratada em item específico, ao qual nos reportamos, em virtude da ausência de alterações promovidas no dispositivo penal em questão.

4.9 Proposta para um Novo Conceito Penal de Funcionário Público

Em que pese às críticas desenvolvidas no decorrer deste trabalho a respeito da disposição legal que integra o art. 327 do Código Penal, há que ser reconhecida a árdua missão atribuída ao legislador particularmente na elaboração das normas penais.

Da mesma forma, conforme demonstrado no decorrer desse estudo, não se desconsidera a importância de ser conferida ampla tutela à Administração Pública, representada em última instância pelo interesse coletivo, desde que realizável dentro dos contornos legais e das garantias às liberdades individuais. Nesse contexto, eventuais deficiências normativas não podem servir de fundamento para a expansão descontrolada do Direito Penal.

Com o fim único de contribuir para o estudo da matéria, bem como visando solucionar, em parte, algum dos problemas interpretativos relatados no decorrer dessa dissertação, propõe-se a seguinte redação para o conceito penal previsto no art. 327 do Código Penal:

> Agente público
> Considera-se agente público, para os efeitos penais, quem, embora transitoriamente ou sem remuneração, exerce cargo, emprego, função pública ou mandato eletivo, e integra os órgãos que compõem os Poderes Executivo, Legislativo e Judiciário.
> § 1º – Equipara-se ao agente público quem exerce cargo, emprego e função pública, e integra as autarquias, empresas públicas e sociedades de economia mista, as empresas prestadoras de serviços contratadas ou conveniadas, bem como as pessoas jurídicas privadas em colaboração com o Estado, desde que no manejo de recursos públicos e no desempenho de atividade típica da administração.

§ 2º Considera-se como atividade típica da administração o desempenho das atividades de intervenção na economia, o exercício do poder de polícia, a execução de serviços públicos e o fomento das atividades de interesse público, desde que legalmente previstas e relacionadas a uma unidade de atribuições inserida no organograma da Administração Pública.
§ 3º O conceito de agente público aplica-se tanto ao sujeito ativo quanto ao sujeito passivo dos crimes.
§4º As penas dos crimes previstos nos Capítulos I deste Título, praticados por agente público, serão aumentadas de um terço se este for ocupante de cargo em comissão ou função de direção ou assessoramento.

Agente público estrangeiro
Considera-se agente público estrangeiro, para os efeitos penais, quem, ainda que transitoriamente ou sem remuneração, exerce cargo, emprego ou função pública estrangeira em entidades estatais ou em representações diplomáticas de país estrangeiro.
Parágrafo único. Equipara-se ao agente público estrangeiro quem exerce cargo, emprego ou função em empresas controladas, diretamente ou indiretamente, pelo Poder Público de país estrangeiro ou em organizações públicas internacionais.

O primeiro passo em busca de uma nova definição penal de "funcionário público" tem por objetivo conciliar a expressão empregada com o seu conteúdo. Nesse sentido, como visto, em virtude da ampla abrangência conceitual, optou-se pelo termo "agente público", que em harmonia com a seara administrativa, designa[665]: a) os *agentes políticos*, que possuem

[665] Lúcia Valle Figueiredo, apoiada na antiga classificação adotada por Celso Antônio Bandeira de Mello, reproduz a seguinte subdivisão dos agentes públicos, dentro de um critério relacionado ao vínculo de dependência com o Estado: (i) agentes políticos; (ii) agentes públicos com regime especial: membros do Poder Judiciário, Ministério Público, Tribunal de Contas, regidos por legislação própria (iii) funcionários: todos os que ocupam cargos efetivos ou em comissão; (iv) servidores: atuam na Administração Direta, autarquias e fundações e aqueles que exercem função pública, sem ocupar um cargo, incluindo-se nessa categoria os empregados das empresas estatais e das fundações privadas, os empregados públicos contratados por tempo determinado, os estabilizados pela CF de 1967 e art. 19 das Disposições Transitórias da CF de 1988 e, por fim, os servidores

"funções de direção e orientação" previstas pela Constituição da República, em regra, de caráter temporário, decorrente de mandatos eletivos, v.g. Presidente, Governador, Prefeito, Ministros e Secretários e membros do Poder Legislativo; b) os *agentes particulares colaboradores*, que embora sejam particulares, realizam funções de natureza pública, com ou sem remuneração, de forma temporária ou permanente, constituindo, por vezes, um *munus* público, v.g., jurados, mesários, titulares de ofícios de notas e de registro não oficializados (art. 236, CF) e os concessionários e permissionários de serviços públicos; c) e os *servidores públicos* (também denominados de agentes administrativos ou funcionários públicos), que possuem com o Estado uma relação permanente de trabalho[666].

Também visando minimizar os problemas interpretativos, diante da extensão e fluidez conferidas pela norma penal ao termo "função pública", o que impede o estabelecimento de balizas claras e seguras, incompatíveis com a aplicação da norma penal, subordinou-se a definição penal ao conceito orgânico da Administração Pública[667].

A esse respeito, conforme apresentado no decorrer dessa dissertação, por meio da adoção do critério orgânico, se permite identificar não apenas os órgãos e pessoas jurídicas a quem se outorga a realização de

militares (FIGUEIREDO, Lúcia Valle. Curso de Direito Administrativo. 2. ed. São Paulo: Malheiros, 1995. p. 383-384).

666 CARVALHO FILHO, José dos Santos. Manual de direito administrativo. 30. ed. São Paulo: Atlas, 2016. p. 622-623. A esse respeito, dispõe ainda o autor sobre a equivocada utilização dos termos "agente administrativo" e "funcionário público". Com relação ao primeiro, "diz menos do que o sentido que se deve emprestar à expressão *servidores públicos*", sobretudo diante das funções diversas da atividade administrativa realizada por diversos servidores públicos. Em especial, acerca do termo *funcionário público,* é inadequado tanto porque o vocábulo já foi banido da Constituição e, sobretudo pois tem sentido mais restrito, designando-se outrora apenas os servidores estatutários que integravam a Administração Direta, ao contrário dos servidores públicos que integram também as autarquias, fundações públicas autárquicas, sob qualquer regime funcional. (Ibidem. p. 622-623).

667 Nesse sentido: Ibidem. p. 121. E ainda: RASSI, João Daniel. Administração Pública na acepção orgânica e o conceito penal de funcionário público – Contributo para o estudo do art. 327 do Código Penal Brasileiro. In: CRESPO, Marcelo Xavier de Freitas (Coord.). Crimes contra a Administração Pública: Aspectos Polêmicos. São Paulo: Quartier Latin, 2010. p. 14.

serviços públicos, mas ainda sua localização na estrutura administrativa, facilmente visualizada no organograma da Administração Pública[668].

Ademais, no tocante ao conceito equiparado de agente público, retirou-se a expressão "entidade paraestatal", em virtude da ausência de definição minimamente uníssona, optando por designar expressamente os entes da Administração Indireta – autarquias, empresas públicas e sociedade de economia mista –, condicionando a qualidade de agente público ao desempenho de uma atividade a serviço do Estado.

O dispositivo também passou a apontar expressamente as pessoas jurídicas de direito privado que não integram a Administração Pública, mas que exercem atividade típica, sem fins lucrativos, em colaboração com o Estado, desde que no manejo de recursos públicos, fazendo assim alusão direta aos entes de cooperação que integram o terceiro setor.

Muito embora tenha sido mantida a expressão "atividade típica da administração pública", com o objetivo de estabelecer critérios objetivos para a aplicação da norma penal, sugere-se a definição legal desse termo[669] associado ao conceito orgânico da Administração Pública, que foi disposto sequencialmente no parágrafo segundo do dispositivo.

Nos demais parágrafos fez-se constar expressamente que o conceito em estudo é destinado tanto ao sujeito ativo como ao sujeito passivo dos crimes, a fim de encerrar a discussão acerca da aplicação sistemática do dispositivo penal, além de prever causa de aumento de pena aos ocupantes de cargo em comissão ou função de direção ou assessoramento.

Por fim, quanto ao conceito de agente público estrangeiro, optou-se por inserir apenas a palavra "estrangeira", em complemento ao termo "função pública", a fim de conferir maior precisão a definição penal.

[668] GRECO FILHO, Vicente; RASSI, João Daniel. O combate à corrupção e comentários à lei de responsabilidade de pessoas jurídicas: lei n. 12.846, de 1º de agosto de 2013 – atualizado de acordo com o Decreto n. 8.420, de 18 de março de 2015. São Paulo: Saraiva, 2015. p. 122.

[669] Para tanto, adotou-se a clássica tipologia elaborada pela Professora Maria Sylvia Zanella Di Pietro que elenca quatro desdobramentos para as atividades administrativas (Direito administrativo. 28. ed. São Paulo: Atlas, 2015. p. 87).

CONCLUSÕES

1. O princípio da legalidade foi firmado como o primeiro limite para a atribuição de responsabilidade penal relacionada à interpretação do conceito penal de funcionário público.

2. Ao lado dele, as garantias da reserva legal, taxatividade e irretroatividade de lei penal mais severa também se apresentam como obstáculos ou garantias que regulam de forma preordenada a incriminação de fatos e a cominação de pena.

3. A vedação da analogia *in malam partem* também é considerada relevante recurso que impede o transbordamento da finalidade atribuída à lei pelo legislador, e impede as indevidas ampliações dos tipos penais ou a incriminação de fatos que não foram expressamente contemplados pela lei estrita.

4. Por meio do princípio da intervenção mínima, e após a apresentação de considerações gerais sobre o Direito Administrativo sancionador – sobretudo no tocante aos pontos de contato entre o ilícito administrativo e ilícito penal –, buscou-se transportar estes estudos para os crimes praticados pelos funcionários públicos contra a Administração, com o especial fim de demonstrar a falta de proporcionalidade e o descompasso existente no ordenamento jurídico brasileiro, em especial constatando-se que as mesmas condutas tipificadas pelo Código Penal também geram punições administrativas.

5. Ainda em busca de critérios seguros que limitem a aplicação da lei penal, com o objetivo de suprir os espaços vazios deixados pelo legislador, e para que a lei penal não fique alheia à evolução social, consolidou-se a diretriz de que ao comando genérico, tornado definido, impõe-se uma interpretação precisa e delimitada.

6. Para tanto, demonstrou-se que a hermenêutica possui inestimável valor, o que motivou a análise dos métodos gerais de interpretação, com o objetivo de evidenciar a crise interpretativa marcada pelo distanciamento entre o texto jurídico e o seu significado, aliada à preservação do princípio da legalidade penal e seus postulados.

7. No campo jurídico, por sua vez, foram traçadas as fontes interpretativas – autêntica, doutrinária e literal –, sendo ainda adiantado que o dispositivo que trata do conceito penal de funcionário público possui a natureza de norma "interpretativa autêntica contextual", pois realizada no próprio texto da lei, cuja fonte provém do órgão autorizado a elaborar a norma. Firmou-se ainda ser norma penal, integrante ou de segundo grau, explicativa, porque nasceu com a finalidade de esclarecer termo legal que compõe os crimes praticados por funcionários públicos contra a Administração em Geral (Capítulo I, Título XI do CP – arts. 312 a 326, todos do Código Penal).

8. Por meio da análise dos métodos gramatical, teleológico, lógico-sistemático, histórico, progressivo e a interpretação conforme a Constituição, demonstrou-se a superação da interpretação literal da lei, e a adoção de outras técnicas interpretativas, em especial a interpretação teleológica que se apresenta com método subsidiário ao recurso léxico – e possui a tarefa de extrair a finalidade da norma –, sob a correta justificativa de que a letra da lei, não raras vezes, constrói barreiras que impedem o intérprete de alcançar o seu "verdadeiro" significado.

9. Em que pese o método literal se apresentar frequentemente insatisfatório, também foram tecidas críticas ao método teleológico, em virtude da generalidade e vinculação ao inevitável subjetivismo que tem no abstrato "bem comum" a finalidade da lei.

10. Conclui-se assim que não se pode admitir que conceitos sejam utilizados sem quaisquer limitações, sobretudo para a lei penal, sob pena de tornar não apenas impossível a comunicação entre o legislador e os intérpretes, mas de construir um cenário jurídico que prima pela incerteza e incoerência na subsunção da norma penal aos fatos concretos.

11. Apresentando-se insuficientes a interpretação literal e teleológica, os métodos lógico-sistemático, histórico e progressivo se apresentam como relevantes instrumentos para o processo hermenêutico e interpretação da lei em geral.

12. Inserido nesta estrutura hermenêutica, a interpretação conforme a Constituição figura como importante limite aos excessos interpretativos que desconsiderem o caráter supremo das disposições constitucionais, destacando-se, na seara constitucional penal, o art. 1º, III – dignidade da pessoa humana –, e o art. 5º, XXXIX e XL, que determinam a observância dos princípios da legalidade e anterioridade da lei penal.

13. Em decorrência do princípio da legalidade impõem-se limitações às regras gerais de interpretação da lei penal.

14. Apresentados os resultados interpretativos classificados de declarativos, extensivos e restritivos, a nosso ver, e na medida em que não se permite o uso da analogia *in malam partem,* ou a extensão do sentido da norma penal a fatos não previstos de forma taxativa pela lei, não pode ser admitida para a lei penal o uso da interpretação extensiva, salvo se favorável ao réu.

15. Ao amplo estudo do conceito de funcionário público para fins penais, se torna indispensável a análise de institutos relacionados com o Direito Administrativo, sobretudo em razão do caráter interdisciplinar da matéria.

16. A evolução e o crescimento da estrutura administrativa, com a criação de entidades multifacetadas, geradas especialmente pela descentralização dos serviços públicos, conduziram à ampliação da tutela penal da Administração Pública.

17. Por meio de uma interpretação conjunta do conceito penal de funcionário público e dos crimes funcionais, conclui-se que o legislador penal acolheu o *conceito amplo* de Administração Pública.

18. Essa conclusão é ainda reforçada pela análise do Capítulo III, intitulado –"Dos crimes contra a Administração da *Justiça*", o que demonstra que para restringir o conceito em estudo, o legislador optou por designar especificamente um dos três Poderes da República ao qual intenta fazer referência.

19. O contexto histórico apresentado na Exposição de Motivos da Parte Especial do Código Penal corrobora a intenção de se ampliar os limites de incriminação dos fatos lesivos ao interesse da administração pública, por meio da inclusão de novos tipos penais.

20. Em sua acepção orgânica, a Administração Pública corresponde ao conjunto de órgãos, pessoas físicas e jurídicas que a compõem. Em

sua acepção funcional, é tida como atividade administrativa. Essa diferenciação é fundamental para delimitar o amplo conceito de funcionário público estabelecido pelo artigo 327 do Código Penal.

21. O conceito de Administração Pública é ampliado pela lei penal – em cotejo com o Direito Constitucional e Direito Administrativo –, abrangendo todos os órgãos e atividades dos Poderes Executivo, Legislativo e Judiciário. A extensão do termo "Administração Pública" pela seara criminal, se justifica pela necessidade da tutela de toda a atividade estatal, expressão última do interesse coletivo e bem comum.

22. Para o Direito Penal, a expressão "Administração Pública" compreende tanto a Administração Direta, como os entes da Administração Indireta.

23. Os delitos funcionais são inseridos na categoria de crimes denominados especiais, posto que exigem do sujeito ativo condição diferenciadora, que se comunica aos autores e partícipes, ainda que não sejam definidos como funcionários públicos, desde que o particular tenha conhecimento da condição de *intraneus.* Configura, portanto, condição de caráter pessoal elementar do crime, nos moldes do artigo 30 do Código Penal.

24. O conceito penal de funcionário público tem a natureza de norma incriminadora e interpretativa, incidindo sobre o Código Penal e outras leis penais que não dispuserem de forma diversa.

25. Desde o Código Penal de 1830, passando pela Consolidação das Leis Penais, até o Código Penal em vigor, evidencia-se a persistente dificuldade em se formular uma precisa conceituação penal de funcionário público, despida de incertezas e obscuridades.

26. Os indevidos subjetivismos na interpretação na lei penal violam os princípios da reserva legal e proibição de analogia *in malam partem.*

27. No *caput* do artigo 327 do Código Penal, a expressão "função pública" imprime indevida "elasticidade" à norma penal, abrangendo, além dos indivíduos que exercem funções administrativas, legislativas e jurisdicionais, todos aqueles que, a despeito de não possuírem cargo ou emprego público, exercem atividades perante a Administração Pública.

28. Em que pese o legislador penal tenha acolhido o conceito funcional da Administração, diante da imprecisão que essa acepção confere à norma penal, propõe-se a adoção do conceito orgânico, pois permite

identificar, por meio do organograma administrativo, todos os órgãos e agentes que exercem uma função pública, conferindo maior segurança na aplicação da norma penal.

29. Aliada à adoção do sentido orgânico da Administração Pública, a fim de evitar excessos indevidos, recorre-se ainda ao princípio da taxatividade da lei penal e à aplicação de interpretação restritiva.

30. Para a delimitação do §1º do artigo 327, postula-se a interpretação do conceito equiparado de funcionário público, sob o contexto histórico no qual foi formulado o dispositivo penal. Para tanto, relaciona-se o termo "entidade paraestatal" aos entes autárquicos, afastando assim a progressiva e extensa definição atrelada ao dinâmico crescimento da estrutura burocrática administrativa.

31. A questão envolvendo a definição das entidades paraestatais perde relevância com o advento da Lei 9.983/2000, que estende a equiparação do conceito penal de funcionário público a todos os indivíduos que trabalham para as empresas prestadoras de serviço, controlada ou conveniada, para a execução de atividade típica da Administração Pública.

32. Diante da subordinação do conceito ao exercício da função pública, avoca-se, uma vez mais, a acepção orgânica como critério delimitador da lei.

33. Quanto à aplicação sistemática do conceito penal de funcionário público, perfilhamos a orientação que delimita a incidência da lei penal ao sujeito ativo do delito, quer em razão da posição topográfica do dispositivo dentro do Capítulo I, que restringe sua aplicação aos crimes praticados por funcionários públicos, quer sob o influxo da interpretação restritiva da norma incriminadora e a vedação da analogia *in malam partem*.

34. No tocante à interpretação conferida ao conceito penal de funcionário público estrangeiro, acolhe-se o entendimento de que a norma se relaciona à função pública estrangeira, afigurando pertinente sua equiparação à função existente na estrutura administrativa nacional.

35. O Projeto de Lei do Senado n.º 236/2012 promove alterações no art. 327 do Código Penal, substituindo o conceito penal de funcionário público pelo conceito de "servidor público", que da mesma forma não designa tecnicamente o conteúdo e a amplitude conceitual conferida pela lei, cujo significado, em verdade, corresponde à definição de "agente público".

36. Os servidores públicos compõem uma das espécies do gênero "agente público", ao lado dos agentes políticos e dos agentes particulares colaboradores, razão pela qual conclui-se não ser adequada a inclusão dos indivíduos detentores de mandato eletivo na definição de "servidores públicos".

37. Conclui-se ainda que o PLS 236/2012 emprega o termo "servidor público" de maneira atécnica, particularmente porque parte considerável da doutrina administrativista concebe as expressões "funcionários públicos" e "servidores públicos" como sinônimos.

38. Da mesma forma que o art. 327 do Código Penal, o art. 282 do PLS n.º 236/2012 manteve atrelado ao conceito legal a acepção funcional da administração pública, o que permite concluir que a ampliação da estrutura administrativa e das suas funções públicas continuará resultando em situações de fato não previstas pelo legislador penal.

39. No tocante à redação conferida ao §1º do artigo 282, do PLS n.º 236/2012 – que traz o conceito de servidor público equiparado –, entendemos que acertadamente foi extraída da definição legal a expressão "entidade paraestatal" que, além de configurar termo desatualizado, não possui significado unívoco.

40. Quanto ao § 2º do art. 282, do PLS 236/2012, equipara-se o responsável de organização de sociedade civil ou não-governamental ao servidor público, em referência a uma das espécies de entidades de cooperação, sem precisar, contudo, se a locução "ou não governamental" serve para designar as demais pessoas jurídicas privadas, sem fins lucrativos, que atuam em colaboração com o Estado – serviços sociais autônomos, as organizações sociais, e as fundações de apoio –, ou se somente será equiparado a servidor púbico quem exercer suas funções no ente referido.

41. Conclui-se que a elaboração de dois dispositivos autônomos acerca da aplicação sistemática do conceito de funcionário público, e da causa de aumento de pena ao ocupante de cargo em comissão ou função de direção ou assessoramento, solucionam as dúvidas interpretativas com relação à aplicação desse conceito legal.

42. A redação do PLS 236/2012 que traz o conceito de servidor público deixou de limitar a sua aplicação ao Direito Penal, conclusão que emerge da análise da norma que não compreende mais a expressão "para fins penais", o que possivelmente é decorrência da codificação dos crimes

eleitorais (Capítulo IV do Título X) e licitatórios (Título XI), que possuem dispositivos próprios a respeito (respectivamente, §1º, art. 283 da Lei 4.737/65 e 84 da Lei 8.666/93).

43. Malgrado o art. 544 do PLS expressamente consigne a revogação do conceito de funcionário público para o Código Eleitoral, deixou de prever a revogação do conceito de servidor público previsto pela Lei de Licitações, o que implicaria dizer que a norma especial prevaleceria para os crimes licitatórios.

44. O PLS 236/2012 também dispôs sobre o conceito penal de servidor público estrangeiro, deixando de esclarecer, contudo, se a função pública referida no texto legal designa a função pública brasileira ou a estrangeira, mantendo, assim, intocada a celeuma que envolve a interpretação da lei penal.

45. Por fim, a proposta de elaboração de um novo conceito para o art. 327 do Código Penal propõe a substituição do termo "funcionário público" pela palavra "agente público", com o objetivo de trazer coerência e técnica ao amplo conteúdo do dispositivo, além de extrair do conceito a expressão "entidade paraestatal", fazer referência expressa aos entes que o integram, e associar a definição penal ao conceito orgânico da Administração Pública.

REFERÊNCIAS

ALESSI, Renato. *Diritto amministrativo*. Imprenta: Milano, A. Giuffrè, 1949.

ALEXY, Robert. *Teoria dos direitos fundamentais*. Trad. Virgílio Afonso da Silva. 2. ed. 4ª tiragem. São Paulo: Malheiros Editores, 2015.

ALMEIDA, Fernando Henrique Mendes de. *Dos crimes contra a administração pública*. São Paulo: Saraiva, 1955.

AMARAL, Diogo Freitas do. *Curso de direito administrativo*. v. I. 4. ed. Lisboa: Livraria Almedina, 2015.

ANTOLISEI, Francesco. *Manuale di diritto penale. Parte generale. Dodicesima* 12. ed. Milano: Dott. A. Giuffrè Editore, 1991.

ARAÚJO, Edmir Netto de. *Curso de direito administrativo*. 5. ed. São Paulo: Saraiva, 2010.

ASÚA, Luis Jiménez de. *La ley y el delito. Principios de derecho penal*. 2. ed. Editorial Hermes, 1954.

BACIGALUPO, Enrique. *Derecho penal. Parte general*. Buenos Aires: Editorial Hammurabi S.R.L, 1987.

___. *Estudios sobre la parte especial del derecho penal*. Madrid: Akal, 1991.

BARROS JÚNIOR, Carlos S. de. *Compêndio de direito administrativo: organização administrativa, descentralização e fiscalização*. São Paulo: Revista dos Tribunais, 1969.

BARROSO, Luís Roberto. *Interpretação e aplicação da Constituição*. São Paulo: Saraiva, 1996.

BATISTA, Nilo. "A empresa de economia mista e o conceito jurídico-penal de funcionário público por equiparação". *Fascículos de ciências penais*, ano 1, v. 1, n. 0, p. 136-140, dez. 1987.

BATTAGLINI, Giulio. *Principi di diritto penale: in rapporto ala nuova legislazione, questioni preliminar. Milano: So. Na. Istituto editoria le scientifico*, Via Monte Napoleone n. 35, 1929.

BENUSSI, Carlo. *I delitti contro la pubblica amministrazione tomo I. I delitti dei pubblici ufficiali. Seconda edizione.* Milão: Cedam, 2013.

BETTIOL, Giuseppe. *O problema penal.* Trad. Fernando Miranda. Coimbra: Coimbra Editora, 1967.

BITENCOURT, Cezar Roberto. *Tratado de direito penal.* Parte especial 5: dos crimes contra a administração pública e dos crimes praticados por prefeitos. 9. ed. São Paulo: Saraiva, 2015.

___. *Direito penal das licitações.* São Paulo: Saraiva, 2013.

BUSATO, Paulo César. *Direito penal.* parte geral. vol. 1, 3. ed. São Paulo: Atlas, 2017.

___. *Fundamentos para um direito penal democrático.* 4. ed. São Paulo: Atlas, 2013.

CACIAGLI, Mario. *Clientelismo, corrupción y criminalidad organizada.* Madrid: Centro de Estudios Cosntitucionales, 1996.

CAETANO, Marcello. *Lições de direito penal: súmula das prelecções feitas ao curso do 4º. ano jurídico no ano letivo de 1938-39.* Lisboa, 1939.

___. *Manual de direito administrativo.* tomo I. 10. ed. 6ª reimpressão. Coimbra: Almedina. 1997.

___. *Manual de direito administrativo.* tomo II. 10. ed. 11ª reimpressão. Coimbra: Almedina, 2013.

CAMARGO, Antonio Luís Chaves. *Tipo penal e linguagem.* Rio de Janeiro: Forense, 1982.

CANOTILHO, José Joaquim Gomes. *Constituição dirigente e vinculação do legislador.* Coimbra: Coimbra, 1994

CARRASQUILA, Juan Fernández. *"Acerca de los principios del Derecho Penal". Libro homenaje a José Rafael Mendoza Troconis.* Tomo I. Caracas, 1998.

CARVALHO FILHO, José dos Santos. *Manual de direito administrativo.* 30. ed. São Paulo: Atlas, 2016.

CASOLATO, Roberto Wagner Battochio. "A doutrina, a jurisprudência e o art. 327, do Código Penal". Revista Brasileira de Ciências Criminais – 22.

CAVALCANTI, Themistocles Brandão. *O funcionário público e o seu regime jurídico.* tomo II. Rio de Janeiro: Editor Borsoi, 1958.

CERNICCHIARO, Luiz Vicente. *Dicionário de direito penal.* São Paulo: Bushatsky, 1974.

___; COSTA JR., Paulo José. *Direito penal na constituição.* 2. ed., rev. São Paulo: Revista dos Tribunais, 1991.

COGAN, Arthur. *Crimes contra a administração pública.* São Paulo: Juarez de Oliveira, 2003.

CORREIA, Eduardo. *Direito criminal.* vol. I Coimbra: Almedina, 2010.

___. "Direito de mera ordenação social". *Boletim da Faculdade de Direito da Universidade de Coimbra.* Vol. XLIX. Coimbra, 1973.

CORREIA, Fernando Alves. *Alguns Conceitos de Direito Administrativo.* 2. ed. Coimbra: Livraria Almedina, 2001.

COSTA, José Francisco de Faria. *O perigo em direito penal.* Coimbra: Coimbra, 2000.

COSTA JR., Paulo José da. *Comentários ao Código Penal.* São Paulo: Saraiva, vol. 3, 2. ed., São Paulo: Saraiva, 1990.

___. *Código Penal Comentado.* 10. ed. São Paulo: Saraiva, 2011.

___. *Curso de direito penal.* 12. ed. São Paulo: Saraiva, 2010.

COVIELLO, Nicola. *Manuale di diritto civile italiano.* Milano: Societa Editrice Libraria, 1924.

CRESPO, Marcelo Xavier de Freitas (Coord.). *Crimes contra a Administração Pública:* Aspectos Polêmicos. São Paulo: Quartier Latin, 2010.

CRETELLA JÚNIOR, José. *Administração indireta brasileira.* Rio de Janeiro: Forense, 1980.

___. *Funcionário público:* perguntas e respostas. 3. ed. Rio de Janeiro: Forense, 1995.

___. *Jurisprudência administrativa.* 2. ed., Rio de Janeiro: Forense, 1997.

___. *Manual de direito administrativo.* 2. ed. Rio de Janeiro: Forense, 1979.

CUNHA, José Manuel Damião. *O conceito de funcionário para efeito de lei penal e a "privatização" da administração pública.* Coimbra: Coimbra Editora, 2008.

DA COSTA, Álvaro Mayrink. *Direito penal.* parte especial. v. 7. 6. ed. Rio de Janeiro: Forense, 2011.

DA COSTA, Helena Regina Lobo. *Direito penal econômico e direito administrativo sancionador: ne bis in idem* como medida de política sancionadora integrada. Tese de Livre-Docência apresentada à Faculdade de Direito da Universidade de São Paulo – FDUSP, Brasil, 2013.

DECOMAIN, Pedro Roberto. *Código penal alemão:* tradução, comparação e notas. Porto Alegre-RS: Núbria Fabris, 2014.

DELMANTO, Celso; DELMANTO, Roberto; DELMANTO JÚNIOR, Roberto; DELMANTO, Fábio Machado de Almeida. *Código penal comentado.* 8. ed. São Paulo: Saraiva, 2010.

DIAS, Jorge de Figueiredo. *Comentário conimbricense do código penal.* parte especial, tommo III – artigos 308º a 386º. Coimbra: Coimbra, 2015.

DI PIETRO, Maria Sylvia Zanella. *Direito administrativo.* 26. ed. Rio de Janeiro: Forense, 2013.

___. ___. 28. ed. Rio de Janeiro: Forense, 2015.

___. ___. 29. ed. Rio de Janeiro: Forense, 2016.

DÍEZ RIPOLLÉS, José Luis. *A racionalidade das leis penais.* Trad. Luiz Regis Prado. São Paulo: Revista dos Tribunais, 2005.

FERNANDES, Ana Maria Babette Bajer. "Conceito de funcionário público no direito penal". *Justitia.* SP/SP, n. 98.

FERRAJOLI, Luigi. *Direito e razão:* teoria do garantismo penal. 4. ed. prefácio da 1. ed. italiana, Norberto Bobbio, 4. ed. rev. São Paulo: Revista dos Tribunais, 2014.

FERRAZ, Esther de Figueiredo. *A co-delinqüência no direito penal brasileiro.* São Paulo: Bushatsky, 1976.

FERRAZ JR, Tercio Sampaio. *Introdução ao estudo do direito:* técnica, decisão, dominação. 7. ed. São Paulo: Atlas, 2013.

FERRI, Enrico. *Princípios de direito criminal: o criminoso e o crime.* Trad. Luiz de Lemos D'Oliveira. Campinas: Russel, 2003.

FIGUEIREDO, Lúcia Valle. *Curso de Direito Administrativo.* 2. ed. São Paulo: Malheiros, 1995.

FIGUEIREDO DIAS, Jorge de. *Comentário Conimbricense do Código Penal.* parte especial. Tomo III. Artigos 308º a 386º, Coimbra: Coimbra, 2001.

FONTÁN BALESTRA, Carlos. *Tratado de derecho penal.* tomo I. *parte general. Segunda edicion.* Buenos Aires: Abeledo-Perrot, 1995.

FRAGOSO, Heleno Cláudio. *Lições de direito penal:* a nova parte geral. 12. ed. Rio de Janeiro: Forense, 1990.

___. *Lições de direito penal:* parte especial. v. II. 4. ed. Forense: Rio de Janeiro, 1984.

FRANCO, Alberto Silva. *Crimes Hediondos.* 7. ed. São Paulo: Revista dos Tribunais, 2011.

___ et alii. *Código Penal e sua interpretação jurisprudencial.* vol. 1 – tomo II. 6. ed. São Paulo: Revista dos Tribunais, 1997.

GARCIA, M. Miguez; RIO, J.M.Castela. *Código penal:* parte geral e especial. Atualizado com as 31ª a 40ª alterações ao Código Penal. 2.ed. Coimbra: Almedina, 2015.

GARCÍA-PABLOS DE MOLINA, Antonio. *"Sobre el principio de intervención mínima do Derecho penal como limite do ius puniendi". Estudios penales e jurídicos, homenaje al Prof. Dr. Enrique Casas Barquero*. coord. por Juan José Gonazaléz Rus. Córdoba: Ed. Secretariado de Publicaciones Universitarias de Córdoba, 1996.

GASPARINI, Diogenes. *Direito administrativo*. 17. ed. atualizada por Fabrício Motta. São Paulo: Saraiva, 2012.

GOMES, Eloy Ojea. "Lei n.º 9.437/97: Quem é servidor público?" *Boletim IBCCrim*, São Paulo, n. 70, p. 7, setembro de 1998.

GOMES, Mariângela Gama de Magalhães. *Direito penal e interpretação jurisprudencial:* do princípio da legalidade às súmulas vinculantes. São Paulo: Atlas, 2008.

GÓMEZ MARTÍN, Victor. *Los delitos especiales*. Madrid: Edisofer, 2006.

GRAU, Eros Roberto. *Ensaio e discurso sobre a interpretação/aplicação do direito*. 4. ed. São Paulo: Malheiros, 2006.

GRECO FILHO, Vicente. Crime: essência e técnica. *Instituto Manoel Pedro Pimentel*, nº 21, jul-ago-set/ 2002.

___. *Dos crimes da lei de licitação*. 2. ed. São Paulo: Saraiva, 2007

___. *Manual de processo penal*. 10. ed. São Paulo: Saraiva, 2013.

___; RASSI, João Daniel. *O combate à corrupção e comentários à lei de responsabilidade de pessoas jurídicas:* lei n. 12.846, de 1º de agosto de 2013 – atualizado de acordo com o Decreto n. 8.420, de 18 de março de 2015. São Paulo: Saraiva, 2015.

___. *Tutela constitucional das liberdades*. São Paulo: Saraiva. 1989.

GUASTINI, Riccardo. "*Introduzione alle tecniche interpretative*". In: *Materiali per um corso di analise dela giurisprudenza*. Ristampa. Padova: CEDAM, 1996.

GÜNTHER, Jakobs. *Fundamentos do direito penal*. 2.ed. rev. Trad. André Luis Callegari. São Paulo: Revista dos Tribunais, 2007.

HASSEMER, Winfried. *Fundamentos del Derecho Penal*. Barcelona: Bosch Casa Editorial, Trad. Francisco Muñoz Conde e Luiz Arroyo Zapatero. 1984.

___. *Introdução aos fundamentos do direito penal*. Trad. de Pablo Rodrigo Alflen da Silva. Porto Alegre: Sergio Antonio Fabris, 2005.

HERNÁNDEZ, César Camargo. *Introducción al estúdio del derecho penal: investigación técnico-jurídica del concept del Derecho Penal, ensayo sobre metodologia jurídico-penal, estúdio sobre las fuentes del derecho penal*. Barcelona: Bosch, Casa Editorial, 1964.

HESSE, Konrad. *A Força normativa da Constituição. Die Normative Kraft der Verfassung*. Trad. Gilmar Ferreira Mendes. Porto Alegre: Sérgio Antônio Fabris, 1991.

HUNGRIA, Nelson. *Comentários ao código penal brasileiro.* v. I. tomo I. 5 ed., Rio de Janeiro, Forense, 1977.

___. *Comentários ao código penal.* v. IX. 2. ed. Rio de Janeiro: Forense, 1959.

___; DOTTI, René Ariel. *Comentários ao código penal:* dec.-Lei n. 2.848, de 7 de dezembro de 1940, Lei n. 7.209, de 11 de julho de 1984 - 6.ed. - Rio de Janeiro: LMJ, 2014.

IAMUNDO, Eduardo. *Hermenêutica e hermenêutica jurídica.* São Paulo: Saraiva. 2017.

JAKOBS, Günther Jakobs. *Fundamentos do direito penal.* Trad. André Luís Callegari; colaboração Lúcia Kalil. 2. ed. rev. São Paulo: Revista dos Tribunais, 2012.

___; *Tratado de direito penal:* teoria do injusto penal e culpabilidade. Coord. Luiz Moreira. Trad. Gercélia Batista de Oiveira Mendes e Geraldo de Carvalho. Belo Horizonte: Del Rey, 2008.

JESCHECK, Hans-Heinrich. *Tratado de derecho penal.* Trad. da 3.ed. S. Mir Puig e Muñoz Conde. Barcelon: Bosch, 1981.

JUSTEN FILHO, Marçal. *Curso de direito administrativo.* 9. ed. São Paulo: Revista dos Tribunais, 2013.

LIMA, Ruy Cirne. *Princípios de direito administrativo.* Porto Alegre: Livraria Sulina, 1964.

LUISI, Luiz. *Os Princípios Constitucionais Penais.* 2. ed. Porto Alegre: Sergio Antonio Fabris. 2003.

___. "Sobre o princípio da legalidade". In: *Estudos jurídicos em homenagem a Manoel Pedro Pimentel.* São Paulo: Revista dos Tribunais, 1992.

MACCORMICK, Neil. *Argumentação jurídica e teoria do direito.* Trad. Waldéa Barcellos. São Paulo: Martins Fontes, 2006.

MACHADO, Agapito. *Crimes funcionais comuns.* Rio de Janeiro: Forense, 2013.

MADRID CONESA, Fulgencio. *La legalidaddel delito.* Valencia: Universidad de Valencia, 1983.

MASAGÃO, Mário. *Curso de direito administrativo.* 4. ed. São Paulo: Revista dos Tribunais, 1968.

MAXIMILIANO, Carlos. *Hermenêutica e aplicação do direito.* 20. ed. Rio de Janeiro: Forense, 2011.

MAYER, Max Ernst. *Normas jurídicas y normas de cultura.* Trad. José Luiz Guzmán Dálbora. Buenos Aires: Hammurabi, 2000.

MAZZOTTI, Marcelo. *As escolas hermenêuticas e os métodos de interpretação da lei.* Barueri/SP: Minha Editora, 2010.

MEDAUAR, Odete. *Direito administrativo moderno.* 19. ed. São Paulo: Revista dos Tribunais, 2015.

___. *Controle da administração pública.* 3. ed. São Paulo: Revista dos Tribunais, 2015.

MEIRELLES, Hely Lopes. *Direito administrativo brasileiro.* 13. ed. São Paulo: Revista dos Tribunais, 1987.

___. ___. 28. ed. São Paulo: Malheiros, 2003.

MELLO, Celso Antônio Bandeira. *Curso de direito administrativo.* 30. ed. São Paulo: Malheiros, 2013.

___. ___. 32. ed. São Paulo: Malheiros. 2015.

___. *Natureza e regime jurídico das autarquias.* São Paulo: Revista dos Tribunais, 1968.

MELLO, Oswaldo Aranha Bandeira de. *Princípios gerais de direito administrativo.* 3. ed., v. I, São Paulo: Malheiros. 2007.

MIR PUIG, Santiago. *Introducción a las bases del derecho penal.* Buenos Aires: Julio Cesar Faria, 2002.

___. *Derecho penal – parte general,* 7.ed., Buenos Aires: Julio Cesar Faria, 2005.

MIRABETTE, Julio Fabbrini; FABBRINI, Renato N. *Manual de direito penal.* v. 1. parte geral, arts. 1º a 120 do CP. 29. ed. São Paulo: Atlas, 2013.

___. *Manual de direito penal.* v. 3: parte especial. arts. 235 a 361 do CP. 27.ed. São Paulo: Atlas, 2013.

MIRANDA, Darcy Arruda. *Repositório de jurisprudência do código penal.* v. IV: títulos II a XI da parte especial – artigos 155 a 361. Ementas n. 3.481 a 4.271. Ed. Max Limonad, São Paulo, 1953.

MOREIRA NETO, Diogo de Figueiredo. *Legitimidade e Discricionariedade:* novas reflexões sobre os limites e controle da discricionariedade. 3. ed., Rio de Janeiro: Forense, 1998.

___. *Curso de Direito administrativo.* 16. ed. São Paulo: Forense, 2014.

MUÑOZ CONDE, Francisco. *Derecho penal: parte especial. Decimoquinta edición, revisada y puesta al día.* Valencia: Tirant lo Blanch. 2005.

NOHARA, Irene Patrícia. *Direito administrativo.* 6. ed. São Paulo: Atlas. 2016.

NORONHA, E. Magalhães. *Direito penal.* v. 4. Dos crimes contra a saúde pública a disposições finais. 19. ed. São Paulo: Editora Saraiva, 1992.

OLIVEIRA, Ana Carolina Carlos de. *Hassemer e o direito penal brasileiro:* direito de intervenção, sanção penal e administrativa. São Paulo: IBCCRIM, 2013.

OSÓRIO, Fábio Medina. *Direito administrativo sancionador.* 2.ed. São Paulo: Revista dos Tribunais, 2005.

PAGLIARO, Antonio. *Principi di diritto penale. Parte generale. Settima edizione. A. Giuffrè Editore.* 2000.

___; COSTA JÚNIOR, Paulo José. *Dos crimes contra a administração pública.* 4. ed. São Paulo: Atlas, 2009.

PALAZZO, Francesco e PALIERO, Carlo Enrico. *I Reati controla pubblica amministrazione e contro l`amministrazione dela giustizia.* Torino: G. Giappichelli Editore, 2011.

PALMER, Richard E. *Hermenêutica:* o saber da filosofia – título original: *Hermeneutics – interpretation theory in Schleiermacher, Dilthey, Heidegger and Gadamer.* Trad. de Maria Luisa Ribeiro Ferreira, Lisboa: Edições 70, 1969.

PEREIRA, Paulo Cyrillo. "Funcionário público: titularidade passiva nos crimes contra a administração pública – equiparação, para fins penais, de servidores das autarquias". *Justitia.* Ano 53, v. 153, p. 21-24, jan./março de 1991.

PETROCELLI, Biagio. *Principi di diritto penale,* v. I, Padova: Cedam, 1943.

PIERANGELI, José Henrique. *Códigos penais do Brasil:* evolução histórica. 2. ed. São Paulo: Revista dos Tribunais, 2001.

PRADO, Luiz Regis. *Curso de direito penal brasileiro.* vol. 3. parte especial – arts. 250 a 359-H. 9ª ed. São Paulo: Revista dos Tribunais, 2013.

REALE, Miguel. *Direito administrativo.* São Paulo: Forense, 1969.

REALE JÚNIOR, Miguel. "Ilícito administrativo e o *jus puniendi* geral". *Direito penal contemporâneo: estudos em homenagem ao Professor José Cerezo Mir.* Coord. Luiz Régis Prado. São Paulo: Revista dos Tribunais, 2007.

___. *Instituições de direito penal.* parte geral. 4. ed. Rio de Janeiro: Forense, 2012.

RESEK, Francisco. *Direito internacional público:* curso elementar. 16.ed. São Paulo: Saraiva, 2016.

RIBEIRO, Bruno Salles Pereira. *Análise crítica do direito penal secundário:* investigação sobre a proposta de divisão do direito penal, à luz da dogmática e da política criminal. São Paulo: LiberArs, 2015.

RIPOLLÉS, José Luis Díez. *A racionalidade das leis penais:* teoria e prática. Trad. de Luiz Regis Prado. São Paulo: Revista dos Tribunais, 2005.

ROCHA, Carmem Lúcia Antunes. *Princípios Constitucionais da Administração Pública.* Belo Horizonte: Del Rey, 1994.

ROXIN, Claus. *Derecho Penal – Parte General – Tomo I – Fundamentos. La Estructura de la Teoría del Delito – Traducción de 1ª edición alemana y notas por Diego-Manuel Luzon Peña.*

SANDULLI, Aldo M. *Manuale di diritto amministrativo*. quarta edizione. Napoli: Casa Editrice Dott. Eugenio Jovene, 1957.

SANTOS, Juarez Cirino dos. *Direito penal:* parte geral, 4. ed. Florianópolis: Conceito Editorial, 2010.

SICCA, Gerson dos Santos. "A interpretação conforme a Constituição – *verfassungskonforme Auslegung* – no Direito Brasileiro". *In A Constituição no mundo globalizado*. Organizado por Silvio Dobrowolski. Florianópolis: Diploma legal, 2000.

SICHES, Luís Recasens. *Interpretación del derecho. Enciclopedia Juridica Omeba*. Tomo XVI. Buenos Aires: 1962.

SILVA, José Afonso da. *Comentário contextual à Constituição*. 8. ed. São Paulo: Malheiros, 2011.

___. *Curso de direito constitucional positivo*. 19. ed. São Paulo: Malheiros. 2001.

SILVA SÁNCHEZ, Jesús María. *La expansión del derecho penal*. Madrid: Editora Edisofer, 2011.

SILVEIRA, Alípio. *Hermenêutica no direito brasileiro*. vol. I. São Paulo: Revista dos Tribunais, 1968.

___. *Hermenêutica no direito brasileiro*. vol. II. São Paulo: Revista dos Tribunais, 1968.

SILVEIRA, Renato de Mello Jorge. "A construção do bem jurídico espiritualizado e suas críticas fundamentais". *Bol IBBcrim*. n. 122, 2003.

___; RASSI, João Daniel (org.). *Estudos em homenagem a Vicente Greco Filho*. São Paulo: LiberArs, 2014.

SOLER, Sebastián. *Derecho penal argentino*.4. ed. Buenos Aires: TEA, 1999.

SOUZA, Luciano Anderson de. *Crimes contra a administração pública*. São Paulo: Thomson Reuters Brasil, 2018.

SPITZCOVSKY, Celso. *Direito Administrativo*. 10.ed. São Paulo: Método, 2008.

STRECK, Lênio Luiz. *Hermenêutica jurídica e(m) crise:* uma exploração hermenêutica da construção do direito. 5. ed. Porto Alegre: Livraria do Advogado, 2004.

___. *Lições de crítica hermenêutica do direito*. 2. ed. Porto Alegre: Livraria do Advogado Editora, 2016.

TOLEDO, Francisco de Assis. *Princípios básicos de direito penal*. 5. ed. 14ª tiragem. Saraiva: São Paulo, 2008.

VILLADA, Jorge Luis. *Delitos contra la función pública: concordado con Códigos latino-americanos*. Buenos Aires: Abeledo-Perrot S.A. 2004.

VON LISZT, Franz. *Tratado de direito penal alemão.* Tomo II.Trad. José Hygino Duarte Pereira. Rio de Janeiro: F. Briguiet & C. Editores. 1899.

WELZEL, Hans. *Direito penal.* Trad. Afonso Celso Rezende. Campinas: Romana, 2004.

WROBLEWSKI, Jerzi. *Constitución y teoria general de la interepretación jurídica.* Trad. Arantxa Azurza. Madrid: Civitas, 2001.

ZAFFARONI, Eugenio Raúl; PIERANGELI, José Henrique. *Manual de direito penal brasileiro.* vol. 1. Parte geral. 10. ed. São Paulo: Revista dos Tribunais, 2013.